인간실격의 부정.. 그리고 강재.
이제 더는 저만의 부정과 강재가 아닌
글로 만나게될 또 다를 독자여러분의
부정이와 강재가 작도위로가 되어지길
바래봅니다.
누군가를 위한 삶이아닌
온전히 자신만을위해 오늘를 열심히
살아내고있을 당신을 응원합니다.

정은영.

작품을 시작하기 전
제가 만난 강재나 부자이,
작품이 끝나고
여러분이 만난 강재나 부자이
어떤 모습으로 서로에게
남을지 궁금합니다.

오늘로 작은 쉼표 겠었니다.
답장은 하지 않으셔도 괜찮니다.

이강재 드림

인간실격

일러두기

• 이 책은 김지혜 작가의 드라마 대본 집필 형식을 최대한 따랐습니다.

• 드라마 대사는 글말이 아닌 입말임을 감안하여 한글맞춤법에서 벗어난 표현이라 해도 그 표현을 그대로 살렸습니다. 그 외 지문은 한글맞춤법을 따랐습니다.

• 이 책은 작가의 최종 대본으로, 방송되지 않은 부분이 포함되어 있습니다.

용어 정리

〔e〕 Effect(효과). 대사와 음악을 제외한 효과음을 뜻하며, 보통 등장인물은 보이지 않고 소리만 나는 경우에 사용한다. *이 책에서는 '내레이션'이라는 용어 대신 화면 밖의 소리는 모두 e로 통칭하여 표기한다.

〔f.o〕 fade out(페이드 아웃). 정상적인 영상이 점차 어두워지다가 완전히 검정색으로 사라지는 장면 전환 효과.

〔인서트〕 화면의 특정 동작이나 상황을 강조하기 위해 삽입한 화면, 또는 삽입하는 것.

〔플래시백〕 회상을 나타내는 장면. 지금 일어나고 있는 사건의 인과를 설명할 때 쓰이기도 하고, 인물의 성격을 설명하기 위해 쓰이기도 한다.

〔몽타주〕 따로따로 편집된 장면들을 짧게 끊어서 붙인 화면을 말한다.

인간실격 2

김지혜 대본집

위즈덤하우스

차례

9부
———
세 사람

01 세트. 주차장. 종훈의 차

암전. 암전 위로 들리는 부정의 편지. 1부 첫 내레이션.

부정e 안녕하세요. 선생님…

화면 밝아지면, 주차장에 세워둔 종훈의 차.
운전석에 종훈, 앞 유리 너머 주차장 저편으로 보이는 아란의 카니발,
아란의 기사가 차 내부를 청소하는 중.
종훈, 그쪽을 보다가 조수석 쪽 돌아보면,
조수석의 의자를 완전히 뒤로 눕혀 담요로 몸을 감싼 채
모로 누워 있는 아란.

부정e 마지막으로 선생님을 만나고 온 그날부터…

마침 주머니에서 울리는 종훈의 핸드폰 진동.
종훈, 아란이 깰까 얼른 주머니에서 꺼내 보는.
보면, '안 실장'이 보낸 사진 메시지.

부정e '인간의 자격'에 대해 생각하고 있습니다.

종훈, 잠시 아란 쪽 보았다가, 메시지 열어보면,
모텔에서 나온 밤(7부), 오피스텔로 들어가는 부정의 모습과
상복(8부)을 입고 오피스텔로 들어가는 강재의 모습.

부정e 누군가의 가족, 친구, 동료로서가 아닌 한 인간으로서의 자격…

종훈, 사진을 보다가, 자신에게 부정을 만난 사실을 숨기는 강재가
궁금해 잠시 생각에 잠기는.

[인서트 / 6부 아키라 대기실, 도서출판 기린의 서류봉투를 테이블에
내려놓고 자신을 흘끔 바라보았던 강재의 모습. 그런 강재를 의아하
게 돌아보는 종훈.]

부정e   세상을 판단하고, 비난하고…

[인서트 / 2부 아키라 대기실, 종훈의 시점으로 보이는 강재. 어두운
얼굴로 정우의 라커에서 정우의 짐을 챙기다가 종훈을 돌아보며 씩
웃는 강재.]

부정e   분노하고, 절망할… 제게는 없는…

[인서트 / 8부 아란의 집에서 강재가 "연락은 했는데 아직 연락이 안
오네"라고 답하는 동안 강재와 부정의 모텔로 들어가는 사진을 보고
있던 종훈.]

부정e   그 자격에 대해서요…

종훈, 안 실장과의 대화창을 닫고 강재와의 대화창을 여는.
강재에게 보낸 부정의 이력서와 사진을 보는 종훈.
출판사 사무실에서 동료들과 찍은 사진 속 부정의 얼굴을
크게 확대해서 보는.
사진을 가만히 보는 동안 종훈에게 어렴풋이 떠오르는
부정에 대한 기억.

인서트. 아키라. 과거의 부정

업소 안쪽 복도를 지나다가, 멀리 아란의 룸 쪽을 돌아보는 종훈.
아란의 룸 앞에 서서 뒤쪽 출입구 쪽을 바라보며 통화하고 있는 부정.
깔끔한 정장 차림에 작업방에 놓여 있던 에디터스 백을 들고 있다.

부정e 선생님이 말하는 그 세상은 뭐고…

부정, 마침 출입구 쪽에서 아란과 허 작가가 도착하면,
서둘러 전화를 끊고 활짝 웃는 얼굴로 두 사람 대신
룸의 문을 열어주는.
잠시 무표정하게 종훈 쪽을 보았다가 안으로 따라서 들어가는 부정.

부정e 그 인간은… 대체 무엇일까요?

03 대형병원. 산부인과. 검사실

가운을 입고, 어두운 검사실 의자에 앉아 있는 부정.

의사 시작합니다. 의자 좀 움직일게요.

하면, 동시에 천천히 뒤로 눕는 검사 의자.
한참을 울어서 지친, 금방이라도 울 것 같은 얼굴로
의자에 몸을 눕히는 부정.

부정e 그런 게… 어딘가에…

04   오피스텔. 강재의 집

샤워 소리가 낮게 들려오는 노을이 내려앉은 빈방.
아까부터 매트리스 위에서 울리는 강재의 핸드폰 진동. 발신인 '딱이'.

부정e   …있기는 있는 걸까요?

05   다시 세트. 주차장. 종훈의 차

눈을 감고 있는 아란의 얼굴 위로 울리는 핸드폰 진동.

아란   내 전화니?
종훈   아니요. 제 전환데 끌까요?
아란   끄긴 뭘 끄니? 장사하는 애가…

똑바로 돌아눕는 아란. 돌아누운 채로 종훈 보며,

아란   오바하지 마.
종훈   …네.
아란   나 시트 좀.

종훈, 좌석 세워주면, 천천히 일어서는 시트.
선바이저에 달린 거울로 얼굴 확인하며,

아란   안에 좀 들어가봐. 다시 시작했는지.
종훈   …들어가시게요?
아란   은퇴할 거 아니면… 들어가야지.

종훈   ……

아란   커피도 그냥 마실 거야.

종훈   (보면)

아란   생각해보니까 그게 더 슬플 거 같애. 극적이고.
        나 티슈 좀.

종훈   아, 예.

        하고, 포켓에서 티슈를 뽑아 주는.
        거울에 더 가깝게 다가가, 티슈를 작게 접어
        얼룩진 화장을 조심스럽게 닦아내는 아란.

아란   하고 싶은 거만 하면서 사는 건 사는 게 아니잖니.
        하기 싫은 걸 잘해야… 그때부터가 진짜지.

종훈   ……

아란   ……뭘 보고 있어?
        빨리 가서 분위기 좀 보고 오라니까.
        괜히 나 없어서 못 찍는다는 말 듣기 싫어.

종훈   네. (하고 가려다) 아… 그

아란   응?

종훈   그… 여자 말입니다.

아란   무슨 여자.

종훈   ……

아란   (보면)

종훈   (잠시 보다가) 아닙니다. 금방 다녀오겠습니다.

        하고 차에서 내리는 종훈.
        그런 종훈을 싱겁다는 듯 흘긋 보고는

거울에 다가들어 눈 밑 얼룩을 마저 닦아내는 아란.

06 순규의 약국

자리에 앉아 손목에 파스를 붙이고 있는 순규.
좀 떨어진 곳에서 사다리에 올라가 선반에 박스를 정리하는,
역시 강재처럼 상복을 입은 딱이.
어깨엔 핸드폰을 끼고, 먼지 쌓인 붕대 박스 하나를 머리에 이고,
정리는 하는 둥 마는 둥.

딱이   이강재… 왜 또 딱 전화를 안 받냐…

마침 막 파스를 다 붙인 순규,
건성건성 일하는 딱이를 보자 화딱지가 나는지,

순규   야! 관둬 그냥.
딱이   아 깜짝이야.
       (하다가) 아, 왜 소리는 질러. 열심히 하고 있구만.
순규   (어느새 다가와서) 이게 열심히 하는 거냐?
       삼십 분 동안 박스 딱 두 개 올렸어. 하기 싫으면 그냥 내려와.
딱이   누가 하기 싫대. 전화 통화하느라 그렇지.
순규   (사다리를 발로 툭툭 차며) 이강재가 니 여친이냐? 둘이 사귀어?
딱이   (떨어질까 사다리에 주저앉으며) 아. 왜 이러지? 떨어지겠네.
순규   새벽같이 나가서 찡일 붙어 있다가
       집에 들어온 지 얼마나 됐다고 또 전화질이야.
딱이   용건이 있으면 하는 거지. 연락하는데 무슨 간격이 있어.
       (하다가) 아이 나 안 해.

（사다리를 다소 거칠게 내려오면）

순규   （슬쩍 뒤로 물러서며） 얼씨구.

딱이   옷도 못 갈아입고 도와주겠다는 사람한테…
　　　　폭력적으로…

순규   폭력?

딱이   아우 딱 별루야 진짜.

그대로 옷을 툴툴 털며 나가려는 딱이.

순규   뭐야. 너 진짜 가게?

딱이   진짜 가지 그럼.

순규   너 가면 이걸 누가 다 해?

딸랑딸랑, 도어벨 소리와 함께 안으로 들어오는 여자 손님.

딱이   집에서 자고 있는 우리 우남이 불러서 해.

순규   야… 손님 오셨잖아. 비켜.

딱이를 한쪽으로 밀어내고 손님 쪽으로 가는.

순규   어서 오…세요…

하다가 멈추고 보면, 가게로 들어와 있는 건 (우남의) 지연.
딱이, 이상한 공기에 지연 쪽 돌아보는.
묘한 공기 속에 서 있는 세 사람.
조제실 테이블 아래 들어 있는 우남 부부와 순규 셋이 함께 찍은 사진.
은근히 눈치는 빠른 딱이, 슬쩍 두 사람 사이에서 물러나면.

지연 오랜만이에요 언니.

순규 어… 그래…

지연 ……

순규 오랜만이다.

딱이 ……

순규 오랜만인가?

딱이 ……?

지연 오랜만은 오랜만이죠…
　　　저 결혼하고는 못 봤으니까…

순규 …그랬나?

지연 ……

어색한 순규, 괜히 약국 안을 서성이는 딱이와 눈이 마주치면,

순규 …딱… 순주야…

딱이 ……?…어?

지연 (돌아보면)

순규 인사드려. 누나 대학 후배…

딱이 ……아… 예… 안녕하세요.

지연 안녕하세요. (하고 누군지 몰라 순규 보면)

순규 우리 동생…

지연 아…

순규 한두 번 봤을 텐데 기억 못 할 거야. 애가 흔하게 생겨서.

딱이 ……

다시 딱이를 보는 지연, 딱이도 지연을 보면,

순규	(딱이에게) 집에 몇 번 놀러왔었잖아.
	……우남이 형이랑 같이…
딱이	……?

딱이, 순규 보면, 괜히 시선을 피하는 순규.

지연	우남 오빠… 지금 집에 있죠?
순규	…어? 어… 글쎄… (괜히 딱이 눈치를 살피는)
딱이	……
지연	오빠가 계속 핸드폰 안 받거든요.
순규	……?
지연	그래서 병원에 전화했더니 나이트라길래 왔어요.
순규	(보면)
지연	만나고 싶어서.

그 말에 지연을 가만히 보는 순규.
어색하게 서 있는 세 사람.

07   순규의 집. 우남의 방

암막 커튼으로 꽁꽁 가린 방에 안대까지 하고 잠들어 있는 우남.
머리맡에서 울리는 핸드폰 무음 램프.

08   순규의 약국. 앞 길

우남에게 전화 걸며 걸어오는 딱이,
가끔 약국 쪽을 돌아보는.

딱이 (혼잣말로) 지금 자고 있을 때가 아니야 형···
당장 집으로 쳐들어갈 판이라고···
(전화 받지 않자, 끊으며) 이 형 딱 큰일 났네.

바로 메시지 창을 열어 우남을 찾는 딱이, 우남에게 메시지를 쓰며 걷는.

09 세트. 촬영장 앞 복도

촬영장 앞 복도에서 안을 들여다보는 종훈.
아직 어두운 촬영장 안.

10 세트. 대기실 복도

대기실로 이어지는 복도로 들어오는 종훈.
'정아란님 대기실'을 슬쩍 열어보면 아무도 없는.
어쩐지 삭막한 대기실을 밖에서 쓱 둘러보고는 문을 닫는 종훈.
걸어 들어온 곳으로 다시 나가려는 찰나
복도 안쪽에서 들리는 진섭의 호탕한 웃음소리.
이내 젊은 여자의 웃음소리가 따라 들리고.
그 소리를 따라 가보는 종훈.
문이 살짝 열린 '서진섭님 대기실'.
메이크업 테이블에 젊은 배우처럼 걸터앉은 진섭.
대기실 소파에 나란히 앉아 있는 지나와 젊은 여자 연기자 둘 셋.
촬영장에서 실랑이가 있었던 믹스커피를 한 잔씩 타서 들고 있는.

진섭 내가 원래 뭘 잘 기억을 못 하거든.
사람 얼굴도 금방 까먹고, 이름은 아예 외울 생각도 안 해.

근데 대본은 기가 막히게 잘 외워져.

역할의 맥락을 파악하잖아? 그럼 저절로 들어와. 외울 필요가 없거든.

지나	(다른 배우들에게) 그래서 선생님은 현장에서 대본 안 보시잖아.
배우1	그러고 보니 그렇네요. 대본 없이 불안하지 않으세요?
배우2	대본 내려놓으면 너무 무서운데.
진섭	현장은 즐기는 거야. 준비는 집에서 하는 거고.

복도에서 그런 진섭을 잠시 보는데, 지나와 눈이 마주치는 종훈.

지나, 누구지… 하고 의아하게 보다가 끄덕 인사하면,

종훈, 그대로 뒤돌아 나가는.

복도를 걸어 나가는 종훈 위로 들리는 "저는 언제쯤 그럴 수 있을까요."

| 진섭e | 긴장하는 것도 즐거운 거야. 예술가는… 배우는 철이 없어야 돼. |
| | 철들면 거기서부터는 그냥 직장인 되는 거야. |

11   세트. 화장실

손을 씻는 종훈.

안으로 들어오는 진섭.

거울을 통해 진섭을 보는 종훈.

진섭도 거울을 통해 종훈을 슬쩍 보았다가 소변기로.

종훈, 물을 잠그고 페이퍼 타월 쪽으로.

종훈, 처음에 페이퍼 타월을 두 장만 뽑았다가

여러 장을 연거푸 뽑아 손을 닦는.

그 행동을 이상하게 보는 진섭.

종훈, 자신을 보는 진섭 쪽을 보는, 그렇게 잠시 보았다가,

다시 세면대로 향해서 물을 세게 튼다.

진섭, 종훈의 알 수 없는 행동에 위축되어 일단 시선을 피하는.
잠시 그대로 있다가, 종훈, 비치된 비누로 손을 다시 씻기 시작하는.
진섭, 볼일을 마치고 종훈의 곁으로 와서 손을 씻는.
거울로 진섭을 보는 종훈.
그때, 종훈의 주머니에서 울리는 핸드폰 진동. 받지 않는 종훈.
시선을 피한 채 손을 적당히 씻고 나가는 진섭.
나가는 진섭에게,

종훈   서진섭씨.

그 말에 돌아보는 진섭. 거울을 통해 자신을 보고 있는 종훈을 보는.
종훈, 슬쩍 웃는.

종훈   팬입니다.

하고, 손을 다시 씻으며, 거울 속의 진섭을 보면,
진섭, 잠시 종훈 보다가,

진섭   …예.
종훈   ……
진섭   전화… 받으세요.
종훈   ……네.
진섭   ……

잠시 더 보다가 나가는 진섭.
진섭 나가면, 잠시 더 보다가, 그제야 물을 잠그고.
거울 속의 자신을 잠시 보는 종훈.

한숨을 한 번 쉬고는 주머니에서 핸드폰을 꺼내 보는.
보면, '정아란'에게 걸려오는.

종훈   네. 누님. 천천히 오시면 될 것 같습니다.

통화하며, 밖으로 나가는.

12   백화점 . 식품매장 . 비상구

뒤춤에 단정하게 매어져 있는 앞치마 리본.
정수, 막 매장 어딘가에서 수거해온 매대 덮개용
커다란 비닐을 정리하며
몸으로 문을 밀어서 열며, 비상구로 들어오는.
안에서 먼저 다른 비닐을 정리하고 있던 준혁, 얼른 받으며,

준혁   아이고. 제가 마저 할 건데.
정수   니 일 내일이 어딨어. 손 비는 사람이 치우는 거지.
준혁   아까 그 문자 말이에요.
정수   문자?
준혁   아까 사모님하고 나누시던.
정수   아… (하다가) 그거 니가 생각해도 좀 이상하지.
준혁   저녁 같이 먹자. 난 회의가 있어서 늦게 끝난다. 미안.
        저녁을 먹자고 어색함을 무릅쓰고 큰맘 먹고 말해줬는데
        회의가 있어서 호응을 못 해줘서 미안하네.
        아님 내가 없는 빈집에서 혼자 쓸쓸하게 저녁밥 먹게 해서 미안하네.
        이러면 뭐 크게 이상할 거는 없는데요.
정수   (보면) 없는데.

준혁	팀장님이 사모님은 원래 사과를 안 하는 성격이라고 하시니까.
	계속 생각이 나네요. 진짜 사과를 안 하세요?
정수	안 하지. (하다가) 아니 그게. 못돼 처먹고 그런 게 아니라…
	잘못을 잘 안 해.
준혁	(보면)
정수	그게 처음엔 내가 옳은가… 싶다가도
	얘기를 잘 들어보면 와이프 말이 다 맞으니까.
준혁	아… 그럴 수 있죠.
정수	진짜야.
준혁	에… 믿어요. 근데… 그럼 왜 미안하시지?
정수	……
준혁	그럼 간식 같은 거라도 사 들고 한번 찾아가보세요.
정수	어딜?
준혁	사모님 회사요.
정수	어우 미쳤냐 너.
준혁	왜요. 야근하면 간식 필요하잖아요.
	머리 많이 쓰시는 직업인데.
정수	하긴… 결혼 초에는 야근할 때마다 여기 매장에서
	달달한 거 잔뜩 사서 회사 앞에 자주 갔었지.
준혁	뭐 좋아하시는데요.
정수	우리 와이프는… 마카롱?
준혁	와… 팀장님 신혼 초에 마카롱이면 입맛이 선진하셨네.
	마지막으로 가신 건요?
정수	마지막… 글쎄… 한 일… 이… 삼… 삼 년…
	(하다가, 한숨 한 번 쉬고, 잠시 허공을 응시하는)
	삼 년밖에 안 됐는데…
준혁	(보면)

정수   전생 같으다.

준혁   ······

괜히 쓸쓸하게 씩 한 번 웃고 비닐 정리 작업으로 돌아가는 정수.
뒤춤에 예쁘게 묶인 리본 덕에 더 쓸쓸해 보이는 정수의 등.

13   대형 병원. 산부인과. 진료실

책상과 책상 위의 모니터를 사이에 두고 앉은 의사와 부정.
겉옷은 벗어서 손에 들고 등받이 없는 의자에 앉아 있는 부정.
모니터를 보며, 연신 마우스를 클릭하는 의사.

의사   출혈은 아마 이삼일 지나면 또 괜찮아지실 거고···
      전반적으로 괜찮아요. 당장 걱정하실 만한 상황도 아니고.

부정   ···네···

의사   중간에 한 번 오셨어야 되는데···
      유산하신 게··· 작년 3월··· (모니터를 확인하고)

부정   ···2일···이요.

의사   ······

부정   딱 일 년 됐어요. 오늘···

의사   유산되고 나서 다른 컨디션들은 좀 어떠셨어요?

부정   ···어떤···

의사   예를 들어 일 년 사이에 갑자기 생리통이 심해졌다든지.
      복부에 다른 통증이 있었다든지 아님 어디가 아팠다든지···

부정   ···글쎄요···

의사   아마 그때도 말씀드렸을 텐데··· 20주차 계류유산이 희귀한 것도 아
      니고 누구한테나 있을 수 있는 일이에요. 누구의 잘못도 아니고요.

부정	……
의사	그래도 조심하셔야 되는 건… 이부정님은 비교적 고령이셨고…
	심정지 후에 태아가 자궁에 남아 있던 시간이 좀 길었었잖아요.
부정	……
의사	그래서 염증도 심했었고… 결국엔 응급수술까지 이어져서 입원도
	비교적 오래 하셨고…
부정	…네…
의사	솔직히… 아주 잔인하게 말하면…
	5주 넘게 죽은 아이와 함께 지낸 거예요.
부정	(보면) ……
의사	그것도 아무도 없는 작은 방에 단둘이서만요…
부정	……
의사	그럼… 몸도 마음도 나빠집니다.
	아픈 곳이 있으면 죄책감 갖지 말고… 말씀하셔야 돼요.
	하나하나 차근차근…
부정	……

자신도 알아차리지 못한 채 눈물을 흘리고 있는 부정에게
티슈를 뽑아서 건네는 의사.

14   오피스텔. 강재의 집

샤워를 마친 강재, 냉장고 문 앞에 쪼그리고 앉아
먹을 게 별로 없는 냉장고를 한참을 들여다보는 중.
하나 남은 작은 포장 김치를 꺼낸다.
싱크대 수납장을 열어 하나 남은 라면을 꺼내다 문득.

[인서트 / 8부 옥상에서 '라면 뭐 먹는지도 안다'는 부정.]

라면을 꺼내다 말고 잠시 생각하다가, 매트리스 위에 던져놓은
정우의 핸드폰을 보는. 그대로 그 너머에 보이는 정우의 고시원 상자에
시선이 머무는.

15   순규의 집 . 계 단

나갈 채비를 마치고 거실로 향하는 계단에서
아래 거실을 숨죽여 보고 있는 딱이.
계단에서 보이는 거실 소파에
좀 떨어져서 나란히 앉아 있는 지연과 우남.
티비에서 버라이어티 재방송이 한창.
리모컨을 쥐고 있는 우남, 괜히 다른 곳으로 채널을 돌리는데
거기서도 같은 방송을 시차만 다르게 하고 있는.
순규네와 지낼 때와는 전혀 다른 느낌의 우남.

우남   다 똑같은 것만 하네.
지연   ······
우남   뭐 보고 싶은 거 있니? 드라마라던가··· 스포츠라던가···
지연   ······
우남   없구나···
지연   전화 왜 안 받아?
우남   ······
지연   대답 안 할 거야?
우남   ······내가 왜 받아야 되는데···
지연   ······

우남 내가 왜 받아야 되니?

살금살금 계단을 내려오다가 심각한 분위기에 더 위축되는 딱이.
지연, 우남을 원망스럽게 보는데. 우남은 채널만 이리저리 돌리는.
딱이, 무거운 분위기에 벽으로 붙어 주방 쪽으로.

16 순규의 집. 주방

싱크대 앞에 식탁 의자를 놓고 올라가서 상부장 꼭대기를 뒤지는 순규.
평소에는 쓰지 않는 예쁜 그릇을 찾고 있는 중.

순규 (숨소리처럼 조용조용) 여기 어디 뒀는데… 미치겠네…

안쪽 어딘가를 손으로 더듬는 순규.
벽을 타고 주방으로 들어오는 딱이,

딱이 와… 우남이 형… 완전 딴사람이네…

하다가, 의자에 올라가 있는 순규를 발견하고 다가오는,

딱이 뭐 해?
순규 그거 어따 뒀지?
딱이 …뭐.
순규 (그제야 돌아보며) 그거 있잖아…
      몇 년 전에 홈쇼핑에서 세일할 때 산 거.
딱이 글케 얘기하면 어떻게 알아. 거의 다 홈쇼핑에서 샀는데…
순규 (답답해서) 니가 첫 알바비 받았다고 사줬잖아.

영국 왕실이 어쩌구 저쩌구… 찻잔세트.

딱이   아~ 누나 시집가면 쓰라고…

순규   ……

딱이   …내가 사줬…네…

순규   (한번 꾹 참고) 어딨어 그거.

딱이   그거… 여기… 냉장고 위에…

하면서 의자를 놓고 올라가 냉장고 위에서 찻잔 박스를 꺼내는 딱이.

순규   너 그거 꺼내서 좀 씻어.

딱이   나 지금 알바 갈 건데.

순규   이 상황에 어딜 너 혼자 나가. 같이 나가.

딱이   같이 어딜.

순규   나도 마실 것만 주고 나갈 거니까…

딱이   나 늦었는데…

순규   야…

딱이   ……

순규   현관문까지만 같이 나가. 혼자 나가면 죽는다.

딱이   아… 진짜… 늦었는데…

잔을 꺼내 설거지를 시작하는.

딱이   난 이거만 씻어놓고 나갈 거야.

하는데 대답이 없는 순규, 딱이 돌아보면,
주방 벽에 바짝 붙어서 작은 손거울에 의지해 화장을 고치는 순규.
딱이의 시선도 알아차리지 못하고 심각한 얼굴로 집중해 있다.

딱이, 뭐라고 한마디 하려다 누나의 묘한 시간이 안됐는지
말없이 그냥 다시 설거지로 돌아오는.

부정e　어쩌면 좋을까요…

17　대 형 병 원 . 채 혈 실 앞 대 기 실

벽으로 붙은 긴 의자에 앉아 핸드폰으로 메시지를 쓰려는 부정.
'cafe-hallelujah'와의 대화창 [아이는 얼마 전에 떠났습니다.]
부정, 뭐라고 답장을 적어야 좋을지 몰라 고민하는.

부정e　어떤 말로 시작해야 좋을까요…

18　대 형 병 원 . 채 혈 실

걷어 올린 한 팔은 채혈대에 맡긴 채 채혈 중인 부정,
바늘이 몸으로 들어오면, 눈을 감는.

부정e　지금 이런 말을 건네는 게…

19　대 형 병 원 . 수 납

종이를 수납에 제출하는 부정.
금액이 모니터에 뜨면, 금액을 확인하고 지갑에서 카드를 꺼내 건넨다.

수납　주차하셨나요?
부정　아니요.

수납   잠시만요.

기다리는 부정, 열린 지갑 안을 보게 되는.

부정e   옳은 건지 알 수 없지만…

보면, 지갑 안쪽에 작게 접은 오만 원권이 보이고.
잠깐 그곳에 시선을 멈추는 부정.

수납   다 되셨구요. (카드 건네며) 카드 받으시고 귀가하시면 됩니다.
부정   네.

지갑에 카드를 넣고 돌아서는데.
환자복을 입은 아이 몇이 각자 링거를 밀며
소아과 안내판이 붙은 쪽으로 부정을 통과해 이동하는.
그 모습을 시선으로 따라가다가 소아과 안내판에 시선이 머문다.

부정e   그동안…

20   오피스텔. 강재의 집. 밤

테이블 위에 아직 치우지 않은 깨끗하게 비운 라면 냄비.
방 가운데에 고시원에서 가져온 상자에서 꺼낸 것들.
서류는 서류대로, 사진은 사진대로, 물건은 물건대로 분류하는 강재.
정우의 핸드폰에서 본 사진들이 출력되어 모여 있고,
서류를 모아놓은 곳에는 2020년 12월 22일 민수의 사망진단서를
시작으로 2020년 7, 8월에 집중된 각종 병원 진단서와 MRI 등의 CD들.

보험금 청구서와 끝도 없는 고액의 병원비 영수증들.
백여만 원에서 시작해서 칠팔백만 원대 몇 장
그리고 천만 원이 넘는 영수증까지.
이미 지난 일인데도 괜히 한숨이 나는 강재.

부정e 아무것도 몰랐어서…

21 대형병원. 소아과 입원 병동. 복도

19씬의 어린 환자들이 링거를 밀며 복도를 빠져나가면,
복도를 걸어 들어오는 부정, 복도 중간쯤에 어느 병실 앞에 서는.
작은 꽃 모양의 스티커로 환아의 이름을 한 글자씩 감춰놓은
다인실 이름표.
열린 문 너머로 병실 내부를 들여다보는 부정.

부정e 아무 도움도… 되지 못했어서…

22 백화점. 식품관. 델리

마감 세일도 끝나가는 델리 앞으로 지나가는 퇴근길의 정수.
쇼케이스 안에 먹음직스럽게 포장되어 있는 마카롱 앞을
지나갔다가 다시 돌아오는.

부정e ……미안합니다…

23 요양병원. 밤

인공호흡기를 달고 있는 성원 옆으로 늘어서서
찬송가 부르기를 마치고 기도를 시작하는 사람들.

부정e 겪으신 일이… 내 것은 아니어서…

경은, 기도를 시작하면 살짝 눈을 뜨고 기도하는 사람들을 보는.
눈을 뜨고 이쪽을 바라보는 듯한 성원.
가만히 성원을 바라보는 경은.

부정e 그게 어떤 모양의 슬픔일지…

24 세트. 촬영장

8부, 42씬 촬영으로 돌아온 촬영 현장.
슈팅 중, 만신창이가 된 몸을 간신히 일으켜 믹스커피를 타는 아란.

부정e 어떤 크기의 아픔일지…

뜨거운 커피를 보며, 눈물 한 방울을 흘리고,
한 잔의 커피로 세상 시름을 달래는 얼굴로
뜨거운 커피를 불지도 않고 천천히 마신다.

모니터 앞에 서서 복잡한 얼굴로 아란의 연기를 보고 있는 진섭.

부정e 어떤 이름의 고통일지…

25 세트. 주차장. 밤

주차장 한 곳, 커피 자판기 앞에서 커피 한 잔을 뽑는 종훈.
뜨거운 커피를 불지도 않고 한 모금 마시는.

부정e   알 수 없겠지만…

26   순규의 약국. 앞. 밤

'close' 아래로 붙어 있는 안내문.
[급한 일이 있어 외출합니다. 010-8349-0863]
커튼으로 닫아놓은 유리문 사이로 새어 나오는 희미한 불빛.

부정e   비교할 수도 없이 작은 일로…

27   순규의 약국. 조제실

가운도 입지 않은 채, 조제실에 멍하니 앉아 있는 순규.
조제실 데스크 유리 아래서 우남의 결혼사진을 꺼내는 순규.
꺼내서 보다가, 서랍에 넣어버리는.

부정e   저도 내내… 지옥 같은 시간 속에 있었다면…

문득, 조제실 데스크에 세워둔 작은 거울에 비친,
화장을 곱게 한 자신의 얼굴을 발견하고.
멍하니 보다가, 세워둔 거울을 치운다.

28   오피스텔. 강재의 집

두서없이 담아온 고시원 상자의 바닥이 보이기 시작하는.
강재, 상자 안에서 깡통으로 된 과자 상자를 꺼내는.
뚜껑을 열면 나오는 스티커, 판박이, 포켓몬 카드 등.
그중에 눈에 들어오는 오리 스티커가 붙어 있는 '남민수님의 통장'.

부정e   조금은… 이해받을 수 있을까요.

겉장을 잠시 보다가, 안을 열어보는 강재.
의미 없이 두세 장을 넘기면 눈에 들어오는 입금자 '이부정'.
2020년 1월부터 2020년 10월까지 50,000원씩 입금된 흔적.
점점 더 알 수 없는 곳으로 빠져드는 기분의 강재.
강재의 뒤로 보이는, 부정과 희선과 민수의 폴라로이드 사진.

부정e   조금은…

29   회상. 소아과 입원 병동. 병실

2020년 2월. 폴라로이드 사진 속과 같은 모습의 민수와 희선.
침대 위에서 스케치북에 그림을 그리고 있는 민수.
오른손에 깁스를 한 희선, 침대 끝에 걸터앉아
왼손에 오리 핸드폰을 들고
민수가 그린 그림의 사진을 찍고 있는.
간호사 하나가 폴라로이드 카메라로 아이들의 사진을 찍어주는 중.
안으로 들어오는 폴라로이드 속 모습에 코트만 걸친 부정.
희선과 눈이 마주치면 서로 어색하게 웃으며 인사하는.

화면 바뀌면, 강재 방의 폴라로이드 사진처럼 앉은 부정과 희선과 민수.

30   대형병원.소아과 입원 병동.복도

한참 시간이 흐른 복도.
시간이 흐른 것도 잊은 채, 벽에 기댄 채 멍하니 서 있는 부정.
복도 안쪽 다른 병실에서 나오다가 부정을 발견하는 앞 씬의 간호사.
간호사, 서 있는 부정을 한참 보다가, 알아보고, 그쪽으로 다가가려는데.
뒤에서 누군가 간호사를 부르면 그쪽을 돌아보는.
간호사, 뒤쪽을 돌아보았다가, 다시 복도 쪽을 보면.
부정이 기대서 있던 자리에 보이지 않는.
서둘러 복도 쪽을 보면, 사람들에 섞여서 보였다 안 보였다
복도 안쪽으로 멀어지고 있는 부정.

31   대형병원. 엘리베이터

환자와 의사들과 섞여 있는 부정.
주머니에서 연신 울리는 핸드폰 진동.
사람들 자기 폰인가, 저마다 주머니에 손을 넣는데.
부정의 주머니에서 울리는 핸드폰.
부정, 옆 사람에게 괜히 목례하고, 핸드폰을 꺼내 보면.
'정수'에게서 전화가 오고 있는.
잠시 보다가, 수신 거절을 하는 부정.
자동완성으로 [회의 중입니다.] 문자를 보내고.

32   출판사 앞.정수의 차.밤

앞 유리 너머로 보이는 『성아란의 인생 수첩』 포스터가 붙은
출판사 건물.
수신 거절로 끊어진 핸드폰을 잠시 보다가, 차에서 내리려는 정수.
내리려는데 도착하는 부정의 문자 [회의 중입니다.]

정수 무슨 회의를 쉬지도 않고 하냐…
월급도 쥐꼬리만큼 주면서…

다시 운전석에 몸을 기대고 부정의 문자에 답장하는 정수.
[밑에 왔는데…]라고 적다가, 멈추고 잠시 생각하는.
조수석에 놓인 마카롱 상자 쪽을 잠시 보는 정수.
핸드폰을 꺼내 한 손으로 사진을 찍는다.

33   버스 정류장. 길. 밤

뒤로 병원이 보이는 버스 정류장.
주머니 속 핸드폰으로 도착하는 메시지, 울리는 진동.
꺼내서 확인하면, 정수에게서 온 사진 메시지.
부정, 확인하려는데 마침 부근에 도착해서 손님을 내려주는 택시.
잠시 그쪽 보다가, 버스 정류장을 뒤로하고 택시를 타는 부정.

34   택시. 밤

달리는 택시. 문득, 정수의 메시지가 생각나 확인하는 부정.
정수에게 온 차 안에서 출판사를 배경으로 찍은 마카롱 사진과
[내려올래 아님 로비에 맡길까?]
짧은 탄식과 함께 눈을 감았다가 뜨는 부정. 뜨면서,

부정   저기…

기사   …네?

35   출판사 로비. 밤

'도서출판 기린'의 로비.
한 손엔 마카롱 상자를 들고, 간판을 따라 걷는 정수.

마침, 복도 안쪽에서 걸어와 잠금장치를 해제하고
출판사 문으로 들어가려는 직원들.
그중에 진아(2부 대형서점에서 보았던).
진아, 안으로 들어가려다 멀리 있는 정수를 알아보는.
진아 쪽을 돌아보는 정수.

진아   안녕하세요. 어떻게 오셨어요.

정수   아… 안녕하세요. 오랜만이에요.

진아   예… 근데… 무슨… 일로…

정수   부정이… 집사람이… 전화를 안 받아서요…
        밑에서 기다린다고 했는데… 언제 올지 몰라서…

진아   ……

정수   맡겨놓고 가려고…

하며, 마카롱 상자를 내밀면,
받지 않고 곤란한 얼굴로 상자와 정수를 번갈아 보는 진아.

진아   ……

정수   ……

36   대로변. 밤

출판사가 즐비한 어느 대로변에 멈추는 택시.
택시에서 내려 차들이 위태롭게 달리는 대로변을
빠른 걸음으로 걷고 있는 부정.
한 손으로는 연신 정수에게 전화를 하고 있지만, 받지 않는.

37   출판사 앞. 정수의 차. 밤

마카롱 상자를 든 채로 차로 돌아온 정수.
뒷좌석을 열면 보이는, 쓰러져 있는 구두 상자가 담긴 백화점 봉투.
봉투를 잘 세우고, 그 옆으로 마카롱 상자를 얌전히 내려놓으려는.
내려놓다가, 찍어 보낸 사진이 떠올랐는지 다시 상자를 꺼내
앞자리 운전석에 앉는다. 사진처럼 조수석으로 돌려놓는 마카롱 상자.
돌려놓고, 주머니에서 핸드폰을 꺼내 확인하는 정수.
보면, 부정의 부재중 전화가 3통이나 찍혀 있는.
잠시 망설이다가, 부정과의 메시지 창을 열어보면,
자신이 보낸 메시지가 이미 읽음으로 표시되어 있지만,
부정의 답장은 없는 대화창.
잠시 고민하다가 [그냥 차에서 기다릴게.]라고 적고… 보낸다.
그대로 운전석에 엎드리는 정수, 엎드리면 보이는 마카롱 상자.
정수, 잠시 보다가, 리본의 위치를 사진과 비슷한 모양으로 만드는.

38   출판사 앞 길. 밤

목도리도 풀어 헤치고 걷고 있는 부정, 걷다가 멈춰 서는 부정.
보는 곳에 서 있는 정수의 차.

부정, 가만히 운전석에 엎드려 있는 정수를 보는데,
운전석에 엎드렸다가 몸을 일으키는 정수.
앞에 서 있는 부정과 눈이 마주치는.

39   정수의 차. 밤

운전석에 정수, 조수석에 부정.
뒷좌석에 놓인 구두 상자가 들어 있는 봉투와 마카롱 세 상자.
정수, 부정의 기분을 살피며 조심스럽게 운전 중이고.
부정, 핸드폰을 만지작거리며 정수의 시선을 피하는.
꽉 막힌 도로를 섰다 달렸다 느릿느릿 가는 정수의 차.

정수	좀만 늦게 왔어도 어긋날 뻔했네.
부정	······
정수	······어긋날 뻔했다고···
부정	······어···
정수	별로 늦게 끝나는 것도 아니었네···
부정	······
정수	······
부정	그냥··· 대충 끝냈어··· 진도도 안 나가고··· 답답해서···
정수	······
부정	······
정수	저녁은··· 먹었어?
부정	······어.
정수	먹었어?
부정	응··· 대충.
정수	피곤해 보인다.

부정	……
정수	……
부정	뭐하러 왔어…
정수	뭐하러 오긴… 마카롱 주러 왔지…
부정	(보면)
정수	세일을 너무 많이 해서… 안 살 수가 없었어…
부정	……그게 다야?
정수	……그게 다지 뭐…
부정	오늘…
정수	(보면)
부정	오늘 무슨 날인지… 아니?
정수	……
부정	……
정수	……알지.
부정	(보면)
정수	……나도… 아빠였는데…
부정	……
정수	……
부정	……

천천히 눈시울이 붉어지는 정수.
그 모습을 조용히 지켜보다가, 창밖으로 시선을 피해주는 부정.
부정이 모르게 손으로 대충 눈물을 훔치는 정수, 부러 밝게.

정수	아부지 저녁 드셨을까? 난 아직 안 먹었거든… 저녁…
부정	(보면)
정수	낮에 엄마 구두 사드리면서 아부지 것도 하나 샀거든.

해마다 봄이 오나 보다… 할 때쯤이면 항상 사드렸는데…
작년에… 일이 많아서 못 사드렸잖아…

부정   ……

정수   ……

부정   전화드려봐. 좋아하시겠네.

정수   (보면)

부정   아버지는 부정이보다 정수를 더 반가워하셔.

정수   ……

부정   ……

정수   엄마도…

부정   (보면)

정수   엄마도 정수보다 부정이를 더 반가워하셔.

꽉 막힌 도로에 서 있는 정수의 차.

40   오피스텔. 강재의 집. 밤

어두운 방 안. 정우의 짐을 한쪽으로 밀어놓고
매트리스에 누워, 고요하게 천장을 바라보고 있는 강재.
매트리스 머리맡에 놓인 부정의 유서가 담긴 봉투를 보는데
봉투 옆 바닥에 놓인, 4부 창숙에게서 받은 케이크에
꽂혀 있던 작은 플라스틱 장식.
손만 뻗어서 눈앞으로 가져와 빙그르르 돌려보는.
그때, 울리는 강재의 핸드폰. 빙그르르 돌리던 손을 멈추고,
딱이가 보낸 동영상 방송 링크. [PC방에서 살아보기]
열어보면, 민정이가 PC방에서 라이브 방송 중.
어이가 없는지 피식 웃음이 나는 강재.

방송을 틀어놓은 핸드폰을 머리맡에 다시 내려놓는데

보이는 정우의 핸드폰.

괜히 가져와서 열어보는.

보면, 'cafe-LBJ'에게서 '2시간 전'에 도착해 있는 답장.

잠시 망설이다가 메시지를 클릭하면,

[어떤 말로 시작해야 좋을까요…]로 시작되는 장문의 메시지.

잠시 핸드폰을 든 손을 옆으로 내려놓으며 자연스럽게 모로 눕는 강재.

메시지를 읽고는 뭐가 괴로운 건지 알 수 없는 괴로움에

"아…" 하는 작은 신음 같은 탄식과 함께

몸을 벌레처럼 동그랗게 말고 눕는다.

41   PC방. 밤

카운터에 놓인 PC와 거치대에 놓인 핸드폰으로

민정의 유튜브 콘텐츠인 [PC방에서 살아보기] 시청 중인 딱이.

시청자가 고작 19명인 민정의 방송.

딱이, 카운터에 물건을 정리하며 방송과 방송을 하는

민정을 번갈아 보는.

안쪽 자기 자리에서 짜파게티를 먹으며 열심히 방송 중인 민정.

그때, 딱이의 핸드폰으로 걸려오는 '순규'의 전화.

잠시 망설이다가 수신 거절을 해버리는 딱이.

덕분에 유지되는 시청자 19명.

딱이, 안심하며 보는데 갑자기 33명으로 늘어나는 시청자 수.

숫자 확인하고 민정 보면, 자리에서 벌떡 일어서는 민정의 뒷모습.

그 모습이 귀여운지 보는데, 계산 손님이 카운터로.

방송을 보던 PC를 끄고 손님을 맞는 딱이.

42   순규의 집. 앞. 길. 밤

딱이와 통화를 시도하며 걸어오는 순규.
또 수신 거절을 당했는지 바로 끊어지는 전화.

순규   핸드폰이 고장이 났나⋯ 요즘 들어서 부쩍 연결이 안 되네.
아⋯ 같이 들어가야 되는데⋯ 정말⋯

잠시 망설이다가, 우남에게 전화를 거는 순규.

43   순규의 집. 거실. 밤

딱이가 씻은 예쁜 잔에 반쯤 남은 커피가 식어가고.
소리는 거의 없이 화면만 나오고 있는 티비.
나란히 앉아 있던 우남과 지연.
어느새 우남은 바닥에 앉아 고개를 떨구고 있고,
지연은 소파 구석에 앉아 뭐가 답답한지
얼굴을 두 손으로 가린 채 그대로 있는.
우남의 핸드폰이 울리면, 고개를 들어서 보는 우남.
'순규'라고 뜨면 수신 거절을 하고, 자동완성 문자를 보내는.

44   다시 순규의 집. 앞. 길. 밤

문 앞에 서서 들어가지 못하고 있는 순규.
핸드폰으로 도착하는 우남의 메시지.
[곧 연락드리겠습니다.]

순규   곧 언제…

집 앞에서 들어가지 못하고 안을 들여다보는 순규.
환하게 켜진 거실 불빛만 보이고 안이 잘 보이지 않는다.
잠시 그대로 서 있던 순규, 왔던 길로 천천히 돌아가는.

45   오피스텔. 엘리베이터

마카롱과 쇼핑백을 든 정수.
중국집 전단지 몇 개를 손에 들고 서 있는 부정.
좁은 엘리베이터 안에 나란히 서 있는 두 사람.

정수   같이 가는 건 오랜만인 거 같다.
부정   ……일 년도 넘었어…
정수   ……진짜?…그렇게 오래됐나?
부정   ……너 때문이잖아.
정수   ……나?
부정   너 바람피운 거 알고 나서는… 너랑 같이 안 왔으니까…
         쪽팔려서…
정수   (보면)
부정   (보는)
정수   너는… 쪽팔려서가 뭐냐? 중년 아줌마가…
부정   …쪽팔린 걸 쪽팔리다고 하지… 뭐라 그러니?

그러는 사이 도착하는 엘리베이터.
문이 열리면 빈 복도.
가만히 복도를 보다가, 먼저 내리는 부정.

따라서 내리는 정수.

46　　오피스텔. 복도

창숙의 집 앞으로 걸어오는 두 사람.
부정, 오다가, 슬쩍 복도 안쪽 강재의 집 쪽을 돌아보는.
그런 부정 쪽을 보았다가, 자기도 복도 안쪽 부정이 보는 곳을
보는 정수.
그때, 정수의 주머니에서 울리는 핸드폰 벨소리.
괜히 눈이 마주치는 두 사람.

부정　　받어. 누군지 모르겠지만…
정수　　…어.

하고, 잠깐 망설이다가 핸드폰 꺼내 보면, 다행히 '엄마'.
슬쩍 핸드폰 넘겨보는 부정.

정수　　내가 먼저 아까… 전화해서 전화하시는 거야.
부정　　…누가 뭐래?
정수　　뭐래는 게 아니라… 그렇다고…
부정　　어떡해. 나 먼저 들어가?
정수　　그럴래?

그런 정수를 흘깃 보고는 벨을 먼저 누르고,
키패드 뚜껑을 열어 번호를 누르는.
자기도 모르게 크게 심호흡을 한 번 하고.

부정　나 들어가요. 아부지.

　　　하고 문을 열면, 안에서 자다 깼는지 희미하게 들리는 창숙의 대답.
　　　부정, 안으로 들어가면, 바로 들리는

창숙e　정수는?
부정e　밖에 있어. 통화만 하고 들어올 거야.

　　　그 소리에 정수, 문 안에 몸만 살짝 집어넣고.

정수　저 여깄어요. 아부지. 금방 들어갈게요.
창숙　(기어이 나와서 정수의 팔을 쓰다듬으며) 응. 아니야.
　　　천천히 해 천천히.
정수　들어가세요. 아부지. 아직 추워요.

　　　정수, 창숙을 들여보내고 통화할 곳을 찾아 복도를 서성이다가
　　　강재의 집이 보이는 복도 깊숙한 쪽으로 소곤소곤 통화하며 이동하는.

정수　여보세요. 엄마? 엄마, 나 뭐 하나만 빨리 물어보고 끊을게.
　　　(하다가 민자 숨소리가 이상한지) 엄마. 엄마?

47　민자의 빌라. 밤

　　　헉. 헉. 훌라후프를 돌리며 전화를 받는 민자.

민자　그만 불러. 엄마 안 죽었어. 운동하는 거야.
　　　그래서 뭘 물어보고 싶길래 먼저 전화를 다 했냐?

48   오피스텔 . 복도

통화하는 정수.

정수   엄마, 최근에 부정이 회사에 전화하셨어?

49   민자의 빌라. 밤

동작을 멈추는 민자, 자연스럽게 훌라후프를 내려놓고.

민자   글쎄… 내가… 전화를… 했었나?…그건 왜…?

하며, 소파에 와서 앉는.

50   오피스텔 . 복도

확신하는 정수.

정수   말 천천히 하시는 거 보니까. 엄마 맞네…
민자e   내가… 무슨 전화를 했다고… 난리야…
정수   나 오늘 부정이 사무실에 갔었어…
민자e   ……
정수   부정이 회사 사람이 그러더라…

51   민자의 빌라. 밤

바닥으로 내려와 앉는 민자.

정수e   어떤 할머니가 얼마 전에 부정이 회사에 전화해서
       꼬치꼬치 캐물었다고…

52   오피스텔. 복도

       괜히 왔다갔다 통화하는.

민자e   …사무실은 왜 갔는데…
정수   그냥… 갔지 뭐.

53   민자의 빌라. 밤

       통화하는 민자.

민자   그 얘기 할라구 전화한 거야?
정수e   응…

54   오피스텔. 복도

       민자가 순순히 인정하자 같이 차분해지는.

민자e   부정이하고는 얘기했어?
정수   아니… 아직… (하다가) 엄마.

55   민자의 빌라. 밤

       바닥에 앉아 어딘지 풀이 죽어서 통화하는 민자.

민자   말해…

정수e 아부지 말이에요… (하다가) 우리 장인어른…

민자   …사돈어른이 왜…

팬히 마음에 걸려서 훌라후프를 만지작거리는.

56   오피스텔. 창숙의 집. 화장실

손을 씻다가 문득 거울을 보는 부정.

정수e 아버지한테는 절대로 말씀드리면 안 돼요. 아셨지?

잠시 자신의 얼굴을 보다가, 거울장을 열어 새 비누를 꺼내는.

57   오피스텔. 창숙의 집

정수 들어오는 길이라고 현관에 폐지들을 한쪽으로 정리하는 창숙.
정리하다가, 눈에 들어오는 아무렇게나 벗어놓은 부정의 구두.
가만히 구두를 보다가, 가지런히 놓는.

정수e 아버지한테는 부정이가 세상 전부야…

화장실 쪽을 바라보며 걱정스럽게 한숨을 쉬었다가,
팬히 애들한테 걱정을 들킬까 얼굴을 쓸어내리는 창숙.

58   오피스텔. 강재의 집

매트리스에 무겁게 누워 있던 강재.
핸드폰 진동 울리면, 천천히 몸을 일으키는.
보면, 강재의 핸드폰으로 온 '미선씨'의 입금 메시지.
[강미선님이 30만 원을 입금하셨습니다.]라는 글자를 멍하니 보고 있는.

정수e   내가 엄마 세상에 전부인 것처럼…

59   민자의 빌라. 밤

그 말에 괜히 울컥 눈물이 나는 민자.

민자   ……
정수e   여보세요?
민자   …어…
정수e   엄마… 울어요?
민자   아니야… 안 울어…

60   오피스텔. 복도

어느새 강재의 집 앞까지 다다른 정수.
괜히 잠시 강재 집 문을 보다가,

정수   엄마 혹시 벌써 말씀하신 건 아니지?
민자e   아… 아니야…

얌전한 민자의 반응에 갸웃하며 전화를 끊는 정수.
왔던 길을 돌아가는 정수.

61   민자의 빌라. 밤

핸드폰 내려놓고, 금방 걱정스러운 얼굴이 돼서는
한숨 한 번 크게 쉬고는 눈물을 닦고 일어서는.

민자   하던 대로 하지 괜히 다정하게 해서…
사람 미안하게… 나쁜 새끼…

속상한 김에 훌라후프를 휙 저쪽으로 밀어버리는 민자.
그래도 속이 상한지 바닥이 꺼져라 크게 한숨을 쉬는.

62   순규의 집. 마당. 밤

대문을 조용히 열고 안으로 들어오는 순규.
현관 쪽으로 가려다, 밝게 불이 켜진 거실이 보이는 마당 한 곳으로.
아무도 없는 거실.

63   순규의 집. 현관에서 거실. 밤

살짝 현관문을 열어 신발을 확인하는 순규.
지연의 신발도 우남의 신발도 보이지 않는.
천천히 안으로 들어가는 순규.
불만 환하게 켜진 거실에 아무도 없고, 테이블에 찻잔도 보이지 않는.

64   순규의 집. 우남의 방. 밤

캄캄한 우남의 방.

문을 살짝 열어보는 순규.
아무도 없는 걸 확인하고 문을 닫는다.

65　순규의 집. 딱이 방. 밤

역시 어두운 딱이 방의 문을 열어보는 순규.
아무도 없는 실내.

66　순규의 집. 주방. 밤

어두운 주방으로 들어오며 불을 켜는 순규.
개수대 싱크볼 안에 찻잔 하나와 소서 두 개만 포개져 있고
하나 더 있어야 할 찻잔 하나가 보이지 않는.
핸드폰을 식탁에 내려놓고 찻잔을 찾는데
쓰레기통 안에 반으로 조각난 찻잔이 들어 있다.
가만히 쓰레기통을 내려다보고 있는 순규.
그때, 현관으로 사람이 들어오는 인기척.
순규, 그 소리에도 꼼짝없이 쓰레기통 안에 찻잔을 보고 있다.

67　순규의 집. 거실에서 주방. 밤

다소 지친 얼굴로 현관에서 거실로 들어오는 우남.
자기 방으로 향하려는데 주방에 서 있는 순규를 발견하는.
쓰레기통을 향해, 비스듬히 거실을 등지고 서서 꼼짝 않고 있는 순규.
우남, 방으로 가려다, 그쪽으로 가는.

우남　들어왔구나? 약국 들렀다 왔는데… 없어서 걱정했잖아.

순규	······
우남	······
순규	······이게 니 꺼니?
우남	(보면)
순규	······이거 니네 꺼야···?
우남	(그제야 찻잔 이야기인 걸 알고) 아··· 미안···
	아까··· 괜히 치운다고 옮기다가···
순규	······
우남	미안···
순규	······여기가 니네 집이야?
우남	······
순규	이 집이 니네 꺼야?
우남	······
순규	······왜 니네 맘대로 치우고··· 니네 맘대로 버려···
우남	······
순규	······
우남	······미안하다···
순규	(그제야 우남 보면)
우남	······잘못했어.
순규	······
우남	······
순규	······난··· 여기서 뭐니?
우남	······
순규	······니네 맘대로 끼웠다 버렸다···
우남	······
순규	내가··· 니네 꺼야?
우남	······

순규   나 니네 꺼 아니야… 내가 아무리 널 좋아해도…

우남   ……

순규   니가 나한테 아무 관심 없어도…
        나는… 내 꺼야…

        하고 벽을 보고 서서 소리 내어 울기 시작하는 순규.
        우남, 아무 말 없이 다가와서 그런 순규를 끌어안는.
        우남의 품에 안겨서 아이처럼 엉엉 우는 순규.
        그런 순규를 꼭 안고 말없이 같이 울어주는 우남.

68   오피스텔. 강재의 집. 현관. 밤

        현관 거울 앞에서 겉옷을 입는 강재.
        거울 속에 얼굴을 보다가, 문을 열고 나가는.

69   오피스텔. 복도

        복도 안쪽에서 걸어오는 강재.
        창숙의 집 쪽에서 들리는 웃음소리.
        엘리베이터로 향하며 창숙의 집 쪽을 돌아보면,
        문이 열리면서, 밖으로 나오는 겉옷을 입지 않은 창숙과 정수.
        그리고 부정. 짧은 순간 서로 눈이 마주친 두 사람.
        괜히 더 급하게 엘리베이터 버튼을 누르는 강재.

정수   들어가세요 아부지.

부정   들어가요.

강재   ……

창숙   타고 내려가는 거 보고 들어가지. 뭘 빨리 들어가.

부정   (강재 쪽 보았다가) 감기 드셔.

하는데 창숙, 엘리베이터 앞에 서 있는 강재를 발견하는.

창숙   끝집 총각 아니에요?

정수   (돌아보면)

부정   ……

강재   (잠시 모른 척했다가 결국 돌아보는)

창숙   맞네. 출근… (하다가 정수 눈치 보고) 어디 나가요?

강재   예… 집에 좀.

부정   ……

창숙   집이 저기잖아. 집이 또 있어요?

강재   아… 엄마… 부모님 사시는 집이요.

창숙   아… 부모님이 계시는구나…

강재   ……?

하고 부정과 정수 보면,
부정은 외면하고 정수는 괜히 어색해서 씩 웃는.

부정   아부지… 무슨 그런 말을 해요. 오해하게…

창숙   왜? (하다가) 아니야 아니야. 칭찬이야. 좋아서 하는 말이에요.
      담아두지 마요.

강재   …네.

마침 도착하는 엘리베이터.

정수   들어가세요 아부지. 저희 잘 갈게요.

강재   ……

먼저 엘리베이터에 타는 강재.
다시 눈이 마주치는 부정과 강재.

창숙   그래. 항상 운전 조심하고. 사람 조심하고…

정수   네…

창숙   신발은… 아껴서 잘 신을게.

정수   막 신으세요. 아부지… 편한 걸로 산 거니까…

창숙   아깝지…

정수   또 사드릴게요.

천천히 닫히는 엘리베이터 문.
부정, 안도하며 그쪽을 보고 있는데,
강재가 다시 문을 연다.

정수   어우 감사합니다. (하고 부정에게) 먼저 타.

부정, 잠시 강재 보았다가 올라타고.
정수, 창숙을 출입구 쪽으로 밀어내고 올라타는.
타면서 다시 강재에게 인사하는.
1층 버튼을 동시에 누르려다 손이 부딪치는 부정과 강재.
다시 서로를 보는 두 사람. 강재가 1층 버튼을 누르면,
정수가 기다렸다는 듯이 지하 주차장 버튼을 누르는.
부정을 사이에 두고 양쪽으로 서 있는 강재와 정수.
창숙, 들어가지 않고 엘리베이터 문이 닫힐 때까지 손을 흔드는.

딸에게 손을 흔드는 창숙 위로 시작되는.

강재e   어떤 말을 해드리면 좋을까요…

70   오피스텔. 엘리베이터

좁은 엘리베이터에 타게 된 세 사람.

강재e   어떤 말이… 필요한 걸까요.

문이 닫히면 강재, 엘리베이터 구석으로 몸을 옮겨 핸드폰을 꺼내 보는.
정수, 핸드폰을 하는 강재를 흘깃 보고.

정수   아부지 좀 괜찮으신 건가?
강재   ……
부정   (강재 의식했다가) 뭐가…?
정수   그냥… 달라지신 거 같기도 하고…
부정   ……
정수   (보면)
부정   집에 가서 얘기해…
정수   (그 말에 강재 쪽 보았다가) 어…

강재의 핸드폰으로 걸려오는 전화. 울리는 진동.
발신인 종훈 '아키라 서종훈 실장'.

강재e   아직도 겪고 계실 그 지옥에 대해…

진동 소리가 길어지는데 받지 않자, 강재 쪽을 잠깐 돌아보는 정수.

강재, 수신 거절을 해버리면, 부정이 강재 쪽을 돌아본다.

강재, 부정 쪽 보지 않고 핸드폰만 보고 있는.

이제야 1층에 도착하는 엘리베이터.

살짝 목례하고 내리는 강재.

정수가 닫힘 버튼을 누르는 사이,

1층 입구로 빠져나가는 강재의 등을 가만히 보고 있는 부정.

강재e   아무것도 모르고…

71   오피스텔. 출입구

입구까지 성큼성큼 걸어와서야 그제야 돌아보는 강재.

문이 닫힌 엘리베이터.

잠시 보다가 입구를 통해 큰길로 나가는.

강재e   아무 도움도 되지 못하는 건 저도 마찬가지라…

72   다시 엘리베이터

침묵 속에 두 사람.

정수   어디서 봤는데…

부정   ……

정수   방금 그 사람 말이야…

부정   ……여기서 봤겠지… 끝집 사니까…

정수   ……그런가…

그사이 지하 주차장에 도착하는 엘리베이터.

강재e   어떻게 용서를 해드려야 할지…
잘 모르겠습니다.

73   오피스텔 . 지하 주차장

부정과 정수, 엘리베이터에서 내려, 주차한 쪽으로 향하는.
그제야, 위에 두고 온 게 생각난 정수.

정수   아…!
부정   왜?
정수   구두 봉투 안에… 직원카드 넣어놓고 까먹었네…
부정   아부지 구두 드린 봉투?
정수   어…
부정   어떻게… 다시 올라가?
정수   아… (하다가) 다음에 찾아가지 뭐.
부정   중요한 거면… 갔다 오구…
정수   그렇게 막 중요한 건 아니고…
버리시진 않겠지…?
부정   …버리진 않겠지만… 전화드려?
정수   (잠깐 생각하다가) 그냥 가. 그냥 가.

어느새 다다른 차에 올라타는 정수.
잠시 보다가, 조수석에 타는 부정.

강재e   슬픔에 모양이 있을까요?

74   오피스텔. 지하 주차장에서 입구. 정수의 차. 밤

지하 깊숙한 곳에서부터 진입로를 향해
천천히 올라가는 정수의 차. 운전석에 정수, 조수석에 부정.
부정, 창숙에게 전화 중인,

부정   왜 안 받으시지?
정수   안 받으셔?
부정   응.

끊었다가 다시 통화를 시도하는 부정.
그사이에 진입로 입구 차단기를 지나 도로로 빠져나가는 차.

부정   좀 세워봐.

그 말에 정수, 차를 오피스텔 입구 쪽에 세우는.
차 멈추면 다시 통화를 시도하며, 급하게 내리는 부정.

정수   같이 갈까?
부정   아니. 혹시 모르니까 여기 잠깐 있어봐. 금방 가서 보고 올께.

하고 입구 쪽으로 뛰어가는 부정.

강재e   아픔에 크기가 있을까요?

75   오피스텔. 창숙의 집

방 가운데서 혼자 울고 있는 창숙의 핸드폰.

강재e 고통에… 이름 같은 건 있을 수 없습니다.

76 오피스텔. 엘리베이터

여전히 통화 시도하며, 금방 잡히는 엘리베이터를 타는 부정.

강재e 아무리 작은 것이라도…

77 오피스텔. 앞. 도로. 정수의 차. 밤

도로 곁에 차를 대고 오피스텔 입구 쪽을 보는 정수.
입구에서 도착하는 택시에 올라타는 강재.
헤드라이트에 환하게 보이는 강재의 모습.

강재e 내 것만큼 아픈 건 없을 겁니다.

정수, 어디서 봤지… 고개를 갸웃하며 보는.

78 오피스텔. 엘리베이터

괜히 초조해져서는 계기판을 올려다보는 부정.
도착해서 엘리베이터 문이 열리면. 내리려는.
내리려다 멈칫하는 부정.

강재e 내 것만큼 힘든 것도 없을 겁니다.

현관 앞에 외투도 핸드폰도 없이
배웅하던 모습 그대로 쪼그리고 앉아 있는 창숙.
엘리베이터가 도착하는 소리를 들었는지 이쪽을 돌아보는.
부정, 천천히 내려서 아버지에게로 다가가는.
잔뜩 겁을 먹은 낯선 얼굴로 부정을 바라보는 창숙, 아버지.

부정   …아부지… 왜… 비밀번호 잊어버리셨어?

아무 말 없이 보다가, 면목 없는지 고개만 끄덕해 보이는 창숙.
부정, 다가와 일으키려면 손을 슬며시 뿌리치는.

부정   ……
창숙   한번 이렇게 잠기면… 한참 있다가 열려…
부정   ……
창숙   십 분도 더 있어야 돼…
부정   ……그렇다고 이렇게 앉아 계시면 어떡해. 차가운데.

하면서 목도리를 벗어서 창숙의 어깨를 덮는다.

창숙   차긴… 이제 봄인데…

말은 그렇게 하면서도 그대로 가만히 있는 창숙.
부정, 잠시 보다가 옆으로 나란히 앉는.

부정   …지금은 번호 기억나요?
창숙   (부정을 빤히 바라보며, 한참을 생각하다가)
          ……조끼랑… 잠바에 넣어놨는데…

부정   ……

창숙   조끼랑 다 집 안에 있으니까…

부정   ……번호 써서 주머니에 넣어놨어요?

창숙   ……신발에도 하나 넣어놨는데… 쓰레빠를 신고 나와서…

부정   우리 아부지 선수네…

창숙   ……정수는?

부정   또 정수… 정수는 갔어.

창숙   (보면)

부정   내가 보냈어. 아부지랑 자고 갈려고.

창숙   부인네가 자꾸 외박을 해서 어떡해…

부정   부인네가 뭐야 징그럽게…

창숙   부인이 부인이지…

핸드폰으로 정수에게 [먼저 가. 자고 갈게.] [아버지 괜찮으셔…]라고
메시지를 보내는.

강재e   내 것만큼… 소중한 것도… 없을 겁니다.

도착하는 정수의 답장. [그래. 고생해.]
답장을 읽고 핸드폰을 주머니에 넣는 부정.

부정   …아부지 생일인가?

창숙   (보면)

부정   번호 말이야.

창숙   (가만 보다가) 아니야… 생일로 하면 안 된대서… 바꿨잖어…

부정   …맞아…
        그럼 이제 금방 기억나시겠네.

하며, 부정, 아부지 손을 깍지 껴서 잡고.

부정   시간 많으니까… 생각해봐요. 몇 번인지…
창숙   ……그러니까…
부정   ……
창숙   (눈을 꼭 감고 생각하다가 배시시 웃는)
부정   몇 번이야?
창숙   ……니 생일이잖아.
부정   천재네 아부지.

먼저 일어서는 아버지를 앉아서 보고 있는 부정.

부정   여기 좋은데 앉아서 더 얘기하자…
창숙   좋긴 뭐가 좋아… 차갑지.
부정   봄이라매…

하면서, 가볍게 몸을 일으키는 부정.
창숙, 키패드를 열어 부정의 생년월일을 입력하면
사르르 눈 녹듯이 열리는 문.
그 모습을 가까이 서서 가만히 보는 부정.
아이처럼 기뻐하며 안으로 들어가는 창숙.
부정, 문을 잡고 잠깐 눈을 감고 감정을 추스르고
심호흡을 길게 하고 안으로.

강재e   혹시 오늘도…

79   빌 라 촌 . 미 선 의 반 지 하 . 앞 . 밤

골목을 걸어오는 강재.
모퉁이를 돌면 보이는 미선의 집.
불이 환하게 켜진 반지하 창문이 활짝 열려 있는.
걸어오다가 열려 있는 창문이 의아해 가까이 가보는.

강재e   죽을 만큼 괴로운 하루를 보내셨나요?

보면, 안에서 장규가 시끄럽게 청소기를 돌리는 중.
쪼그리고 앉아서 그 모습을 보는 강재.
집 안쪽에서 이불을 털고 있는 미선.
강재, 두 사람을 보다가, 톡톡 창문을 두드리는.

강재e   저는 오늘… 죽음처럼 긴 하루를 보냈습니다.

시끄러워서 들리지 않는지 보지 않자, 강재, 바닥에서
조그만 돌멩이 하나를 골라 청소기를 맞추는.

강재e   아무 일도 일어나지 않고…

그제야 놀라서 이쪽을 보는 장규.

장규   (활짝 웃으며) 왔어?
강재   뭐 하는 거야. 늦은 시간에 민원 들어오게.
장규   뭐 하긴… 너 온다고 대청소 하는 거지.
강재   ……
장규   (미선 쪽 돌아보며) 자기야. 아들 왔어.
미선   벌써?

하면서, 강재가 보고 있는 창 쪽으로 뛰어오는 미선.

미선   온다고 하고 왔네.

강재   온다고 하고 안 오냐? 그럼?

미선   안 올 수도 있지. 기대도 안 했는데… 왔네?

강재   ……

미선   들어와. 왜 거기서 그러고 있어.

강재   (코를 킁킁거리고) 밥했어?

미선   (장규에게) 개코다 하여간.

장규   원래 개코잖아.

강재   ……뭐 했는데? 맛있는 거면 들어가고 맛없는 거면 그냥 가게.

미선   ……그냥 밥이지 뭐…

강재   ……

미선   밥이랑…

강재   또…

미선   국이랑…

강재   또…

미선   김치랑…

강재   ……

미선   소세지…

강재   ……

미선   ……갑자기 뭐가 있어야지…

강재   ……

미선   ……

강재   ……

잠시 미선을 보다가, 앉은 채로 고개를 숙이는 강재.

미선   왜… 별로야?

강재   ……

미선   ……

고개를 숙인 채 자리에서 벌떡 일어서는 강재.
가는 건가 싶어서 창 쪽으로 다가드는 미선.

강재e   내일이 오지 않을 것 같은 그런 하루…

강재, 골목으로 가버리는.

미선   ……

장규   뭐야… 진짜 간 거야?

미선   ……커피 우유 사러 가는 거야.

장규   ……어떻게 알아?

미선   ……자식이니까 알지.

하고, 뭔지 글썽해져서는 잔뜩 움츠린 강재의 뒷모습을 보는 미선.
장규도 미선을 따라 강재의 뒷모습을 보는.

강재e   아무도 오지 않는 캄캄한 방에서…

80   빌라촌. 길. 밤

노란 가로등이 기다리는 모퉁이를 돌아 나오는 강재.
자기도 모르게 울컥한 기분이 되어 어깨를 잔뜩 움츠리고
아무에게도 이 마음을 들키지 않겠다는 마음으로

편의점 쪽으로 걸어가다가 골목 어딘가에 멈춰 서는 강재.

강재e 아무것도… 내 것이 아니라는 사실에… 외로웠습니다.

다가가서 보면, 자기도 모르게 흘러나온 눈물이
주체할 수 없는 감정이 되어 흘러내리는.
몇 걸음 더 걷다가 선 채로 흐느끼는 강재.

강재e 이런 말을 드리는 게 옳은지 모르겠지만…

노란 불빛 아래 오랫동안 서서 흐느끼는 강재의 등.

f. o

강재e …미안합니다…

10^부

제자리

01   미선의 반지하. 안방. 밤

좀 전까지 활짝 열어두었던 창문이 닫혀 있고.
창밖 가로등 불빛으로 창살 그림자가 그려진 방 가운데에
단정하게 펼쳐놓은 서로 다른 모양의 낡은 이부자리 두 채.
티비 앞에 얌전히 놓여 있는 강재가 던졌던 작은 돌멩이.
그 위로 들려오기 시작하는 미선과 장규의 티격태격.

02   미선의 반지하. 거실. 밤

식탁 위에 쌓아두었던 자질구레한 살림살이들이
식탁 아래 벽 쪽에 기대어 쌓여 있다.
좁은 식탁에 기어이 나란히 앉은 미선과 장규.
강재는 두 사람의 건너편에.
밥도 국도 소시지도 반쯤 비워가는 식탁.
앞 씬에서부터 이어지는 두 사람의 대화.
어딘지 분위기가 가라앉은 강재,
가라앉은 자신을 위해 더 신나게 애쓰는 듯,

장규   내가 이 집 살 때 말이야.

미선   꼭 내가 샀대지…

장규   그럼 내가 샀지. 누가 샀는데…

미선   나도 보탰잖어! 오백만 원.

장규   칠천만 원짜리 집 사는 데 오백 보탰으면 결과적으로 내가 산 거지.

미선   꼭 칠천이래지. 육천육백육십이고만.
        (하다가, 강재 보며) 집값도 되게 재수 없지 강재야.
        육이 쪼로록 세 개가 나란히 붙어서…

장규	육이 뭐가 어때서. 중국에서는 팔 다음에 좋은 숫자가 육인데.

미선	그렇게 좋은데 왜 꼭 칠천이래니?
	육천육백육십이라고 정확하게 말하지.

장규	기니까 그렇지 기니까.

미선	길긴.

장규	안 길다구?

미선	육천육백육십 육천육백육십. 봐 두 번 말해도 일 초도 안 걸리는데.
	이게 기니?

	하면서 강재 보면,
	두 사람의 티키타카가 안 들리는 듯 별 반응 없는 강재.
	그때 주머니에서 울리는 강재의 핸드폰 진동.
	슬쩍 꺼내 보면, 종훈. 강재, 잠시 보다가,
	[곧 연락드리겠습니다.] 자동완성 메시지를 보내고 끊는.
	그사이 대화가 끊어진 식탁, 미선과 장규, 그냥 조용히 밥을 먹으려는데.

강재	그래서…?

미선	(보면)

장규	……어?

강재	집을 샀고… 그 다음은 뭔데. 출발을 했으면 종점이 있을 거 아니야.

장규	……종점?

미선	(강재의 빈 국그릇을 들고 자리에서 일어서며) 있긴 뭐가 있어.

강재	뭐야… 설마 육육육이 끝이야?

장규	아니야… 종점 있어 종점 있는데… 너네 엄마가 방해하니까.

강재	뭔데.

미선	(국그릇을 채워오며) 있어. 세상에서 제일 스트레스 받는 남 돈 번 얘기.

강재	누가 돈을 벌었는데?

장규　(다시 시작하는) 형이 칠천 주고 이 집을 살 때… (하다가, 미선에게)
　　　방해하지 마.

　　　대답 대신, 강재에게 들어봤자 영양가 없다는 느낌의
　　　제스처를 하는 미선.

장규　딱 구백 더 주고 경기도 고양시에다가 열두 평짜리 아파트를 산
　　　내 친구가 있거든?
강재　출발이 벌써 딱 안 좋다.
미선　그치?
장규　(아랑곳없이) 그게 내가 사고 싶어서 열심히 침 발라놓은 건데
　　　결국 못 샀거든 니 엄마가 너무 반대해서.
미선　뭘 또 내가 너무 반대를 해. 그냥 한두 마디 한 거지.
강재　뭐랬는데.
장규　무조건 서울 살아야 된다고.
강재　(미선 보는)
미선　……
장규　사람이 가난할수록 서울에서 버텨야지 한번 밀려나면
　　　다시는 못 들어오는 게 서울이라면서. 안 된다고 안 된다고.
미선　……
강재　……그래서 그 형 친구 아파트는 얼마나 올랐는데.
장규　사억.
강재　(놀라서 보면) 사억?
미선　또 오바한다… 사억은 무슨… 삼억 넘을랑 말랑 그래.
장규　자기 돈 아니라고 일억을 깎네.
　　　(일어서며) 핸드폰 어딨어. 부동산 사이트 가면 바로 보지.
미선　뭘 또 그걸 봐. 밥맛 떨어지게.

스트레스 받아서 밥 먹을 때 뉴스도 안 보는구만.

장규 (핸드폰을 가져와 매물을 찾는)

강재 (미선 보며) 사억?

미선 사억 아니야 글쎄. 그리고 이 집도 좀 올랐어.

강재 이건 지금 얼만데.

장규 팔천.

미선 와… 팔천이랜다. (강재에게) 구천이야 구천.

장규 (마침 찾아서 강재에게 보여주는) 봐. 매매가 삼억 팔천… 거의 사억이지.

미선 매매가가 삼억 팔천이면 삼억 오른 게 맞지. 무슨 사억이 올라.

강재 (장규의 핸드폰 받아 들고 보며) 와… 이 정도면…
     상실감 때문에 멘탈 관리 들어가야 될 수준인데.

장규 아는구나 강재야. 형이 사는 게 사는 게 아니야.

미선 (핸드폰을 뺏으려 하며) 그러니까 안 보면 되잖아. 안 보면.

가끔 깜빡거리는 형광등 아래.
남 돈 번 얘기로 오랜만에 대화를 이어가는 세 사람.

03 아키라. 복도. 밤

여느 때보다 활기찬 아키라 복도.
복도를 낀 룸 여러 개를 잡고 노는 지극히 평범한 차림의 단체 손님들,
선수와 손님들이 기차놀이를 하듯 서로 어깨를 잡고
룸을 이동해 다니며 놀고 있는.
그 사이를 강재와 통화를 시도하며 지나가는 종훈,
무리와 섞일 때는 함께 리듬을 타기도 하며, 분위기를 맞추다가
한적한 곳으로 이동하는.
이동하며 보면, 강재에게 도착해 있는 [곧 연락드리겠습니다.]

종훈   찾으면 안 돼 찾으면. 찾으면 꼭 이렇게 비싸요.

잠시 생각하다가, 연락처에서 '딱이'의 번호를 찾는 종훈.

04   PC방. 카운터. 밤

막 샤워를 한 듯 목에 헬스클럽 수건을 두르고,
컵라면에 끓는 물을 붓고 있는 민정.
딱이는 손님이 나간 자리를 정리하는 중이고,
마침 테이블 한쪽 무선 충전기 위에서 울리는 딱이의 핸드폰.
멀리 딱이 한 번 보았다가, 핸드폰을 쓱 넘겨보는.
보면, '아키라 서종훈 실장'.
예상치 못한 이름에 제대로 본 건지 다시 고개를 꺾어
글씨와 각을 맞춰보는. '아키라 서종훈 실장'.

민정   아키라… 서종훈 실장…

핸드폰을 다급하게 집어드는 손, 보면, 어느새 다가온 딱이.
수신 거절을 누르고 민정을 보는 딱이.

민정   …투잡이에요?

하며, 딱이가 한 팔에 무겁게 들고 있는
빈 그릇이 쌓인 쟁반을 받아서 개수대로 가져가는 민정.

딱이   (따라가며) 당연히 아니죠.

대답 대신 돌아보는 민정.

딱이   태어나서 딱 처음이에요… 이 형한테 전화 오는 거…
민정   그럼 받아봐야 되는 거 아니에요?
           태어나서 처음인데?
딱이   그게… 진짜 딱 태어나서 처음이라는 게 아니잖아요.
민정   (빤히 보다가) 더럽히면 안 되는 존재라고 그러더니…
           선수였네. 거짓말도 잘하고.
딱이   무슨 거짓말을 했다구…
민정   룸도 막 뛰었어요?
딱이   뭘 막 뛰어요… 정우 형이 (하다가) 정우 형 알죠… 그…
           우리 다 같이 누나네 돈 받으러 갔던…
민정   알죠.
딱이   그 형이 갑자기 빵구 낸 날… 강재가 딱 부탁해서 딱 한 번…
민정   대박…
딱이   대박이 아니라… 부탁하니까…

자연스럽게 냉장고에서 음료수를 하나 꺼내며,

민정   나 이거 하나 마실께요. 짜증 나니까.
딱이   예…

민정, 캔에 고리가 너무 납작하게 붙어선지, 정말 짜증이 나서인지,
잘 못 따면,

딱이   따줄까요?
민정   됐어요. 내가 해요 (하다가) 막 음료수도 따주고 그랬나봐요?

딱이   땄겠죠…

마침 딱이의 핸드폰으로 들어오는 종훈의 메시지.
[오랜만. 강재가 하루 종일 연락이 안 돼서. 전화 좀.]
확인하고, 바로 민정에게 보여주는.

딱이   봐요 봐요. 이거. 여기.
민정   (받아 들고 보는)
딱이   봤죠? 나 아니라 강재 찾는 거. 다 봐요.
민정   (다시 건네주는) 뭘 다 봐요. 한 줄인데.
딱이   오랜만도 읽었어요? 여기 앞에.
민정   (따달라는 듯 캔을 건네고) 친구가 가잖고 아무 데나 따라가고 그럼
        큰일 나요.
딱이   (캔을 들고 보면)
민정   안 따줘요?
딱이   따죠.

하며, 바로 따서 건네는. 받아 드는 민정.

민정   전화하고 와요. 이강재 왜 찾는지도 궁금하니까.
딱이   ……강재요…?
민정   그냥 비즈니스 파트너로서 전반적인 상황이 궁금하다는 거예요.
        그 이부정씨 관련 일은 잘하고 있는 건지.
        혹시 무슨 불법적인 일에 얽힌 건 아닌지.
딱이   ……
민정   갑자기 잡혀가면 곤란하니까요.
딱이   예……

민정	카운터는 제가 잘 보고 있을게요.

다녀오라고 웃으며 손을 흔드는 민정.
괜히 손을 흔들어 답하고, 핸드폰을 들고 입구 쪽으로 뛰어가는 딱이.
가는 딱이를 보다가, 카운터로 가면.
민정이 데스크에 서자마자 도착하는 내선 쪽지.
[161번 너무 예쁘시고, 제 스타일입니다. 남친 있나요?]
고개를 들어 161번 쪽을 보면,
교복을 입은 중학생 남자애 둘이 이쪽을 보고 있는.

민정	말세다. 말세야.

하고, 답장으로 [네. 카운터 보는 알바가 제 남친입니다.]

05	아키라. 대기실. 밤

통화하며 안으로 들어오는 종훈.
소란스런 바깥의 소음이 그대로 들리는 안쪽.

종훈	어. 딱이. 오랜만이야. 학교 잘 다니고.
벌써 졸업했어? 취직은?

06	PC방. 입구. 밤

입구 바깥에 서서 통화하는 딱이.

딱이	아직… 근데… 강재는 무슨 일로.

07   아키라. 대기실. 밤

통화하는 종훈.

종훈   아니 뭐 일이 있는 건 아니고…
       백년 만에 가게에 손님이 꽉 찼는데…
       무슨 동호흰지 단체가 두 팀이나 왔거든… 근데 선수도 모자라고…
       강재한테 뭐 물어볼 것도 좀 있고… 같이 있냐?

08   PC방. 입구. 밤

유리 문 너머로 안쪽을 들여다보며 통화하는 딱이.

딱이   아니요. 아까 오후에 헤어져서… 지금 집에 있을 건데.

09   아키라. 대기실. 밤

소파 테이블에 걸터앉는 종훈.

종훈   근데 왜 전화를 안 받어. 나 피하나?
딱이e 피하긴요… 당연히 아니죠. 형한테 일도 받아서 하는데
       형을 왜 피해요.

그 말에 잠깐 시선을 다른 데 두었다가,

종훈   강재가 나한테 일 받아서 한다고… 무슨 얘기를 해?
딱이e 아니… 강재가 직접 얘기한 건 아니고.

종훈   그럼 니가 그걸 어떻게 알아.
딱이e   그냥… 어쩌다 보니까…

10   PC방. 입구. 밤

       괜히 말실수를 했나 싶어 머리를 긁적이는 딱이.

딱이   절대 강재가 얘기한 건 아니에요 형. 진짜예요.

11   아키라. 대기실. 밤

       테이블에 누군가 먹다 남긴 소주병을 흔들어보다가, 한 모금 획 마시는.

종훈   괜찮아 딱아. 형 따지는 거 아니야. 물어보는 거지.
       우리 사이에 그런 얘기 좀 하면 어때. 뭐 대단한 비밀도 아니고…

12   PC방. 입구. 밤

       손님들이 안으로 들어가면, 꾸벅 인사하고, 좀 떨어진 곳으로
       이동하는 딱이.

종훈e   강재가 바르게 사는 너한테 그냥 혼자 쪽팔린 거지.
딱이   ……
종훈e   그리고 그거 나가리 될 거 같애. 정우 때부터 시간을 너무 끌어서…
딱이   ……
종훈e   어? 여보세요?
딱이   아… 네… 듣고 있어요 형.

13   아키라. 대기실. 밤

대기실에 잠깐 들어왔다 나가는 선수들에게 손인사하며,

종훈   그래서… 강재는 요즘 어떤 거 같애? 돈 잘 벌어?
        누구 만나는 사람은 없고?
딱이e   글쎄요. 저는 잘…
종훈   니네 소울메이트라매 니가 모르면 누가 아냐.

14   PC방. 입구. 밤

구석에 기대서 통화하는.

딱이   ……
종훈e   암튼 강재 오늘 연락되면 형 한번 도와주라고… 전해줘.
        너 시간 되면… 너도 와도 되고. 쎈 손님들 아니니까.
딱이   …예… 근데 형… 감사한데 제가 지금 알바 중이라서.
종훈e   어어… 그래그래. 들어가봐. 한번 놀러 오고.
딱이   예. 한번 놀러 갈게요. 들어가세요 형.

끊고 돌아보면, 출입문을 잡고 서서 이쪽을 보고 있는 민정.

민정   (잠시 보다가) 손님 어떻게 받는 거예요?
딱이   손님을… 왜 받아요. 저는 손님 안 받죠…
민정   ……
딱이   ……
민정   방금 들어온 피씨방 손님 말이에요.

딱이	……?
민정	내가 짜파구리는 대신 끓여도 입력하고 이런 건 잘 못하잖아요.
딱이	아…
민정	놀러가긴 어딜 놀러간대. 미쳤나봐.

하고 안으로 휙 들어가는 민정.

딱이	아니… 당장 간다는 게 아니라…

하면서 따라 들어가는 딱이.

15 아키라. 대기실. 밤

끊어진 핸드폰을 보다가, 안 실장과의 대화창을 다시 열어보는 종훈.
부정과 강재의 사진을 획획 넘겨보다가,
제법 선명하게 찍힌 강재의 사진에 멈춘다.

종훈	너 무슨 일인 거니. 강재야.

동시에, 아란에게서 걸려오는 전화. 얼른 받는.

종훈	예, 누님. 피팅 보러 가신다더니… 어쩐 일로.

16 의상실. 피팅룸. 밤

작은 피팅룸 안에 잔뜩 걸려 있는 차례로 입어볼 옷들.
화장기 없이 수수한 얼굴에 슈트를 입고, 킬힐에 올라서는.

한 손으로 벽을 잡고, 한 손으로는 통화하며,

아란   피팅 보는 중에 갑자기 생각나서.

종훈e   예… 무슨…

아란   아까 차에서 그 여자 어쩌구 물어본 게 혹시 걔니?
　　　　…왜…? 뭐가 있어?

17   아 키 라 . 대 기 실 . 밤

팬히 긴장해서 자리에서 일어서서 통화하는 종훈.

종훈   그게… 뭐 특별한 건 아직… 없습니다.

18   의 상 실 . 피 팅 룸 . 밤

뭔지 약간 실망스러운.

아란   그래?

종훈e   예…

아란   걔가 모범생은 모범생이구나. 사람 붙여서 파는 데도
　　　　아무것도 안 나오고.
　　　　(하다가) 야, 그렇다고 억지로 너무 쪼고 그러지는 마.
　　　　경찰서 불려 다녀서 그런가 요즘엔 나한테 뭐 써대던 것도 뜸한데…

19   아 키 라 . 대 기 실 . 밤

팬히 방을 서성이며 통화하는 종훈.

아란e   괜히 긁어 부스럼 만들어서 피곤하게 나오면 곤란하잖니.

종훈   예 그럼… 어떻게 할까요?

20   의상실. 피팅룸. 밤

킬힐에서 내려와 다른 구두로 바꿔 신어보는 아란.

아란   어떻게는 뭐가 어떻게야. 걔 하는 거 봐가면서 적당히 하는 거지.
                나도 걔한테 별로 잘한 거 없지만…

21   오피스텔. 창숙의 집. 밤

부쩍 고단한 얼굴로 잠든 창숙.
벽에 기대 앉아 핸드폰을 보고 있는 부정.
포털 창에 '치매'를 검색해서 보고 있는.
'치매치료, 치매에 좋은 음식, 중증 치매' 등의 정보들이 쏟아지고
치료법과 관련한 기사를 클릭해서 들어가면,
하단에 『정아란의 인생 수첩』 배너 광고가 떠 있는.
복잡한 얼굴로 보다가, 기사 창을 닫고 다른 정보를 클릭하는 부정.

아란e   지도 나랑 일하면서 다 잘한 일만 있는 건 아닐 테니까…

22   아키라. 대기실. 밤

아란의 이야기를 가만히 듣고 있는 종훈.

아란e   그사이에 니가 뭐 하나 잡아주면 그거 들고 기다리는 거지 뭐.

종훈   …예.

그때, 수화기 너머로 "선생님, 아직이세요?" 하고 부르는
스태프의 목소리.
소리를 듣는 종훈.

아란e   어… 다 입었어. 금방 나갈게요.
       (하고) 나 나가봐야겠다.
종훈   예 누님… 고생하십시요.

23   의상실. 피팅 룸. 밤

       거울로 옷매무새를 다시 보는 아란.
       자신과 눈이 마주치면, 잠시 보다가, 일 모드로 스위치를 바꾼다.

아란   (커튼을 열고 나가며) 이거 미영이가 입기에 너무 부자 같지 않아?

24   오피스텔. 창숙의 집

       '치매에 좋은 음식'을 캡처하는 부정.
       마침 마른기침을 하며 뒤척이는 창숙.
       부정, 얼른 핸드폰을 내려놓고 창숙 쪽으로.
       창숙, 기침이 그치지 않는지 자리에서 일어나 앉는다.

부정   (다가가며) 금방 물 드릴게.

       머리맡에 물을 따라 건네면, 마시는 아버지.

그런 아버지를 가만히 보는 부정.

창숙   (마시고) 잘자리에 꼭 이래서… (다시 기침하면)

부정   환절기라 그런가? 등 좀 두드려드려?

창숙   괜찮어. 이러다 금방 또 거짓말처럼 말짱해.

       …안 자고 뭐 했어.

부정   그냥 뭐 좀 봤어.

창숙   눈 나빠지게 깜깜한 데서 맨날 뭘 그렇게 봐. 불 키고 보지.

부정   핸드폰 본 건데 뭘 불을 켜.

창숙   니가 옛날부터 그러지. 아부지는 책이라면 질색인데

       누굴 닮았는지 낮이고 밤이고 틈만 나면 책 들고 앉아서

       요로고 들여다보고.

부정   옛날 얘기하는 거 보니까 아부지도 진짜 늙으셨네.

창숙   늙었지 그럼. (하다가, 걱정스러운 얼굴로)

       정수가 많이 놀랬겠네…

부정   (그런 아버지를 보다가) 나는?

창숙   (보면)

부정   정수가 더 놀랬겠냐? 아부지 딸이 더 놀랬지?!

       하고, 빈 물 잔을 들고 싱크대 쪽으로 가는.

창숙   놀래긴 뭘 놀래. 늙으면 다 그런 건데.

부정   ……

창숙   가는 건 오는 순서랑 상관없이 가도,

       늙는 건 온 순서대로 늙는 거니까…

       이제 아부지한테 무슨 일 또 생겨도 그렇게 놀래고 그럴 거 없어. 어?

부정   ……

창숙   어?

부정   …몰라요.

하고, 설거지를 시작하는 부정.

창숙   설거지 놔둬. 아부지 운동거리니까.

대답 없이 설거지를 하는 부정.

25   미선의 반지하. 거실. 밤

깨끗하게 정리된 거실.
식탁을 살짝 밀어놓은 곳에 이부자리를 펴고 누워 잠든 장규.
낮게 코를 골며 잠들어 있는.

26   미선의 반지하. 안방. 밤

옷걸이에 얌전하게 걸어놓은 강재의 겉옷.
티비 앞에, 돌멩이, 그리고 비어 있는
삼각 커피 우유 봉투 두 개가 나란히.
얌전히 펼쳐놓은 이부자리에 강재가 이쪽을 바라보고 누워 있고
미선이 강재의 등을 바라보고 누워 있다.
괜히 핸드폰을 만지작거리고 있는 강재.
도착해 있는 딱이의 메시지.
[너 어디야? 종훈이 형 연락 왔어. 너 찾는다고.]
답장을 하는 강재. [왜? 나 엄마집인데.]

미선	왜. 잠이 안 와?
강재	…아니. 원래 늦게 자니까…
미선	응…
강재	바깥에 형광등 아직도 저러네?
미선	형광등? 그러다 안 그러다 그래.
	때리면 들어오고, 어떨 땐 또 며칠 동안 멀쩡하고.
강재	아까 편의점을 세 군데나 갔는데 형광등은 안 팔더라고…
	전구만 팔고…
미선	……
강재	……
미선	(강재의 등을 툭 치며, 다행이라는 듯) 형광등 찾으러 다니느라고
	그렇게 한참 걸린 거야?
강재	(돌아보는)
미선	우린 또 무슨 일 있는 건가… 철렁했잖아.
강재	……왜 철렁해?
미선	그냥… 분위기가 다른 때랑 좀 다르니까… 걱정하지…
강재	……
미선	……
강재	(잠시 더 보다가, 부러 쌀쌀맞게) 왜 이래 갑자기 엄마처럼.
	어색하네. (하며 돌아눕는)
미선	……알았어. 안 할게.
강재	……
미선	아무 일 없는 거지?
강재	……
미선	……어?
강재	……없어…
미선	(뒤통수를 물끄러미 보다가) 너 보면 니 아버지 생각나서 답답해.

강재	……
미선	눈은 항상 저~기 멀리 가 있고…
	아무리 가까이서 차근차근 봐도…
	무슨 생각을 하는 건지 알 수가 없어…
강재	……알아서 뭐하게.
미선	……연애해?
강재	(다시 돌아보는, 잠시 보다가) 미쳤구나.
미선	(보면) 기다리는 전화 있나… 그래서 물어본 거야.
강재	(다시 돌아누우며) 핸드폰으로 전화만 하냐…?
미선	……하긴.

하는데 핸드폰으로 도착하는 딱이의 답장.
[그냥 가게에 손님이 많아서라고. 근데 내가 좀 실수한 거 같아서…
통화 가능할 때 전화 줘.]
흘깃 넘겨다보는 미선. 미선의 시선 느끼고,

강재	딱이야. 딱이.
미선	(실망인지 다행인지 씩 웃고) 딱이야?
강재	어…

강재, 잠시 그대로 있다가, 벌떡 몸을 일으키는.

미선	…왜?
강재	갈래.
미선	(일어나 앉으며) 말 안 시킬께. 자구 가.
강재	(일어서며) 잠도 안 오고… 형 밖에서 자는 것도 신경 쓰이고.
미선	뭐가 신경 쓰여. 맨날 밖에서 자는데…

그러는 사이 옷걸이에서 겉옷을 꺼내 입는 강재.
벽에 걸린 작은 거울로 매무새를 확인하는.

미선   (포기하고) 그럼 좀 있어봐. 뭐 좀 싸주께.
강재   됐어. 나중에 와서 먹을게.
미선   (보면) 나중에 언제 다음 달에?
강재   (보다가) 몰라… 때 되면 오겠지.
미선   다음 달에 아부지 기일이야.
강재   (잠깐 멈췄다, 나가며) 알아…
미선   (자리에서 일어서려 하면)
강재   나오지 마.

하고, 안방 문을 열고 나가는 강재.

미선   조심해.

하면, 대답 대신 돌아보지도 않고 무뚝뚝하게 손만 들어 인사하는 강재.
그대로 현관으로 가서 신발을 신고, 뒤도 돌아보지 않고
현관문을 열고 나서는.
그 소리에 잠에서 깨는 장규.

장규   ……왜. 뭐… 싸웠어?
미선   그런 거 아니야… 자.

하고, 강재가 나간 자리를 걱정스러운 얼굴로 보는 미선.

27   빌라촌. 골목길. 밤

몸을 잔뜩 움츠리고 빠른 걸음으로 걸어 나오는 강재.
한 손으로 딱이에게 전화를 거는.

딱이e　어 강재야.

강재　뭔데… 무슨 실수를 했는데?

28　PC방. 밤

손님이 제법 있는 실내를 바쁘게 움직이는 딱이.

딱이　딱 정확하게 실수를 한 건 아닌데…

안으로 들어오는 손님들.
딱이, 카운터로 이동하며,

딱이　잠깐만.

29　빌라촌. 골목 길. 밤

고요한 골목길과 대조적으로 소란스러운 수화기 안의 피씨방.
손님에게 착석을 유도하는 딱이의 친절한 목소리.
강재, 제자리를 배회하다가, 아까 서서 울었던 가로등 밑으로,
건너편에서 사람이 다가오면 괜히 골목 한쪽으로 피해 서는 강재.

딱이e　어. 됐다.

강재　뭔데.

딱이e　그거 말이야. 종훈이 형이 부탁한… 너랑 상관없는 일.

강재   ……

괜히 주머니를 뒤져서 껌 하나를 꺼내 무는.

딱이e   여보세요?
강재   …그게 왜.
딱이e   어떡하다가 내가 그 얘기를 했거든…
강재   어떡하다가라니.

30   PC방. 카운터. 밤

카운터 안쪽으로 들어와서 통화하는 딱이.

딱이   그냥 종훈이 형이랑 니 얘기 하다가 무심결에 딱 그 얘기를 꺼냈는
         데… (하다가) 그게 혹시 정우 형이 하던 일이야?
강재e   뭐 종훈이 형이 그래?
딱이   아니… 딱 그렇게 얘기한 건 아닌데…

31   빌라촌. 골목 길. 밤

다시 가로등 아래 서서 통화하는 강재.

딱이e   정우 형 때부터 시간 너무 많이 지나서 어쩌고… 그러길래.
강재   어쩌고가 뭔데.
딱이e   나가리 될 거 같다고…
강재   ……

32   PC방. 카운터. 밤

한숨 돌리고 서서 통화하는 딱이.

딱이   나는 니가 나한테 말해준 거 아니라고 열심히 얘기했는데…
진짠데 안 믿는 눈치여서…

33   빌라촌. 골목 길. 밤

그 말에 괜히 피식 웃는 강재.

강재   졸린 북극곰같이 눈치라고는 일도 없게 생겨가지고
지나치게 눈치가 빠르니까 다 내가 떠벌리고 다니는 줄 알지.
누가 믿겠니. 나도 안 믿어.
딱이e   평생 눈칫밥을 너무 먹어서 그런가…
조심했어야 됐는데 아까는 나도 경황이 없어가지고…
강재   그래서 뭐 딴 말은 없고?
딱이e   그냥… 너 요즘 돈 버냐. 그러다가
너 요즘 누구 만나냐고…
강재   ……그래서 뭐라고 했어.

34   PC방. 카운터. 밤

졸린 북극곰이라는 말 때문인지 모니터에 비치는 얼굴을 보는 딱이.

딱이   모른다 그랬지 뭐. (하다가) 진짜 모르니까.
강재e   그게 다야?

딱이	아, 너랑 연락되면 가게에 너 좀 보내달래.
	(하다가, 씩 웃고) 야, 너 나랑 소울메이트라고 그랬다매?
강재e	뭐래. 아주 미쳐 돌아가는구만.
딱이	뭘 쑥스러워하고 그래. 나도 그래 강재야.
강재e	야… 끊어.
딱이	그럼 강재 오늘은 엄마랑 자는 거네?

35 빌라촌. 골목 길. 밤

그 말에 괜히 엄마집 쪽을 보았다가,

강재	이게 진짜… 끊어.
딱이e	어. (키득키득 웃으며 끊으면)

끊고, 잠시 서서 생각하다가, 택시 앱을 여는.
출발지 현 위치를 누르고, 도착지에 '아키라'를 입력하고 검색하는.

36 아키라. 복도. 밤

기차놀이는 끝났지만, 여전히 들썩이는 아키라 내부.
안으로 들어오는 강재. 간혹 아는 동료와 인사하며 안으로.
마침 강재 뒤쪽 방에서 나오는 종훈.
술을 꽤 마셨는지 아까보다 한층 더 기분 좋은 모습.
앞서 걷는 강재를 발견하고 큰소리로 부르고 달려가 안기는.

종훈	강재!

소리에 돌아보았다가 졸지에 종훈을 품에 안게 되는 강재.

종훈   넌 진짜 타이밍 완전 예술이야.
             나 지금 딱 니 생각하고 있었는데.
강재   나한테 할 말 있다매. 벌써 취한 거야?
종훈   너 이씨. 내 전화는 안 받고. 딱이 꺼는 딱딱 받고.

하다가, 너무 시끄러운지 강재의 어깨를 안아
대기실 쪽으로 이동하는.

종훈   아참, 나 너한테 보여줄 거 있다. 강재야.
강재   (보면)

종훈, 강재 잠시 보다가, 주머니에서 핸드폰을 꺼내
어디론가 메시지를 보내는.
그 모습을 가만히 보고 있는 강재.

종훈   봐. 너한테 보낸 거야.

강재, 어쩐지 잠깐 긴장했다가, 주머니에서 핸드폰을 꺼내서 보면
종훈에게서 도착한 메시지. 일곱 장의 사진.
잠시 종훈을 보았다가 열어보는 강재.
강재와 부정의 모텔, 오피스텔 사진들.
가만히 사진을 보다가, 창을 닫고 종훈을 보는.

강재   누구야? 나한테 붙인 거야?
종훈   안 실장이라고 정우랑 같이 일하던 넌 잘 모르는 애 있어.

(하다가) 아, 아까 또 한 장 더 왔다.

다시 핸드폰으로 메시지를 보내는 종훈.
강재, 종훈을 보다가 확인하면,
정우의 고시원에서 박스를 들고 나오는 강재의 사진.
어느새 도착한 대기실 앞.

종훈 들어가자.

강재 ……

문을 열어주는 종훈.
강재, 잠시 종훈 보다가 들어가면, 따라 들어가는 종훈.

37 아 키 라 . 대 기 실 . 밤

소파에 걸터앉아 있는 강재.
세수하고 있는 종훈.

종훈 거기가 정우 살던 데라며. 그 고시원이.

강재 ……

종훈 자살 카페에서 공사치다 만난 여자가 애가 아프다고…
   여기 그만둔 다음에도 돈 빌리러 많이 왔었거든 정우가…
   그래도 나도 정우한테 할 만큼 했다. 일도 많이 챙겨주고.

강재 갑자기 정우 형 얘기는 왜 하는데.

종훈 (가만히 보는)

강재 ……

종훈 내가 가만히 생각을 해봤는데. 니가 나한테 이럴 리가 없는 거야.

강재	……
종훈	그래서 생각해보니까 니가 나한테 뭔가 단단히 오해가 있나 싶어서…
강재	하고 싶은 말이 뭐야. 빙빙 돌리지 말고 단도직입적으로 말해. 나 어지러운 거 딱 질색이니까.
종훈	야 어지러운 거는 형도 되게 싫어해.
강재	(보면)
종훈	솔직히 나는 그렇다 강재야.
강재	……
종훈	너랑 그 여자 사진 주고 끝내면 그만이야. 남편은 대기업 다니고 자기는 멀쩡하게 대학원까지 나온 여자가 자기 아버지 집에 사는 어린 애랑 모텔 드나들고…
강재	……
종훈	니가 뭐 더 안 줘도… 솔직히 충분해.
강재	……
종훈	근데 형 이거 그냥 나가리 시킬려고.
강재	(보면)

수건으로 물기를 쓱쓱 닦으며 이쪽으로 오며.

종훈	생각해보니까. 이 일은 그냥 여기서 나가리 되는 게 우리 다한테 좋은 거 아니니?
강재	……
종훈	정아란은 나쁜 짓 안 해서 좋고, 그 여자는 약점 안 잡혀서 좋고. 정우는… 뭐 돈 받아 썼으니까 좋았겠고… 나는 더 이상 안 시달려서 좋고. 너는…
강재	……

종훈   너는… 아줌마들한테 공사치는 거 죽기보다 싫어하는데
         하기 싫은 거 안 해서 좋고.

강재   ……그래서 형이 원하는 게 뭔데.

종훈   (보는)

강재   ……

종훈   형이 원하는 건 두 가진데…
         하나는 니가 정우한테 왜 그렇게 집착하는지 알고 싶고.

강재   ……나머지는 뭔데.

종훈   이제 그 여자 만나지 마. 진심이든 공사든 그게 뭐든.

강재   (보면) …그게 지금 형한테 중요해?

종훈   중요하지.

강재   …왜?

종훈   형 헷갈리니까…

강재   ……

종훈   할 수 있겠냐?

강재   ……

종훈   ……

강재   (한참 보다가) 해야지 뭐.

         잠시 서로를 보다가, 먼저 분위기 바꾸는,

종훈   온 김에 몇 테이블만 뛰고 가자. 시급 기본에서 따블로 줄게.

강재   (보면)

종훈   이번엔 형한테 한번 완전히 져줘라. 좀.

강재   ……

종훈   어?

강재   ……

종훈	……
강재	따블 받고 일할 거면… 집에 가서 우리 할머니 버선에다가 십자수나 놔서 파는 게 낫지.
종훈	(씩 웃고) 따따블. 오케이 따따블에 지금까지 일한 거… 그것도 딱 쳐줄게.
강재	……얼마 줄 건데?
종훈	(활짝 웃으며) 받아보면 알 거 아니야. 얼마 주는지는. (얼른 일어서 나가며) 금방 데리러 올게. 거울 잘 보고 있어.
강재	무슨 거울을 봐. 안 봐도 훌륭하지.
종훈	(키득키득 웃다가) 역시. 너는 내 핏줄이야.
강재	핏줄에 물 타는 소리 해서 미안한데… 오늘이 마지막이야.
종훈	(나가려다 다시 문을 열고) 아…
강재	(보면)
종훈	정우… 정우 일은 왜 그렇게 알고 싶어 해?
강재	……말해야 돼?
종훈	……해주면 좋지.
강재	……어떻게 살았는지… 궁금해서…
종훈	……
강재	……
종훈	그래서 궁금한 건 좀 풀렸어?
강재	……아니.

종훈, 괜히 더 보고 서 있으면,
귀찮은지 얼른 나가기나 하라고 손짓하는 강재.
종훈, 씩 웃고 밖으로 나가는.
웃으며 문 쪽을 보던 강재, 종훈 나가면, 괜히 한숨을 한 번 길게 쉬는.

잠시 그대로 앉아 있다가, 안주머니에 정우의 핸드폰을 꺼내는.
부정과의 대화창. 부정이 길게 보내놓은 문자 아래로 대화창에
[어떤 말을 해드리면 좋을까요…]라고 적어놓고
아직 완성하지 못한 작성 중인 짧은 문자.
작성 중인 문자에 커서를 만들어 보내려던 메시지를
천천히 지우는 강재.

강재e　　안녕하세요 아버지…

잠시 대화창을 보다가, 나가기 버튼을 누르는.
[모든 대화가 삭제됩니다.]라는 경고창이 뜨면, 잠시 보다가, 삭제.
cafe-LBJ의 계정 역시 핸드폰에서 삭제하는 강재.

강재e　　잘 지내고 계신가요…

38　　아키라. 복도에서 방. 밤

마치 물속을 걷듯이 천천히 복도를 걸어오는 강재.
복도에서 눈을 맞추고 웃거나 인사하는 손님과 친구들.
어느 방 앞으로 걸어가는 강재.

강재e　　보시다시피 저는…

열린 방문 앞에서 복도를 향해 샴페인을 들고 기다리는 후배 선수,
문 앞으로 다가온 강재에게 건네면,
강재, 건네받은 샴페인을 터뜨리며 방 안으로 들어오는.

강재e   여전히⋯

폭죽처럼 터지는 웃음, 터지는 샴페인,
환호하는 손님과 선수들 사이에서
누구보다 활짝 웃는 강재의 얼굴.

강재e   아주 딱⋯ 엉망입니다.

누군가가 뿌린 샴페인을 쫄딱 뒤집어쓰고 어색하게 씩 웃는 강재를
보고 환호하는 사람들.

39   아키라. 복도. 밤

여전히 소란스러운 룸 안.
복도에 나와 벽에 기대서서 쉬고 있는 강재.

강재e   아주 오랜만에⋯

핸드폰 메시지 알람이 울리면, 주머니에서 꺼내 보는.
보면, 예약문자. [7, 8일 종일 애인대행 동반산행 및 친구모임]
[계약금을 입금하면 예약이 완료됩니다.]라는 수락 메시지를
보내는 강재.

강재e   아무 이유 없이⋯

메시지를 보내고 창을 닫으려는데 보이는 부정과의 대화창.
강재, 잠시 보다가 열어보면,

자신이 마지막으로 보낸 '503호에서 기다린다'는 메시지.
나가기 버튼을 누르는 강재. 다시 뜨는 경고창.
[대화 내용이 모두 삭제됩니다.]
잠시 망설이다가. 나가기 버튼을 누르는 강재.

강재e   돈이 아닌 어떤 것을… 따라가 보았습니다.

[인서트 / 6부 호텔 쉼의 긴 복도를 느릿느릿 천천히 걸어 들어오는 강재.]

다시, 아키라 복도, 그 메시지를 보고 있는 강재의 얼굴.
누군가, 강재의 어깨를 툭 쳐서 부르면 돌아보는.

강재e   돈도 아니고… 이기고 지는 것도 아닌.

룸으로 들어가자는 손님. 강재, 씩 웃고 먼저 가는 손님을 따라 걸으며,
핸드폰을 주머니에 깊숙이 찔러 넣는.
룸에 문이 열리면,

강재e   작고 이상한 마음의 움직임을 따라…

[인서트 / 6부 503호의 문이 열리면 침대 끝에 앉아 이쪽을 돌아보는
부정과 방으로 들어가는 강재에서]

아키라 룸 안으로 들어가는 강재로.

강재e   처음 만나는 세상 안으로 들어가 보았습니다.

40   아키 라. 룸. 밤

강재에게 술을 따라서 건네는 누군가 너머에서
강재를 보고 있는 또 다른 누군가의 시선.
잔이 채워지면 술을 따라준 손님이 아닌
멀리 있는 시선과 건배하는 강재.

강재e   무엇이 되고 싶었던 걸까요…

[인서트 / 1부 마을버스 정류장에서 울고 있는 부정을 보는 강재.]
[인서트 / 1부 마을버스 안에서 울고 있는 부정에게 손수건을 건네는
강재.]

강재e   무슨 기대를 했던 걸까요…

[인서트 / 5부 결혼식 자판기 앞에 마주 보고 서 있는 강재와 부정.]
[인서트 / 6부 우남의 차 안에서 귤을 건네는 부정.]

다시 룸으로 돌아와 과일안주를 손님에게 건네는 강재.

강재e   어디서부터 잘못 걸어온 걸까요…

[인서트 / 8부 옥상에서 자신을 가만히 보다가, 크림빵을 받아 드는
부정.]
[인서트 / 8부 옥상에서 눈을 감고 제프 버클리의 「할렐루야」를 듣는
부정.]

41   택시. 밤

라디오에서 흘러나오는 「할렐루야」.
종훈의 배웅을 받으며 술에 취한 듯 위태롭게 택시에 올라타는 강재.

강재e   마음을 따라 반대편으로… 열심히 걸어가 보았지만…

종훈과 손을 흔들어 인사하고 차가 출발하면,
마치 술이 깨듯이 천천히 표정이 어두워지는 강재.
창밖으로 지나가는 불빛들. 비틀거리는 사람들.

강재e   결국… 다시 제자리로…

그때 울리는 문자 알림. 보면,
[서종훈님이 300만 원을 입금하셨습니다.]
가만히 문자를 보고 있는 강재.

강재e   돌아와 버렸습니다.

'고맙습니다'라는 의미의 요란한 이모티콘을 보내는 강재.
무표정한 얼굴로 요란하게 움직이는 이모티콘을 보다가 창을 닫는.

42   오피스텔. 창숙의 집. 새벽

나갈 채비를 마치고 조용히 현관으로 나오는 부정.
현관 쪽 구두를 담았던 쇼핑백에서 정수의 직원카드를 꺼내 챙기다가
얌전히 벗어놓은 아버지의 낡은 신발을 발견하는.

잠시 내려다보다가, 신발 앞에 쪼그리고 앉는 부정.

강재e 단 한 걸음도 가까워지지 못하고…

움직임에 탁 켜지는 현관 센서 등. 잠시 센서 등을 보았다가
다시 신발로. 바닥에 새로 깐 깔창을 꺼내 안쪽에 들어 있던
작게 접은 낡은 종이를 꺼낸다. 펼쳐보면,
한 자 한 자 정성스럽게 꾹꾹 눌러쓴 현관 비밀번호.
종이를 보다가, 창숙 쪽을 돌아보는 부정.
등을 돌리고 잠들어 있는 아버지.

43   오피스텔. 엘리베이터. 새벽

계기판을 올려다보는 강재.
계기판을 보다가, 문득 거울 속에 자신을 보는.
어느새 더 자란 머리를 괜히 귀찮은 듯 넘겨보는데
강재의 눈에 들어오는 [open 05:30~ 명운헤어컷, BF1] 스티커.
슬쩍 시계를 확인하는 강재.

강재e 한 걸음도 멀어지지 못한 채…

그사이 10층에 도착하는 엘리베이터, 문이 열리면.
[인서트 / 4부 엘리베이터가 열리면서 천천히 보이는 부정의 웃는 얼굴.]
엘리베이터 안에서 텅 빈 복도를 보고 있는 지금의 강재.
강재, 잠시 텅 빈 복도를 보다가, 닫힘 버튼을 누르고,
BF1 버튼을 누르는.
강재의 시선으로 천천히 사라지는 10층 복도.

44   부정의 아파트. 새벽

키패드를 누르고 안으로 들어오는 부정.
현관에 얌전히 놓여 있는 정수의 구두.
정수의 구두 옆에 나란히 신발을 벗어놓고 안으로 들어오는 부정.
거실에 얌전히 널려 있는 빨래들.
열려 있는 안방문 안에 잠들어 있는 정수.
부정, 잠시 주방 쪽을 보았다가, 목도리를 풀며
정수가 있는 안방으로 들어가면 조용히 닫히는 방문.

강재e   다시 처음 그 자리로⋯

45   오피스텔. 명운헤어컷. 새벽

홀로 불을 밝힌 작은 이발소,
나이가 지긋하고 깔끔한 노신사가 영업을 준비 중이고.
밖에서 안을 잠시 들여다보다가, 문을 열고 들어오는 강재.
딸랑딸랑 도어벨이 울리면 돌아보는 이발사.

강재e   돌아와⋯ 버렸습니다.

화면 바뀌면, 거울로 보이는 헤어컷을 시작하려는 강재의 모습.
거울로 서로 시선을 교환하고 가위질이 시작되고,
머리칼이 잘려 나가면,
덤덤하게 눈을 감는 강재.

f. o

바리캉 소음과 함께 화면 밝아지면,
손바닥으로 시선을 가린 채 어딘가를 보고 있는 민정.
손가락을 살짝 열어보면, 보이는 창가 높은 의자에 걸터앉은 강재.
선글라스에 짧은 머리를 하고 커피를 마시며, 잡지를 보고 있는.
민정의 손에 의해 얼굴이 가려졌다 보였다 하는 짧은 머리의 강재가
장난이 길다고 생각했는지, 손으로 가렸다 보였을 때
못마땅한 얼굴로 이쪽을 보고 있다.

강재　어쩌라고.

민정　와… 지금 그게 레트로 뭐라고?

강재　레트로 모더니즘 민정아. 너는 어려운 말도 아닌데 그걸 못 외워서
　　　똑같은 걸 몇 번을 말하게 하니.

민정　말이 어려운 게 아니라… 와 닿지가 않아서 그러지.
　　　레트로… 말도 안 돼.

강재　뭐가 말이 안 돼?

유리벽 너머에서 바리캉으로 미용 중인 강아지.
안에 강아지와 똑같이 생긴 강아지를 한 손으로 품에 안고
다른 한 손으로는 팔을 쭉 펴서 손바닥으로
자신의 시야를 이리저리 가리며 정면의 강재를 보고 있는 민정.

민정　남 말할 처지는 아니지만…
　　　너도 그동안 완전히 머리빨이었구나?
　　　솔직히 말해봐. 너 몇 주 동안 아프다 아프다 밖에 안 나온 거.
　　　사실은 머리 잘못 잘라서 살짝 길어질 때까지 못 나온 거지.

강재   ……

민정   맞네.

강재   귀신이다 귀신이야.

민정   그 심정 내가 딱 알지.

강재   근데 막상 바깥에 나오니까… 반응이 너무 좋아.
        머리 때문인지 죄다 청담동 스케줄이라서
        강북에는 잠잘 때만 겨우 간다.

민정   …너 머리만 큰일인 게 아니라… 다 큰일이구나.

강재   뭐가.

민정   요즘에 누가 청담동에 집착을 하니? 없어 보이게.

강재   ……

민정   비즈니스 파트너로서 충고하는데 업데이트 좀 해.
        그러다 눈 깜짝할 사이에 금방 아저씨 된다 너.

강재   야, 그 개새끼 이리 주고 너 집에 가.

민정   니가 혼자 교포 쌍둥이를 돌볼 수 있다고?
        얘들은 영어밖에 못 알아듣는데?

마침 직원에게 안겨 바깥으로 나오는 미용을 마친 아이.

직원   에일리는 관리 끝났고, 빌리 들어갈게요.

민정   하이 에일리. 유 룩 소 프리티. 굿. (강재에게) 뭐해 안 받고.

민정이 말에 직원에게서 에일리를 받아 드는 강재.
직원에게 빌리를 건네는 민정. 강아지를 안고 다시 안으로 들어가는.

민정   뭐해 칭찬해야지. 그게 다 대행 업무에 포함인 건데.

강재   하이 에일리. 굿. 굿.

민정	야. 이리 줘. 이왕 하는 건데 왜 그렇게 성의가 없냐.
강재	(건네는)
민정	하이 에일리. 굿 걸. 굿 걸.
강재	(빤히 보면)
민정	왜?
강재	뻔뻔하다 진짜. 그게 영어니?
민정	야 원래 언어라는 건 실력보다 자신감으로 하는 거야.
	(하다가) 오늘 나 이사하는 거 도와줄 거지.
강재	너 이사해?
민정	각박하다 각박해. 지난주부터 얘기했구만.
	딱이도 올 거니까. 너도 와. 일당 주께.
강재	무슨 일을 얼마나 시켜먹을려고 일당을 준대.
민정	그냥 혼자 사는 데 필요한 물건 같이 사고, 이삿집 좀 나르고 그런 거지.
	혹시 너 안 쓰는 가구나 가전제품 같은 거 있으면 그것도 나한테 팔아.
	중고마을보다는 더 쳐줄 테니까.
강재	이제야 동영상 사업이 좀 잘되나봐? 이사도 하고?
민정	돈은 안 되는데… 괜히 피씨방에 찾아오는 사람만 많아져서
	그냥 아무 고시원에나 들어갈라구.
강재	그래서 고시원을 딱이랑 같이 알아본 거야?
민정	응. 어제도 통화했어. 벚꽃 보러 가자고 하더라?
강재	벚꽃? 지금 벚꽃이 어딨어.
	꽃 피자마자 비 신나게 와서 싹 다 떨어지고 없는데.
민정	내 말이.

하고, 다가와 강재 옆에 서서 창밖을 보는 민정.
그런 민정을 보다가, 창밖을 보는 강재.

종훈e   강재는 3주 만에 처음 나왔고… 아줌마는?

47   마을버스

여전히 머플러를 둘둘 두르고
항상 앉는 자리에 앉아 있는 부정.
마침 아직 벚꽃이 남은 길로 접어드는 버스.
창밖으로 보이는 벚꽃.
부정의 얼굴로 어른거리는 햇살과 꽃 그림자.
부정, 둘둘 두른 머플러가 무거운지 천천히 풀어버리는.
한결 가벼워진 얼굴의 부정.

48   아키라. OFF. 복도

룸마다 대청소 혹은 점검이나 수리 중인 완전한 오프데이의 아키라.
막 사우나에 다녀온 편안한 차림으로 한 손엔 포장한 해장국을 들고
나머지 한 손으로는 핸드폰으로 통화하며 걸어오는,

종훈   …대리주부? (하다가) 정우? 정우가 왜.

49   고급 주상복합. 지나의 집. 엘리베이터

머플러를 손에 든 채 엘리베이터에 혼자 타 있는 부정.

안 실장e   형 부탁받고 옛날에 정우 형이 마킹하던 서진섭 애인 있잖아요.
지나라고 드라마 같이 나오는.

벽에 붙어 있는 '입주민 커뮤니티 무단 사용 금지' 경고문을 보고 있는.
엘리베이터가 멈추고 막 운동을 마친 젊은 여자가 올라타는.
경고문을 보다가, 한쪽으로 서는 부정.

안 실장e   그 집으로 일을 다니더라구요. 일주일에 두 번.
　　　　　6개월 정도 됐구요.

50　　　고급 주상복합. 지나의 집. 복도

키패드를 열고 안으로 들어가려는 부정.
안에서 잠긴 탓에 경고음이 들리고 열리지 않는.
부정, 다시 핸드폰의 비번 확인하고 누르는데 열리지 않는.
초인종을 누르고 잠시 서 있는데, 아무 반응도 없는 안쪽.
묘한 위화감에 괜히 현관문에 귀를 대보는 부정,
마침 안쪽에서 들리는 싸우는 소리.
물건을 던지고, 남자가 일방적으로 소리를 지르고
가끔 지나의 비명소리가 희미하게 들리는.
부정, 다급하게 초인종을 몇 번 더 누르다가.
문을 세게 두드리는 부정.
다시 벨을 누르고 문을 더 두드리는데 그제야 인터폰을 받는.

지나e   누구세요.
부정   　매… 매니접니다.
지나e   그냥 가고 다음에 오세요. 오늘은…
부정   　저기… 잠깐만요.
지나e   ……
부정   　문 안 열면 경찰에 신고할 거예요.

입구에 경비업체에도 알릴 거구요.

지나e　……

부정　……

지나e　잠시만요…

부정　……

지나e　잠깐 복도 안쪽으로 가 계시면… 열어드릴게요.

부정　…네…

부정, 천천히 복도 안쪽으로 걸어가서 지나네 현관에서 멀어지면.

잠시 있다가, 열리는 지나네 현관문.

비상구 문이 있는 복도 안쪽에서 몸을 숨긴 채 현관을 보고 있는 부정.

구두를 대충 급하게 신고 나오는 진섭.

엘리베이터 쪽으로 가려다가, 부정이 있는 쪽으로 다가오는.

부정, 순간적으로 몸을 숨기면, 비상구 문을 열어

계단으로 내려가는 진섭.

몸을 숨긴 채, 계단을 뛰어 내려가는 진섭의 발소리를 듣는.

발소리 멀어지면, 지나네 현관 쪽을 보는 부정.

흐트러진 모습의 지나, 현관문 앞에 문을 잡고 맨발로 서서

진섭의 발소리가 멀어지는 걸 듣고 있다.

복도를 사이에 두고 눈이 마주치는 지나와 부정.

잠시 서로를 보는 둘.

지나　혹시 신고… 했어요?

부정　…… (고개를 젓는)

지나　(그제야 안도하고) 오늘은… 왔다 간 걸로 칠게요.

　　　가보셔도 돼요.

부정　……

지나	……
부정	괜찮아요?
지나	……
부정	……
지나	어디 부러지고 그런 거 아니니까… 걱정 마세요.
부정	……

잠시 더 보다가, 들어가려는 지나.

부정	저기…
지나	(보면)
부정	혹시… 또 무슨 일 생기면… 개인적으로라도 연락 주세요.
지나	……
부정	도울 수 있는 일이면… 도와줄게요.
지나	……
부정	……
지나	아줌마…
부정	……네…
지나	아줌마 전에 우리 집에서 일했던 애기엄마랑 친구죠.
부정	……네…
지나	……
부정	근데 그건 왜요?
지나	그냥… 아줌마가 누구 소개로 왔나… 그 생각하다가…
부정	……
지나	……절대로 소문내시면 안 돼요.
부정	……
지나	부탁드릴게요.

부정	......
지나	......
부정	...... (끄덕, 대답하는)

잠시 더 보다가, 살짝 인사하고 안으로 들어가는 지나.
철컹철컹 문을 걸어 잠그는 소리가 울리는 복도.
어쩐지 긴장이 풀리는 부정.
그제야 잔뜩 긴장했던 몸에 힘을 빼고 숨을 길게 내쉬는.
잠시 그대로 서 있다가, 지나의 집을 한 번 더 보고는
엘리베이터 쪽으로 이동하는 부정.

51   아키라. OFF. 복도

벽에 기대서 핸드폰으로 사진을 보고 있는 종훈.
지나의 주상복합으로 들어가는 부정의 사진 그리고
로비를 걸어가는 진섭의 모습이 담긴 또 한 장의 사진.
뭔지 찜찜한 기분에 얼굴을 찡그렸다가
다시 그간 보내온 사진들을 확인하듯 하나하나 넘겨보는.

52   마을버스

늘 앉는 그 자리에 앉은 부정.
핸드폰으로 내일 예약분의 캔슬이 들어온 '대리주부' 앱을 보고 있는.
앱을 닫는데, 버스를 타는 강재 또래의 남자.
문득 생각이 났는지 톡 메시지창을 열어본다.
대리주부창을 시작으로 각종 광고창, 창숙과의 대화창,
정수와 민자를 지나

(알 수 없음)이라고 표시된 나란히 떠 있는 창 두 개.
잠시 망설이다가, 상대방이 떠난 대화창을 습관처럼 열어보는.
(알 수 없음)인 강재와의 대화창을 열어보는.
503호에서 기다리겠다는 마지막 강재의 메시지… 잠시 보다가 닫고,
부정이 마지막으로 보낸 긴 메시지로 끝난 cafe-hallelujah와의
대화창을 열어보는.
최근의 문자들을 지나, 아란에게서 받아 건넨 캡처 사진.
[오랜만입니다. 아직 기억하고 계실지…]를 지나 시간 텀을 두고
[이부정입니다. 오늘 약속은 못 지킬 것 같아요. 집에 급한 일이…]
메시지로.
희선과 부정과 민수의 폴라로이드 사진을 지나 부정이 보낸
부정의 유서까지.
유서를 잠시 보다가, 대화창 조금 더 위로 이동하면,
6부 엔딩에서 보았던 저수지의 사진. 가만히 사진을 보는 부정.
잠시 보는데, 마침 걸려오는 전화.
'대리주부 VIP팀 배다솜 팀장'.
방금 전 지나와의 일이 마음에 걸려 잠시 망설이다가 받는

부정 네. 여보세요.

팀장e 안녕하세요. 이부정 매니저님. 오랜만이에요.

부정 아 네. 그런데 어쩐 일로…

53 고급 별장. 정원

저수지가 내려다보이는 남양주 어느 고급 별장.
유니폼을 입은 배다솜 팀장(4부 지나의 집 파우치 분실사건에 등장했던).
아이 생일파티 준비가 한창인 정원을 뒤로하고,

커다란 풍선 하나를 들고 핸즈프리로 전화하는.

팀장 뭐 어쩐 일이겠어요. 오늘 일 못하고 가셨다고 방금 (조용히) 그 파우치한테 연락이 와서.

54 마을버스

버스에서의 통화라 사람들 시선을 의식하는 부정.

부정 아… 예… 근데… 그건 일한 걸로 하기로…

팀장e 예 맞아요. 컴플레인은 아니었구요.
그냥 이부정님 근무 평점 같은 거 그리고
어떻게 일하게 된 건지… 그런 거 확인하려고 전화한 거였어요.

부정 예…

팀장e VIP팀에는 거의 맨날 있는 일이니까. 전혀 신경 쓰지 마시고.
제가 사실을 기반으로 최고시라고 얘기했으니까
그것도 걱정 마시고요.

부정 예…

팀장e 그럼 오늘 이부정님은 스케줄이 뒤가 비는 거죠?

부정 예… 무슨 일로.

55 고급 별장. 정원

일손이 부족한 뒤쪽 상황을 보며 통화하는 팀장.

팀장 저희 브이브이아이피 고객님 댁 남양주 별장에
자녀분 행사 일로 와 있는데요.

갑자기 매니저님 두 분이 빵꾸를 내셔가지고.

56   마을버스

듣고 있는 부정.

팀장e   보충 좀 와주시면 어떨까요? 교통비 택시 기준으로 왕복 지급되고
         바로 레벨도 올려드리고요.
부정   저는 별로 경험도 없는데 제가 가서 무슨 도움이 될까요?

하는데 내릴 곳에 가까워졌는지 정차 벨을 누르는.

팀장e   되고말고요. 여기 젊은 사모님들은 무조건 많이 배우신 분들 원하셔서
         도움 되고도 남습니다. 복장만 조금 더 깔끔하게 신경 써주시면⋯
부정   (옷을 잠깐 내려다보고) ⋯⋯네.

자리에서 일어서 뒷문으로 가서 서는 부정.

57   부정의 아파트. 안방

서둘러 옷을 갈아입는 부정.
적당한 옷을 찾으려 걸려 있는 옷들을 넘겨보는.
모텔 씬에서 입었던 블라우스를 꺼내 대어보았다가,
그냥 다시 걸어두고 다른 옷을 찾는.

58   청담동 편집숍 입구

대로변의 대형 편집숍.
좋은 차들이 줄기차게 입장하는 편집숍 입구에
에일리와 빌리를 각각 안고 서 있는 강재와 민정.

강재	하여간 너는…
민정	뭐?
강재	친구대행이라더니… 지들 노는 동안 개새끼 돌보고
	길바닥에서 두 시간을 기다리고… 요즘엔 이런 걸 친구라고 부르냐?
	잠깐 밖에 안 나온 고 짧은 시간 동안 세상이 이렇게 변한 거야?
민정	어떻게 사람 사는 모양이 다 똑같니.
	저 사람들은 이런 걸 친구라고 부르나 보다…
	내 친구 아니어서 참 다행이다… 그러고 넘겨.
강재	너 말이 왜 이렇게 늘었어? 어디 학원 다녔니?
민정	학원을 왜 다녀. 이강재스쿨에서 공짜로 다 가르쳐주는데.
강재	와…
민정	(보면)
강재	졌다 졌어.
민정	(마침 도착한 문자를 확인하고) 일 끝나고 너네 집으로 온대.
	거기서 쓸 만한 거 챙겨서 고시원으로 옮긴다고.
강재	누가?
민정	딱이지 누구야.
강재	와… 내가 너무 오래 쉬었다.

마침 젊은 커플이 탄 고급 스포츠카가 두 사람 앞에 멈추고,
창문이 열리면 웃으며 다가가는 민정.

민정	쇼핑 잘 하셨어요? 여기 에일리랑.

115

뒤에 서 있는 강재에게 강아지를 받아 건네며,

민정   빌리. 그리고 두 시간 추가된 거는 어떻게… 현금으로 주시나?

어느새 선수가 다 된 민정을 어이없이 보는 강재.

59   고급 별장. 정원

민수 또래의 아이들이 생일파티를 하고 있는 정원.
정원 한 켠에 설치된 출장용 놀이기구에서
꺄꺄 소리를 지르며 노는 아이들.
멀리 정원 티테이블에는 아이의 젊은 엄마들.
파티가 끝난 안쪽 테이블을 정리하고 있는 부정과 배다솜 팀장
그리고 직원 몇.
꺄르륵 아이들이 내는 듣기 좋은 웃음소리에 그쪽을 돌아보는 부정.
잠시 보는데.

팀장   내 새끼나 남의 새끼나 확성기를 삶아 먹었는지 질린다 질려.
부정   (돌아보는)
직원   하루 종일 아드님이랑 통화하시면서.
팀장   아… 아들 보고 싶다.

하고 또 괜히 웃는 배다솜 팀장.
따라 웃으며 테이블을 정리하는 부정.

60   고급 별장. 입구. 저녁

116

대문 앞에서 출발하는 대형 택시.
문을 닫아주며, 일을 마치고 가는 한 무리의 매니저들과
인사하는 배다솜 팀장.
그 뒤에 어색하게 서 있는 부정.

팀장   수고 많으셨어요.
부정   네. 고생하셨어요.
팀장   암튼 무슨 사고가 나야 얼굴도 보고.
부정   예…

마침 두 사람 앞으로 도착하는 중형 택시.

팀장   어. 택시 왔다. (문을 열어주는) 타세요.
부정   같이 안 가세요?
팀장   저는 또 정리하고, 회사 차 타고 넘어가야 돼서.
부정   예. 그럼 저 먼저…
팀장   아… 경치도 좋고 공기도 좋고. 이런 데 살면 폐도 건강하고. (하다가)
        아이고 얼른 타세요.
부정   네.

하고 차에 오르는 부정.
문을 닫아주고 손을 흔드는 팀장.
살짝 미소 지으며 인사하는 부정.
출발하는 택시.

61   백화점. 식품매장

폐점 안내방송이 반복되는 매장.

앞치마를 풀며 고단한 얼굴로 매장을 지나 비상구로 걸어가는 정수.

주머니에서 울리는 핸드폰, 보면, 경은.

정수, 잠시 망설이다가, 수신 거절을 누른다.

박스 하나를 들고 어느새 따라붙는 준혁.

준혁	팀장님.
정수	아, 깜짝이야.
준혁	오늘 바빠서 별로 만나지도 못하고.
정수	누가.
준혁	팀장님이랑 저랑요.
정수	(어이없는지 웃으면)
준혁	(같이 웃다가) 마카롱 효과는 어떠셨어요.
정수	마카롱? (하다가) 아… 마카롱.
준혁	(보면)
정수	뭐… 결과적으로 괜찮았던 거 같기도 하고 아닌 것 같기도 하고.
	그냥… 제자리야.
준혁	아…
정수	너는 그 채팅으로 만난 연예인 친구랑은 잘돼가?
준혁	연습생이었다니까. 자꾸 그러시네.
정수	전에 보니까 막 백화점에서도 만나고 그러던데.
준혁	뭐 연락 되면 보는 거고 아니면 말고.
	채팅으로 한 사람만 만나는 것도 아니고.
정수	(잠시 보다가) 멋있다고 해야 되니. 이상하다고 해야 되니.
준혁	평범한 거예요. 그냥.
정수	아… (하다가) 아, 너 오늘 나랑 낙지에 소주 한잔 할래?
준혁	낙지요? 맛있겠다. 근데 제가 오늘 선약이 있어서.

정수   그래?

하는데 정수의 핸드폰에서 동시에 울리는 여러 개의 메시지 알람.

준혁   팀장님 찾는 곳이 많으신데요?
       그중에 한 분하고 낙지 드시면 되겠네요.
정수   까분다.

준혁이 가면, 잠시 그쪽 보았다가, 핸드폰을 꺼내 메시지를 확인하는.
보면, 동창들과의 단체창 메시지와 친구들에게 도착한
여러 개의 메시지.
이상한 느낌에 잠시 보다가, 그중에 한 대화창을 확인하는.
[이경은 학우 금일 부군상 ** 대학병원 장례식장 특실 4월 7일 발인]
걸음을 멈추는 정수.
잠시 그대로 있다가, 한쪽 벽으로 가서 서는 정수.

62   **병원 장례식장. 특실. 밤**

상복에 앞치마를 하고 지친 얼굴로 웃으며 손님을 맞는 경은.
끊임없이 들어오는 화환의 자리를 지정해주다가,
사람들에게서 빠져나와 벽으로 서서,
자기 일이 아닌 것처럼 펼쳐지는 장례식장을 보는.
그때, 도착하는 메시지. 보면, 정수.
[괜찮니?] 가만히 메시지를 보고 있는데 도착하는
[전화 못 받아서 미안해.]
가만히 메시지를 보는데 저쪽에서 사모님을 부르는 소리.
대답하며 그쪽으로 가는 경은.

63   남양주 저수지 입구. 택시. 밤

저수지 부근을 달리는 택시.
창밖을 내다보는 부정.
저수지 쪽으로 낚시꾼들이 밝혀놓은 등이 띄엄띄엄 보이고,
파란 어둠 속에 멀리 저수지 수면이 보인다.
잠시 보다가, 택시를 세우는 부정.

부정   저기.
기사   네?
부정   여기서 세워주시겠어요?
기사   …네?
부정   …여기 세워주세요.

이상하다는 듯 룸미러로 부정을 보는 기사.
부정, 다시 창밖의 저수지를 보는.
적당한 곳에 멈추는 택시.

64   저수지. 밤

멀리 낚시꾼들이 보이고, 어두운 저수지 부근으로 다가오는 부정.
어두워서 보이지 않는 발밑을 핸드폰을 켜서 비추면서 걷는.
핸드폰 조명에 잡히는, 누군가 두고 간 시들어버린 꽃다발 여러 개.
잠시 그쪽을 보다가, 다시 저수지 쪽으로 향하는.
멍하니 서서 저수지의 수면을 바라보는 부정.

65   오피스텔. 강재의 집. 밤

복층 계단으로 올라와 보는 민정.
복층 위에 쌓아놓은 물건들.
폴라로이드 사진과 유서 등이 담긴 정우의 박스가 보이고.
민정, 잠시 박스 안을 보았다가, 복층 바닥의 먼지를
손으로 쓱 닦아내고는.

민정　청소만 하면 살아도 되겠네.

매트리스 위에 반쯤 누워 걸터앉은 강재.
냄비에 물을 끓이며, 싱크대에서 라면을 찾다가 이쪽을 돌아보는 딱이.

민정　그쵸. 순주씨. 짐만 놓기에는 여기 너무 아까운데?
　　　　(하다가) 나 고시원 캔슬하고 여기 좀 있을까?
딱이　네?
민정　여기서 이쪽 배경으로 동영상 찍으면 괜찮겠는데요.
딱이　그래도… 같이 사는 건 좀 그렇죠.
강재　뭘 대꾸를 하니 너도.
딱이　(보면)
강재　한 귀로 듣고 한 귀로 흘려.
　　　　(하다가) 너야말로 이강재스쿨 다닌 게 몇 년인데… 아직도
　　　　저런 애가 하는 말에 들썩대고 그래.
딱이　저런 애가 뭐냐? 아무리 친해도.
강재　(어이없이 보는)
민정　그니까요.
강재　(딱이에게) 너 정신 바짝 차려.
딱이　아유. 됐어. 내 일은 내가 알아서 잘해.
민정　그니까요.

못 봐주겠는지 자리에서 일어서는 강재.

딱이 어떻게 딱 알고 딱 일어나냐.
강재 뭐가 또 딱딱이야.
딱이 라면 모자란지 어떻게 딱 알고 딱 일어나냐고.

5개들이 덕용봉지에 하나 남은 라면을 꺼내 보이는 딱이.

강재 나보고 가라고?
딱이 꼭 그런 건 아니고.

하면, 복층에서 내려다보는 민정. 두 사람을 황당하게 보는 강재.

66   순규의 약국. 밖. 밤

아이들 소리가 흘러나오는 바깥.
유리문에 붙은 광고전단 사이로 내부를 기웃거리고 있는 우남.
초등학교 남자아이 하나가 넘어졌는지 무릎이 까진 채로 앉아 있고,
또래의 아이들 서너 명이 축구공을 들고 다친 아이 주변에 모여 있는.
그 사이에 순규, 다친 아이의 상태를 살피며, 아이들과 대화 중.
어떻게 다친 건지 서로 먼저 얘기하려는 아이들 사이에서
웃으며 능숙하게 상처를 살피는 순규,

순규 깜깜할 때까지 정신없이 노니까 이런 일이 생기는 거잖아.
지금이 몇 시야… 아홉 시가 넘어가는데 너네 저녁 먹었어?
저녁도 안 먹고.
(아이들 늦었네 안 늦었네, 먹었네 안 먹었네, 컵볶이를 먹었네

각자 떠들면)
밥을 먹어야지. 컵볶이가 밥이냐?

한 아이가 아줌마는 뭐 먹었는데요. 하면 다들 한마디씩.

순규 아줌마? 아줌마는 저녁 안 먹어. 아줌마도 떡볶이 먹었거든.

하고 웃으면, 뭐예요, 뭐야… 하며 아이들도 따라서 웃는.
그런 순규를 가만히 지켜보게 되는 우남, 손에 든 포장된 떡볶이.
머리에 화려한 헤어캡을 쓰고 우남의 등 뒤로 와 서서
우남을 따라 안을 기웃거리는 민자.

민자 안에 무슨 일 있어?
우남 어우 깜짝이야.
민자 왜 안 들어가고… (하다가, 혼자 박수를 크게 짝 치더니)
      또 왔구나 그 여자. (하고 들여다보는)
우남 …예?
민자 미장원 쥬리네까지 소문이 쫙 났던데…
      (안에 흘깃 보고, 조용히) 찾아왔다매. 전 부인이.
우남 ……
민자 응?
우남 ……아… 뭐… 예…
민자 (씩 웃으며 툭 치고는) 대충 봤는데 제법이야.
      그래서 어떻게… 집으로 가서… 한판 붙었어?
우남 ……

하는데 마침 치료를 마치고 안에서 우르르 나오는 아이들.

아이들을 따라 나오는 순규를 피해 괜히 한쪽으로 물러나는 우남.
나오는 순규, 먼저 민자를 발견하고.

순규   오셨어요? (하다가) 어? 머리하셨어요?

민자   머리? (하다가 만져보고는) 엄마야.
            내 정신 좀 봐. 쥬리네 물파스 사다 준다고 하고. 또 이러고 있다.
            (하고 순규 등 뒤의 우남이 쪽을 보는)

순규   물파스… (하다가, 뒤쪽을 돌아보는)

우남   ……

순규   ……

우남   …퇴근하다가…

우남의 손에 든 떡볶이 봉지를 보는 순규.
그런 순규를 보는 우남.

67   저수지. 밤

얼마나 이렇게 있었을까. 핸드폰을 쥐고,
바닥에 쪼그리고 앉아 있는 부정.
한숨을 한 번 길게 쉬면서, 자세를 바꾸는데
멀리서 플래시를 비추며 다가오는 시선.
부정, 그쪽을 보면, 택시 기사와 함께 온 경찰 하나.
무슨 일인지 정확하게 인지되지 않아 그쪽을 보는 부정.
다행이라는 듯 다가오는 기사와 경찰.
구조대상자 발견되었다고 무전으로 보고하는 경찰을 가만히 보는 부정.

68   남양주.**과출소. 밤

작은 파출소 한쪽 구석에 앉아
핸드폰을 만지작거리고 있는 부정.
부정 앞에는 저수지에 왔던 경찰이 답답한 얼굴로 부정을 보고 있는.

경찰   가족한테 연락하시는 게 어려우면…
        친척이나 친구분이나 상관없어요.
        안전하게 인계해서 함께 돌아가실 분만 계시면 되니까…
부정   ……그냥 보내주세요.
경찰   (보면)
부정   (들릴 듯 말 듯 자신 없게) 저수지에 밤에 앉아 있는 게 죄는 아니잖아요.
        제가 미성년자도 아니고…
경찰   무슨 말씀인지 의도는 알겠는데요… 우리도 신고 받고 나간 거고…
        여기 저수지에서 신고된 게 처음도 아니시고…
부정   ……
경찰   확실히 보호자에게 인계를 해서 보내드려야 절차가 끝나요.
        저희도 마음이 놓이고.
부정   ……
경찰   없어요?
부정   ……
경찰   아무도 없어요?
부정   ……없어요.

하는데, 다른 경찰과 함께 소란스럽게 파출소로 들어오는
낚시꾼 취객 둘.
소란에 그쪽을 보는 부정.

경찰   정 없으시다고 하면 여성보호단체 같은 데 연락을 드릴 수밖에 없어요.

저희도 사정이란 게 있잖아요.

부정   ……

경찰   잠깐 저쪽 의자에서 대기하면서 잘 생각해보시고… 말씀 주세요.

부정   ……

69   편의점. 밤

라면 진열대 앞에 강재. 항상 사는 그 라면을 집어 들다가, 잠시 보는.

70   남양주. **파출소. 밤

파출소 한쪽 긴 의자에 앉아 있는 부정.
핸드폰을 만지작거리다가 (알 수 없음)으로 되어 있는
강재와의 창을 여는.
잠시 보다가… 창을 닫는 부정.

71   오피스텔. 엘리베이터. 밤

작은 봉지에 담긴 라면, 커피 우유, 크림빵.
10층 버튼을 누르는 강재.
마침 주머니에서 울리는 핸드폰 진동.
보면, 반창고를 붙인 무릎 사진이 프로필인
저장되지 않은 사람의 대화창으로 도착한 역할대행 예약 메시지.
잠시 보다가, 예약 내용을 확인하는 강재.
역할대행 예시 서식에 맞춰 쓰여진 메시지.
[내용 : 신원확인을 위한 지인 대행]
[장소 : 경기도 남양주 **파출소 분점]

126

[원하는 역할] 알 수 없는 복잡한 얼굴로 가만히 대화창을
보고 있는 강재.
각도에 의해 가려졌다가 천천히 완성되는 메시지.
[원하는 역할 : 친구]
마침 10층에 도착해서 열리는 문. 길게 뻗어 있는 빈 복도.

72   남양주. **파출소. 밤

긴 의자에 앉아 있는 부정, 역시 복잡한 얼굴로 핸드폰을 보고 있는.
'읽음' 표시가 뜬 메시지창을 보고 있는 부정.
알 수 없는 괴로움이 밀려오는 부정의 복잡하고 안타까운 얼굴에서.

f. o

11부

금지된 마음

01   오피스텔. 강재의 집. 밤

냉장고 안을 들여다보고 있는 민정.
빈 냉장고 안에 먹다 남은 포장 김치 하나, 큰 생수병 하나.
그리고 계란 선반에 놓인 플라스틱 케이크 장식.
민정, 플라스틱 장식을 들어 뱅그르르 돌려보고 내려놓는.
반쯤 남은 생수병을 꺼내 들고 싱크대로 와서 컵을 찾는 민정.
두리번거리다가, 딱이 쪽을 보는.
복층에 올라가 짐을 한쪽으로 정리하고 있는 딱이.
정리하다가, 정우의 물건이 들어 있는 상자를 발견하는.
제프 버클리의 CD와 오리 스티커가 붙은 정우의 핸드폰이 보이는.
딱이, 다가가 보려는데,

민정   이 집에 혹시 컵 같은 것도 있어요?
딱이   네? (하고 보면)
민정   컵.
딱이   컵이요? (하고 벌떡 일어서다가 천장에 쿵 부딪히는)
민정   괜찮아요?
딱이   예…

하면서 아래로 내려오는데 주머니에서 울리는 핸드폰.
보면, 순규의 메시지. [언제 와?] 딱이, 곤란하게 보는데,

민정   근데 라면 사러 간 집주인은 얼마나 멀리 갔길래 이렇게 안 올까요?
        배고파 죽겠는데.
딱이   (주머니에 핸드폰을 다시 찔러 넣고) 그러게요. 왜 안 오지?
        근데 그거 괜찮겠어요? 보나마나 입 대고 콸콸…이었을 텐데.

민정   이걸로 병나발을 분다구요?

딱이   불죠. (자연스럽게 뺏어 들고) 사다 드릴게요.

민정   (보는)

딱이   뭐 더 필요한 거 없어요?

하고, 현관 쪽으로 가는 딱이.
현관 쪽으로 천천히 따라오는 민정.

민정   필요한 거… 이불?

딱이   (신발을 신다가 돌아보는) 이불…

민정   (보면)

딱이   이불이… 편의점에 있을까요?

민정   없죠.

딱이   (무슨 의도인지 몰라 가만히 보다가 신발을 마저 신으면)

민정   다녀와요.

딱이   예… 다녀…올게요. (하다가) 강재랑 같이… 올게요. 찾아서…

민정, 피식 웃으면, 어색하게 보다가 현관문을 여는 딱이.
덜컹, 현관 손잡이에 걸어둔 물건이 움직이는.
뭐지? 그쪽을 내다보는 딱이. 따라서 보는 민정.
보면, 강재가 들고 있던 라면, 커피 우유 등이 담긴 봉투가
바깥 현관 손잡이에 걸려 있는.
밖으로 나와서 긴 복도를 내다보는 딱이.
아무도 없이 길게 뻗은 빈 복도.

02   남양주.＊＊파출소. 밤

부정의 옆으로 한창 소란을 부리던 취객이
잠들어 있는 대기용 긴 의자. 11시를 막 지나가고 있는 시계.
벽에 기댄 채 살짝 눈을 감고 있는 부정.
무릎 위에 뒤집어 놓아두었던 핸드폰 진동이 울리는.
가만히 눈을 뜨는 부정, 잠시 핸드폰을 보았다가, 들어서 보는.
보면, 정수의 메시지. 잠시 보다가, 열어서 확인하는.
[상갓집에 와 있어.] 가만히 메시지를 보는 부정.
답장을 뭐라고 해야 하나 고민하는 사이 다시 도착하는
[늦을 거 같아. 먼저 자.] 가만히 메시지를 보고 있는 부정.
답장하지 않고 대화창을 닫는 부정.
강재와의 대화창을 열어보는. '읽음'으로 되어 있고
아무 답도 없는 그대로.
거의 포기한 기분으로 핸드폰을 만지작거리는데
파출소 안에 울리는 전화벨.

경찰　　**파출소 ***순경입니다. 네… (하고 부정 쪽을 잠시 보는)

짧은 시선에 통화하는 경찰 쪽을 보게 되는 부정.

경찰　　네… 아직 여기 계십니다. 네… 5분에서 10분 사이요. 예…
　　　　(하다가, 다시 부정 쪽을 잠시 보고) 다친 데요?
부정　　……
경찰　　겉으로 보기에는 괜찮으십니다. 예… 예.

하고 전화를 끊는 경찰.
부정, 혹시나 경찰 쪽을 보는데,
통화 전에 하던 업무로 자연스럽게 돌아가 부정에게서 멀어지는 경찰.

부정, 잠시 품었던 어떤 기대를 접고 다시 핸드폰으로.

03 동 파출소 . 전경 . 밤

깜깜한 어둠 속에 불을 밝힌 단층의 작은 파출소.
입구 옆으로 화장실로 가는 작은 팻말.

04 동 파출소 . 화장실 . 밤

어두운 화장실 안, 깜빡이는 형광등 아래 거울로 옷매무새를
다시 보는 강재.
거울 속의 자신을 잠시 보다가, 물을 틀어 손을 씻는.

05 동 파출소 . 내 부 . 밤

유리문이 닫혀 있는 입구에 서서 안쪽을 보고 있는 강재.
유리문 너머의 부정, 여전히 대기용 긴 의자에 앉아 고개를 숙인 채
핸드폰을 만지작거리고 있는.
곁에 있는 취객이 몸을 뒤척이면, 좀 더 벽 쪽으로 붙는.
유리문을 밀고 안으로 들어서는 강재.
동시에 문 쪽을 돌아보는 부정.
부정 쪽을 바라보며 안으로 들어오는 강재.
부정, 시간이 멈춘 것처럼 갑자기 눈앞에 나타난
낯선 모습의 강재를 본다.
성큼성큼 들어오며 부정에서 시선 거두고 데스크로 가는 강재.
짧은 머리가 어색한지 괜히 한 번 쓸어 올리는.
그 모습을 가만히 보고 있는 부정.

경찰   어떻게…

강재   이부정씨 보호잡니다.

경찰   ……?

하고 잠시 부정 쪽을 보는 경찰.
부정은 내내 머리를 자른 강재를 보고 있고
강재는 부정 쪽 돌아보지 않는.

경찰   아… 일단 이쪽으로 앉으시죠.

강재   (안내하는 곳에 앉는)

경찰   (건너편에 앉으며) 보호자시면 어떤…

가만히 강재의 옆얼굴을 보고 있는 부정.

강재   …친굽니다.

대답에 또 한 번 잠시 부정 쪽을 보는 경찰.
여전히 강재를 보고 있는 부정.
정면을 보고 있는 강재.

경찰   아… 신분증 가져오셨나요?

강재   네. (하면서 주머니에서 지갑을 꺼내는)

경찰, 강재의 신분증을 받아 들고 데스크에서 서류들을 챙기는 사이.
유리벽에 비치는 파출소 안, 뒤편 긴 의자의 부정을 보는 강재.
강재를 가만히, 내내 보고 있는 부정.

장례식장. 특실. 밤

2부 동창회에 모였던 친구들 사이에 앉아 어딘가를 내내
보고 있는 정수.
좀 떨어진 곳, 시댁 식구들 사이에 서서 조문객에 맞춰 같이
울었다 웃었다 하는 경은을 보고 있는 정수.
그 위로 아까부터 두런두런 작게 들리는 친구들의 대화.

친구1   경은이 남편은 어디가 아팠던 거래?
친구2   암 수술하고 병원에 오래 있었다고 니가 그랬잖아.
친구1   그랬나? 야… 사는 게 바쁘니까 그렇지.
       경은이가 자기 얘기 많이 하는 스타일도 아니고.

       울던 조문객이 안으로 들어가면 얼른 또 눈물을 닦으며
       잠시 이쪽을 보는 경은,
       내내 보고 있던 정수와 눈이 마주치면, 가만히 보다가,
       눈물을 마저 닦으며 지친 얼굴로 희미하고, 허탈하게, 애써 웃어 보이는.
       그사이에 다시 도착한 손님을 맞는 경은.

친구1   넌 뭐 들은 거 없어?
정수   …듣긴 뭘 들어.
친구2   너는 하필이면 얘한테 묻냐. 둘이 연락을 했겠니? 했으면 이상하지.
정수   ……
친구1   (경은을 보며) 천하의 이경은도 저러고 있으니까 그냥 남의 집 며느리네.

       괜히 혼자 조용히 술잔을 들이켜는 정수.

친구1 언제 갈 거니? 난 밤은 못 새는데.

친구2 한 시간 안에 가야지. 나도 밤은 못 새. (정수에게) 너는?

정수 나도… 일어나야지.

하고, 다시 경은 쪽을 보는 정수.
여전히 손님을 맞고 있는 경은.

07   남양주. **파출소. 밖. 밤

유리문 너머로 보이는 담당 경찰 앞에 나란히 앉아 있는 강재와 부정.
부정은 고개를 살짝 숙이고 있고, 강재는 부정 쪽 보지 않고
서류를 작성 중.

08   동 파출소. 내부. 밤

이부정, 여, 790425로 시작하는 주민등록번호,
발견 장소와 발견 시간, '보호자로 위 구조대상자의 신변을
인계받았습니다.'라는 문구가 프린트된 종이에
주소와 주민등록번호 이름을 적는 곳이 비어 있는 서류.
서류에 주소를 적어 넣는 강재.
[서울시 용산구 한강로2동 명운 오피스텔 1012호]
적는 동안, 고개를 숙이고 강재의 신발을 보다가, 천천히 시선을 들어
알 수 없는 얼굴로 또박또박 글씨를 쓰는 강재의 옆얼굴을 보는 부정.
모니터 너머로 두 사람을 번갈아 보는 경찰.

경찰 처음도 아니시고… 보호자도 오셨고 해서 저희가 임의로 받아두는
거라 신변이 노출된다든지 하는 일은 없으니까 안심하시구요.

강재   ……

부정   ……

경찰, 대답 없는 두 사람을 슬쩍 번갈아 보는데
작성한 서류를 건네는 강재.

경찰   (받아 들고 쓱 보면서) 이부정씨 전에도 같은 저수지에서 비슷한 일로
접수된 적 있었던 건 알고 계세요?

부정   (슬며시 강재 보면) ……

강재   ……알고 있습니다.

부정   ……

강재   일 년 전쯤에… 다른 사람들하고… 유서도 써놓고… 그랬었는데…
그거 말씀하시는 건가요?

부정   (보는) ……

강재   ……

경찰   저희가 크게 의심하거나 다른 뜻이 있는 게 아니라 이런 일 자체가
주변 분들의 인지나 관심이 가장 중요하니까 확인 차원에서
말씀드린 겁니다.

강재   네… 그럼… 다 된 건가요?

경찰   예. 고생 많으셨어요.
이제 댁으로 가셔도 좋습니다.

부정   ……

강재   감사합니다.

하고, 그때까지 부정 쪽 잘 보지 않던 강재, 그제야 부정 쪽을 향하는.
그런 강재를 가만히 보고 있는 부정.
부정 쪽을 향하기는 했지만, 눈을 보지는 않던 강재가 시선을 맞추면.

잠시 그대로 강재와 강재의 짧은 머리카락을 보는 부정.
강재, 부정의 시선에 머리를 한 번 쓸어 넘기며 시선을 다시 피하고는.

강재   나가죠.
부정   ……

하고 일어서는 강재.
앉은 채로 자리에서 일어서는 강재를 물끄러미 올려다보는 부정.
부정 보고 있는데, 강재, 시선 주지 않고 먼저 자리를 뜨는.
잠시 그 모습을 보다가, 따라서 일어서는 부정.

09   동 파출소. 입구. 밤

유리문을 열고 먼저 밖으로 나오는 강재.
유리문 안 좀 떨어진 곳에서 바깥에 있는 강재를 보다가
문을 밀고 나오는.
말없이 앞서 걷는 강재를 천천히 따라 걷게 되는 부정.
길을 따라 말없이 걷는 두 사람.

10   간이 정류장. 밤

가로등과 작은 의자가 있는 조그만 시골 마을버스 정류장.
가로등 아래 서서 핸드폰으로 택시 앱을 보고 있는 강재.
주변에 탑승 가능한 차량이 없습니다. 안내문.
좀 떨어진 곳에 서서 버스가 오는 방향을 바라보고 서 있는 부정.
강재, 부정을 흘깃 보았다가.

강재	버스 오는지 보는 거예요?
부정	(돌아보는) ……
강재	(여전히 핸드폰을 하며) 한참 전에 끊겼을 텐데…
부정	……머리 잘랐네요.
강재	…네.
부정	……잘 어울려요.
강재	…알아요.

하고, 어색한지 부정의 시선에서 도망치듯 몸을 돌려 서는.
그 모습을 또 가만히 보는 부정.

강재	(택시 앱을 다시 확인하며) 어떻게 콜택시를 부를까요.
	그냥 택시 잡히는 걸 더 기다려볼까요.
	둘 다 오래 기다려야 될 것 같은데요?
부정	얼마나요?
강재	글쎄요. 택시는 복불복일 거고… 콜은 한 20분?
부정	맘대로 해요. 난 잘 모르니까.
강재	(보면)
부정	(보는)
강재	(잠시 보다가) 그럼… 켜놓고 기다려보죠. 택시 잡힐 때까지.

하고, 앱이 작동하는 자신의 핸드폰을 의자에 내려놓는.
의자에 올려진 강재의 핸드폰을 보는 부정.

부정	전에 나 뭐라고 저장돼 있었어요?
강재	(보면)
부정	지우기 전에…?

강재	……
부정	……
강재	…글쎄요. (했다가) 맞춰보세요. 능력자시잖아요.
	라면 뭐 먹는지도 맞추는.
부정	…아줌마 아니면 손님일 거 같은데…
강재	……
부정	둘 다 엄청 많을 테니까… 숫자가 붙어 있었나…
	그럼 몇 번이었을까…
	궁금했어요. 내가 뭐였을까…
강재	(보는)
부정	뭐였어요?
강재	……
부정	……몇 번이었는지 정도는 가르쳐줄 수 있잖아요.
	손님은 왕인데…

대답 없이 내려놓았던 핸드폰을 다시 가져가는 강재,
핸드폰으로 뭔가를 찾는 듯.
보여주려는 건가… 하고 그런 강재를 가만히 보는 부정.

강재	저수지 방향으로 15분 정도만 걸어가면 휴게소 같은 게 있다는데…
부정	……?
강재	갈래요?
부정	……
강재	라면이랑 빵 사다가 와가지고… 라면 얘기 또 하니까…
	배가 너무 고파서…
	그쪽은 택시가 더 빨리 잡힐 수도 있고… 어떡해요… 가요?
부정	(대답 없이 보는)

11   길. 밤

가로등이 띄엄띄엄 보이는 국도를 따라 걷는 강재와 부정.
핸드폰 앱을 확인하며, 몇 보 앞에 걷는 강재.
강재의 등을 보며 걷는 부정, 걷다가, 걸으며, 시선에 돌아보는 강재.

강재   괜찮아요? 구두가 좀 높아 보이던데…
       괜히 또 뒤꿈치 막 까져서 피나고 그러는 거 아니에요?
부정   ……괜찮아요.

       잠시 더 보다가, 다시 앞을 보고 걷는 강재.
       부정, 강재의 등을 보다가, 걸으며,

부정   안 괜찮으면 어떻게 할 건데요?
강재   (돌아보는) …네?
부정   안 괜찮다고 하면… 업고 가요?
강재   (잠시 보다가) 살짝 오르막길이라 혼자 걷는 것도 힘든데…
       업고 못 가죠.
부정   그럼 왜 물어봐요? 안 괜찮으면 어떡할려구.
강재   (걸음을 멈추며) 왜요? 안 괜찮아요?
부정   (따라서 잠시 멈췄다가, 다시 걸으며)
       ……괜찮아요.
강재   ……

       앞서 걷게 되는 부정, 길을 따라 걸어가는.
       길 너머로 멀리 보이기 시작하는 저수지 부근에 불빛들.
       잠시 그쪽을 보았다가 앞서 걷는 부정의 등을 보는 강재, 따라서 걷는.

12   오피스텔. 강재의 집. 밤

냄비째 놓고 라면을 먹고 있는 민정.
복층으로 올라가는 계단에 앉아 핸드폰을 보고 있는 딱이.
강재와의 대화창을 보고 있는 중.

민정   라면 진짜 안 먹어요?
딱이   (보는) 강재 오면… 같이 먹죠 뭐…
민정   안 온다니까요. 아직도 연락이 없죠?
딱이   그래도 읽기는 읽었으니까…
민정   읽었어요?
딱이   예. 방금…
민정   그럼 됐네… 놔둬요. 자유로운 영혼이니까.
       한동안 쉬었으니까 갑자기 공사가 많이 다망해졌나보죠.

그때, 울리는 딱이의 핸드폰. 보면, 순규. [언제 오냐고.]

민정   이강재 아니죠?
딱이   예…
민정   누구예요?
딱이   누나요. 언제 오냐고… (하고 보면)
민정   (가만히 보는)
딱이   …왜요?
민정   나만 여기 놔두고 혼자 집에 갈 거 아니죠?
딱이   ……

대답을 기다리며 라면을 후루룩 먹는 민정.

그런 민정을 보는 딴이.

13　순규의 약국. 바깥. 밤

셔터를 내리는 우남.
좀 떨어진 뒤에서 한 손엔 커다란 출근 가방을,
한 손엔 핸드폰을 들고 있는 순규.
핸드폰을 든 손목에는 우남이 사온 떡볶이 봉지를 그대로 들고 있는.
핸드폰으로 도착하는 딴이의 메시지. [강재네서 자고 내일 갈게.]
메시지를 보다가 우남 쪽을 보는 순규.
자물쇠를 잠그고 일어서 순규 쪽으로 오는 우남.
우남 다가오면, 핸드폰을 주머니에 넣고 먼저 길을 따라 걷는 순규.
따라와서 순규 손에서 무거워 보이는 가방을 뺏어 드는.
그런 우남을 의식하면서도 못 이기는 척 가방을 건네는 순규.
우남, 반대편 손에 든 떡볶이를 흘깃 보는.

우남　다 식은 걸 버리지 뭐하러 들고 와.
순규　먹을 걸 왜 버리냐. 아깝게. (하다가) 내가 뭐 사 먹을 때마다 와서
　　　한 입만 한 입만 할 때 생각 못 하고.
우남　내가 언제?
순규　언제긴 언제야. 대학생 때지.
우남　야… 내가 아무리 너한테 많이 의지하고 그랬어도…
　　　세상에 한 입만 한 입만 그러는 대학생이 어딨니?
　　　그냥 맛 좀 보게 쪼끔 나눠달라 그랬겠지.
　　　너는 참 과장이 너무 심해.
순규　(어이없이 보다가) 그래도 나한테 많이 의지한 거는 인정하니까…
　　　관두자.

우남	……너 없었으면… 못 버텼겠지…
순규	……뭐야 갑자기……
우남	이럴 때는 그냥… 그런 분위긴가 보다… 하고 조용히 다음 말까지 기다리는 거야. 바보야.
순규	……
우남	……너는 그게 문제야.

하고, 앞서서 가버리는 우남. 잠시 그런 우남을 보다가,

순규	다음 말이 뭔데…
우남	……
순규	어?
우남	(돌아보는)
순규	뭔데…?
우남	아 몰라. 까먹었어. (하고 다시 걸으면)
순규	…그걸 고새 까먹냐? (하고 따라잡아 나란히 걷는)

가방에 뭐가 들었길래 이렇게 무겁냐고 핀잔하는 우남의 소리와 함께 가로등이 예쁜 골목길로 걸어가는 두 사람의 뒷모습.

14   구둔역. 휴게소. 밤

폐점 안내문이 붙어 있는 간이역 창.
[2021년 3월 24일 자로 폐점합니다.
그동안 휴게소를 이용해주신 여러분 감사합니다.]
안내문을 보고 있는 강재.
폐역을 마을 매점으로 사용하던 자그마한 간이역.

강재, 창문으로 안을 들여다보는,
간이역 작은 대합실을 그대로 살린 실내에
우유, 빵, 컵라면, 김밥 등등을 팔던 메뉴판이 붙어 있는 내부.
안을 보다가, 뒤를 돌아보면, 부정이 보이지 않는.
부정을 찾으러 건물을 돌아서 안쪽으로 움직이면,
어둠 속 긴 선로에 서서 핸드폰을 보고 있는 부정.
잠시 보다가, 부정이 있는 어둠 속으로 걸어가는 강재.

15   구둔역. 선로. 밤

길게 뻗은 선로를 향해 서서 정수와의 대화창을 보고 있는.
[상갓집에 와 있어.] [늦을 거 같아. 먼저 자.] 아래로
[오늘 집에 못 들어갈 수도 있을 것 같아.] [미안⋯]
불행인지 다행인지⋯ 묘한 기분으로 문자를 보는 부정.
어느새 뒤로 가까이 다가서는 강재.

강재   집이에요?
부정   (놀라서 돌아보는)

닿을 듯 가깝게 서는 두 사람.

강재   아버지?
부정   ⋯⋯ (핸드폰을 넣고) 아버지 아니에요.
강재   ⋯⋯그럼⋯ 남편분?
부정   (보면)

잠시 그대로 보다가, 선로를 따라 천천히 움직이는.

강재   빨리 들어오래요?

부정   ……그런 거 아니에요.

강재   ……

부정   ……

서로 간격을 유지한 채, 잠시 철로를 따라,
천천히 말없이 걷는 둘. 그러다 문득,

강재   기차 마지막으로 언제 타봤어요? 지하철 말고.

부정   …회사 다닐 때까지는 많이 탔어요. 출장도 자주 가고
       엠티도 가끔 가고…

강재   아… 회사도 엠티를 가는구나… 학생들만 가는 줄 알았는데…

부정   ……

강재   ……

부정   마지막으로 언제 탔어요? 기차?

강재   ……아… 저요… 저는… 되게 오래됐어요. 아버지 장례 치른
       날이니까… 중학교 3학년 때…?

부정   ……

강재   그 뒤로는 뭐… 별로 서울에서 나갈 일이 없었으니까… 안 탔죠.
       엠티도… 안 가봤고…

부정   ……

강재   근데… 저 지금 약간 소름 끼치는데… 되게 신기한 게 뭔 줄 알아요?

부정   ……?

장난스러운 얼굴로 부정을 보다가, 천천히 움직이던 걸음을 멈추고,
선로를 등진 채 어딘가를 바라보고 서는 강재.

강재	아닐 수도 있어요. 아닐 수도 있는데…
부정	……
강재	그때 마지막에 기차 탔을 때… 밤이었거든요.
	엄마 따라서 다닌 거라 정확하지는 않은데… 여기서 이렇게 보니까.
부정	……
강재	그때 딱… 여기를 지나갔네요.

강재가 선 곳까지 천천히 다가오는 부정.
부정이 다가오면, 슬쩍 뒤로 한 발짝 자리를 비켜주는 강재.
부정, 강재가 섰던 자리에 서서 보면, 어두운 길 너머
길 건너편으로 멀리 보이는 각종 모텔의 지붕 장식들이 만들어낸
마치 관람차나 회전목마처럼 보이는 화려한 밤의 불빛들.
선 채로 가만히 그 광경을 보는 부정.

부정	……
강재	이게 무슨 별천지 놀이동산인가 싶어서 한참을 봤어요…
	그랬더니 엄마가 나쁜 거니까 보지 말라고…
	그때는 그게 무슨 소린가… 그랬는데…
부정	(보면)
강재	지금 보니까… 엄마 말이 틀린 말은 아니었네요.
부정	……
강재	……
부정	기차 타고 어디 갔어요?
강재	…산에요.
부정	(보면)
강재	산에 갔다가… 바다에 갔다가…
부정	……

강재	집으로… 갔죠.
부정	……
강재	……

말없이 서로를 보는 둘. 잠시 그대로 보는데,
마침 강재의 핸드폰에서 택시 앱의 알람이 울리는.
소리에 시선을 먼저 피하는 부정.
강재도 어색한지 한 걸음 떨어져 핸드폰을 꺼내서 보면
5분 후에 휴게소 '구둔역'으로 도착한다는 택시.

16   ****병원. 장례식장. 뒷문. 옥외 주차장. 밤**

커피 자판기에서 커피를 뽑고 있는 정수.
술 탓인지 기분 탓인지 어딘가 더 지쳐 보이는.
답장이 없는 부정과의 대화창을 보다가, 갸웃하고 주머니에
핸드폰 넣는.
커피가 완성되는 걸 자판기에 살짝 기대서서 가만히 기다리는데
마침 뒷문을 열고 두리번거리며 밖으로 나오는 경은.
자판기 앞에 정수를 발견하고 다가온다.
등판이 구깃구깃해진 양복, 축 처진 어깨의 뒷모습을
찬찬히 보면서 걸어오는.
경은, 다가오는 동안 완성된 커피를 꺼내서 몸을 돌리는.
그렇게 마주치는 두 사람.

정수	……
경은	여기 있었네. 애들은?
정수	대리 불러서 갔어.

경은   (아쉬워하며) 인사도 못 했는데…

정수   내일 퇴근하고 또 온댔어.

경은   (잠시 보다가) 넌…?

정수   나도 당연히 와야지.

경은   (피식 웃고) 애들 다 갔는데 넌 왜 안 갔냐구.

정수   나?…난… 그냥… 차에 더 있다가…
       (하다가 잠시 경은이 보고) 너 보고 가야 되니까.

경은   ……왜?

정수   ……그냥… 한동안 전화 못 받은 거… 사과도 하고 싶고…

경은   ……사과는 아까 문자로 했잖아. 미안하다고.

정수   그래도… 얼굴 보고 말하고 싶은 게 있는 거잖아.

경은   (보면)

정수   ……뭘 봐……

경은   나 니 차에서 좀 쉬어도 돼?

정수   ……

경은   하루 종일 서 있었더니 다리가 너무 아픈데…
       가족 휴게실에 시댁 분들이 계시니까 앉아 있을 수가 있어야지.
       어딨니? 니 차?

       하고, 주차장 쪽을 보는 경은.
       정수, 주머니에서 키를 꺼내 앞장서며.

정수   근데… 자리를 비워도 돼?

경은   (따라 걸으며) 너네들 배웅하고 온다고 말씀드렸어.
       (하다가 키득 웃고) 우리 친구들 중에 니가 제일 잘생겼대.
       우리 시어머니가.
       순하고 진득한 게 꼭 누렁이 같다고… 너 결혼했냐고 물어보시더라.

정수   (보면)

경은   우리 사촌 시누이 있거든. 우리랑 동갑인.

         조카사위 보고 싶으신가봐 너.

정수   너는 무슨⋯ 말도 안 되는 소리를⋯

경은   그래서 너 결혼 되게 잘해서 무지 잘 산다고 말씀드렸어.

         (다시 킥킥 웃고) 진짜 아까워하시더라.

정수   ⋯⋯

어느새 가까워진 정수의 차. 정수, 키를 눌러 잠금을 풀면,

정수보다 먼저 뛰어가 조수석 문을 열고 올라타는 경은, 타며

경은   나 우리 시어머니 그러시는 거 처음 봤잖아.

정수, 잠시 어이없이 경은 쪽 보다가, 운전석에 올라탄다.

17   동 주차장. 정수의 차. 밤

나란히 앉은 정수와 경은.

앞 유리로 보이는 불이 꺼지지 않는 장례식장의 풍경.

잠시 말없이 그 광경을 보다가,

경은   (정수 쪽 보지 않고) 나 한숨 자도 돼?

그런 경은을 잠시 보다가, 대답 대신 조수석 시트를 편하게 눕혀주는.

정수와 반대쪽으로 돌아누우며, 눈을 꼭 감고,

경은   고마워⋯

정수   ……

경은   와줘서…

정수   ……당연히 와야지…

경은   ……

정수   ……

경은   내일은 오지 마 정수야.

정수   ……왜?

경은   내일 우리 엄마 오시거든.

정수   ……

경은   또 무슨 말실수를 할지… 걱정이 태산이다 정말…

정수   ……일단 좀 자 그냥.

경은   ……애들은 뭐라 그래? 막 다들 나 불쌍하대지.

정수   ……그냥… 친구니까… 속상한 거야.

경은   ……내가 이런 사람이라는 게 싫지만… 자존심 상해…

정수   ……

경은   난 망쳤어 정수야.

정수   ……

경은   ……

정수   이런 말이 도움이 될지 모르지만…

경은   ……

정수   너… 도로 위 가판대 알지.

경은   가판대?

정수   응.

경은   껌 팔고 복권 파는 데?

정수   응. 거기에 말이야. 금이빨 팝니다…라고 써 있는 거 본 적 있어?
        창문 옆이나 간판 옆에.

경은   (잠시 생각하다가) 아니.

정수   없어?

경은   …응. 없어.

잠시 경은의 어깨를 보았다가,

정수   그럼 아직 괜찮은 거야.

경은   ……누가 그래?

정수   우리 엄마가…

경은   ……어머니?

정수   응. 우리 엄마가 옛날에 나 아주 어렸을 때부터 하시던 말인데.
        그게 거기 있는데도 잘 안 보이면… 금이빨 뽑아서 팔 정도는
        아니니까 그래도 살 만한 거라고.

경은   ……

정수   그게 무슨 말인가… 싶다가도…
        가끔 길에서 보거든… 나는 아니까 잘 찾아보면 그제야 보여.
        그럼… 내가 그런 사람인 게 너무 싫지만… 묘하게 안심이 돼.

경은   ……

정수   ……

가만히 옆으로 누워 있는 경은의 어깨를 물끄러미 내려다보는 정수.
잠시 망설이다가, 손을 들어 어깨에 가만히 내려놓는다.
가만히 눈을 뜨는 경은.

정수   기운 내.

경은   ……

18   구둔역 부근. 길. 밤

뒤쪽으로 보이는 가로등이 희미하게 보이는 간이역 휴게소.
찻길로 나와서 택시를 기다리고 있는 부정, 강재.
좀 떨어진 곳에서 찻길을 바라보고 있는 부정.
강재는 부정보다 더 길 쪽으로 가깝게 서 있는.

강재 5분 넘은 거 같은데… (하고 돌아보면)
부정 ……온다고 했으니까 오겠죠.

강재, 잠시 부정을 보았다가 택시가 올 만한 곳으로 시선 돌리면
그런 강재를 빤히 보다가,

부정 근데…
강재 (돌아보면)
부정 …얼마 드리면 돼요?
강재 ……
부정 오늘 말이에요… 저번에… 처음에 보내준 명함이랑 다시 봤는데…
       어떻게 예약하라는 것만 있지… 얼만지는 없어서…
강재 (보면)
부정 (잠시 보다가) 얼마 드리면… 돼요?
강재 ……
부정 ……
강재 …얼마 있는데요.
부정 …현금은 없고…
강재 ……
부정 계좌이체는 할 수 있어요.
강재 ……계좌에는 얼마 있는데요.
부정 ……

대답 없이 서서 시선을 피하는 부정.
잠시 그런 부정을 보다가, 부정 쪽으로 다가오는 강재.
어쩐지 잔뜩 긴장하게 되는 부정.
그래도 마음을 먹고 자신에게 다가오는 강재의 얼굴을 본다.
천천히 빠르게 다가오는 강재. 다가와 잠시 부정을 보는.

부정   ……

강재   혹시 내가 무슨 생각하는지 다 보여요?

부정   …… (한참 보다가, 고개를 젓는)

강재   근데 어떻게… 지금 딱 그걸 물어봐요?
         내가 지금 그런 생각하는지 어떻게 알고…?

부정   ……

강재   ……

부정   얼마 달라고 하면 되나… 그 생각했어요?

강재   그게 아니라… 그런 게 아니라…

부정   ……

강재   네… 뭐… 그래요. 그 비슷한 생각이에요.

         잠시 보는 둘.

부정   ……비슷한 생각… 무슨 생각이요?

강재   ……

부정   ……

강재   돈 생각이요.

부정   ……

         잠시 그대로 서서 부정을 보다가, 길 쪽으로 돌아가는 강재.

154

주머니에서 핸드폰을 꺼내 앱을 확인하며 가는 모습을
물끄러미 보고 있는 부정.
잠시 서서 앱을 확인하는 강재, 콜이 취소되었다고 떠 있는 창.
'취소' 메시지를 가만히 보고 있는 강재.

강재   아는 형이 있었는데… 죽었어요. 마음이 허해서…
부정   ……
강재   아… 전에 한 번 얘기한 적 있어요. 옥상에서… 기억할지 모르겠는데…
부정   ……
강재   아무튼… 아주 친하지도 않고… 그렇다고 안 친하지도 않고…
       그런 형이었는데…
       아까 파출소에서 서류에 사인하는데 다시 그 형 생각이 났어요.
       죽었을 때 내가 가서 사인했거든요. 그럴 마음도 없었는데…
부정   ……
강재   같이 있는 동안… 계속… 더 생각이 나더라구요…
       마음이 허하다는 건 뭘까… 결국 돈이 없어서 그런 건 아니었을까…
       돈이 없으면 허하잖아요. 배도 고프고…
부정   ……
강재   그러다가… 그럼… 이 사람은 왜 죽고 싶었을까…
       공부도 많이 하고 회사도 다녀봤고…
       아버지도 있고… 남편도 있는데…
부정   ……
강재   왜 또 마음이 허할까…
부정   ……
강재   돈이 너무 없는 것 같지도 않고…
       그냥… 그런 생각이었어요. 택시가 하도 안 오길래…
부정   ……

155

강재	얼마 달라고 해야 되나… 언제 달라고 하지…
	꼭 그런 돈 생각이 아니라…

멍하니 길 쪽을 보고 서 있는 강재.
그런 강재의 등을 가만히 보다가,

부정	……나도 똑같애요.
강재	(돌아보는)
부정	…얼마 줘야 되나… 이 사람은 시간당 얼말까…
	왜 이런 일을 할까… 그런 생각한 게 아니라…
강재	……
부정	왜… 이 먼 데까지 와줬을까… 내 번호도 지웠던데…
	혹시 내가… 걱정돼서 왔나… 아부지 때매 불쌍해서 그런가…
	그냥… 그런 생각하다가…
강재	……
부정	엄마 얘기하고… 아버지 돌아가신 얘기도 하고… 그러는 거 보니까…
	그냥… 기분이 그랬어요…
강재	……
부정	엄마랑 둘이… 산에는 왜 갔을까… 바다는 또 왜 갔을까…
	그래도 집으로 가서 다행이다…
강재	……
부정	나랑… 비슷한 사람이구나… 잘은 모르겠지만…
강재	……
부정	그러다가… 잘 해주고 싶었어요.
강재	……
부정	나한테… 뭔가 있다면… 주고 싶다…
	뭘 주지… 나는 별로 가진 게 없는데…

강재	……
부정	그러다가… 얘기한 거예요.
	택시에서… 누가 듣는 데서… 얘기하기 싫어서요.
강재	……

잠시 그대로 있는 둘.
한참 다른 곳을 보다가,

강재	어차피… 택시에서 못해요.
부정	(보면)
강재	…택시 안 올 거니까요.
부정	……?
강재	취소됐어요. 급한 일이 생긴 건지…
	아니면 오시다가 다른 손님을 태운 건지…
부정	……
강재	집 말고… 어디 가보고 싶은 곳 없어요?
부정	……
강재	(핸드폰을 다시 열며) 다시 불러보게요.
	집 아니고 가보고 싶은 곳 누르면… 바로 올지도 모르잖아요.
부정	……
강재	없어요?
부정	……잘 모르겠어요.
강재	……
부정	……
강재	그럼… 그냥… 산에 갔다가 바다에 갔다가… 집으로… 갈까요…?
부정	……

출발지에 현주소, 목적지에 조경철 천문대를 입력하는 강재.
가만히 그런 강재를 보는 부정.
잠시 그렇게 서 있는 둘.
배차 상황을 진지하게 내려다보고 있는 강재의 얼굴을
가만히 보는 부정.
마침 배차 알림음이 울리면, 부정을 보는 강재.

부정   ……

강재   ……언제든지 집에 가고 싶으면 집에 가고 싶다고 말하면 되니까…
        너무 부담 갖지는 마세요… 아직… 친구니까…

부정   ……

강재   ……

부정   어디 가는데요…?

강재   ……

부정   ……

강재   ……산이요.

부정   ……

다시 서로 보는 둘.

19   도로. 정수의 차. 밤

운전석에는 대리기사.
경은이 있던 조수석은 비어 있고 시트는 누워 있던 그대로.
새벽 2시를 한참 넘긴 시각.
뒷좌석에 앉아서 핸드폰을 보고 있는 정수.
'읽음'으로 표시되어 있지만, 답장은 없는 부정의 대화창.

무슨 일일까… 고개를 들어 생각하는데
누워 있는 조수석 시트가 눈에 들어오는.

정수   저 기사님. 조수석 좀 바로 세워주세요.
기사   네.
정수   감사합니다.

세워진 조수석을 보다가, 숨을 깊게 들이쉬는 정수. 갸웃하고는,

정수   창문 좀 열게요. 기사님.
기사   예.

창문 여는데, 울리는 전화벨. 핸드폰 보면, 엄마.
순간적으로 시계를 확인하고 서둘러 전화를 받는 정수.

정수   여보세요?

대답 대신 들리는 화장실 물 내리는 소리.

정수   엄마… 무슨 일이에요. 이 시간에.
민자e   (잔뜩 잠긴 소리로) 여보세요.
정수   왜? 어디 아프셔?

하며, 열었던 창문을 닫는.

20   민자의 빌라. 화장실. 밤

머리에 비닐로 된 헤어캡을 쓰고, 스피커폰으로 통화 중인 민자.
비몽사몽 변기에서 일어서 세면대로 오는.

민자   아픈 게 아니라… 자다 일어나서 목이 잠겨서 그러지.

21   정수의 차. 밤

통화하는 정수.

정수   엄마는 하여간 아프신 것도 아니면서 지금이 몇 신데 사람 놀래게…
       왜 자다 일어나서 전화를 해…
민자e   지금 몇 신데.
정수   몇 시긴… (다시 시간 보고) 두시 반이네. 두시 반.
민자e   잠깐 졸았는데 벌써 시간이 그렇게 됐어?

22   민자의 빌라. 화장실. 밤

손을 씻으며, 세면대 거울을 들여다보는 민자.

민자   머리에 비니루를 뒤집어쓰고 자서 그런가…
       꿈자리가 너무 요상해서.
정수e   꿈? 꿈이 왜.
민자   꿈이…

막상 떠올리려니 잘 생각이 안 나는지.

민자   그게… 정확하게 앞뒤는 잘 생각은 안 나는데 버스에서 어떤 미친 여자랑 시비가 붙어서 막 실랑이를 했거든…

23   정수의 차. 밤

안심과 짜증이 섞인 얼굴로 통화하는 정수.

민자e   근데 이년이 갑자기 내 머리채를 잡고 뱅글뱅글 돌리는 거야.
　　　　그 바람에 이빨이 쑥 빠졌잖아. 재수 없게.
정수   ……
민자e   살려달라고 살려달라고 소리를 지르다가, 떼놓고 보니까
　　　　미친 여자가 아니라 가만히 보니까 니 아부지야.
정수   …엄마… 그거 개꿈이야.
민자e   이게 왜 개꿈이야.
정수   일단… 생각이 잘 안 나는데부터가 개꿈이고…

24   민자의 빌라. 화장실. 밤

심각한 얼굴로 통화하며, 거울을 빤히 보고 있는 민자.

정수e   여자가 남자 됐다가, 모르는 사람이 아는 사람 됐다가
　　　　그런 게 개꿈이에요. 유식한 말로는 의식의 흐름.
민자   유식이고 뭐고… 너 무슨 일 없어?

25   정수의 차. 밤

별일 없냐는 말에 괜히 뜨끔해서, 조수석을 보았다가,
다시 닫았던 창문을 여는.

정수   일은… 무슨 일이 있어. 아무 일도 없지.

민자e 부정이는?

정수   …뭐… 글쎄요… 별일 없는 거 같은데?

26   민자의 빌라. 밤

화장실에서 거실로 나오는 민자.

민자   같은데 뭐야. 같은데가… 부부끼리.

정수e 부부라고 다 아나? 잘 모를 수도 있지.

민자   ……

27   정수의 차. 밤

통화하는 정수.

정수   하여튼 엄마 나 지금 운전 중이에요. 끊고 나중에 얘기해.

하고 대리기사 쪽을 슬쩍 살피는.

민자e 지금 몇 신데 아직 밖이야.

정수   그냥 어디 좀 갔다 오느라고…

민자e 어딜 갔다 오는데.

정수   일했어 일. 암튼 엄마… 꿈자리도 나쁜데 안전운전하게 끊어요.

민자e 그래 그래 얼른 들어가. 가서 문자 해.

정수   어…

먼저 전화를 끊는 민자.
대리기사 쪽을 보는 정수.

정수   저희 엄마가 걱정이 많으셔서…
기사   예…

마침 도착하는 메시지. 보면, 부정.
[나도 아버지 집에서 잘 거야. 편하게 해…]
메시지를 읽고, 잠시, 답장을 적으려다 그만두는 정수.
열었던 창을 마저 더 열고 창밖을 내다본다.
창밖으로 빠르게 지나가는 서울의 풍경들.

28   택시. 밤

뒷좌석에 좀 떨어져 나란히 앉은 부정, 강재.
각자 핸드폰을 보고 있는 두 사람.
보낸 메시지가 '읽음'으로 바뀐 정수와의 대화창을 보고 있는 부정.
답장을 기다리듯 잠시 보다가, 대화창을 닫는.
부정, 핸드폰을 가방에 넣고 창밖을 본다.
조경철 천문대를 검색 중이던 강재,
핸드폰을 가방에 넣는 부정을 흘깃 보고는
자신도 핸드폰을 주머니에 넣고 창밖을 보기 시작하는.
창밖으로 불빛 한 점 없는 어두운 산길이 이어지다가,
천문대까지 5km라는 안내판이 보이면 그쪽을 잠깐 보는 부정.
멀리 보이는 앞서 보이기 시작하는 자동차 한둘.
버스 정류장과 작은 식당들이 보이는 마을을 지나
다시 산길로 들어가는, 멀리 점점으로 사라지는 마을.

구불구불한 길 위로 보이는 구형의 지붕.
창문을 내려 그쪽을 바라보는 강재.
그런 강재를 보는 부정.
그 위로 시작되는 강재의 이야기.

강재e   옛날에… 엄마랑 왔을 때는 저 아래부터 걸어서 왔거든요.

29   조경철 천문대. 산길. 밤

구형의 지붕이 좀 더 가까이 보이는 어느 산길.
깜깜한 산길을 걷고 있는 부정과 강재.
강재, 핸드폰 조명을 켜서 부정의 발밑을 비춰주며 걷는.

강재   처음 보는 기차역에 내렸는데… 아직 너무 밤인 거예요.
역 앞에 24시간 하는 햄버거집에서 엄마랑 둘이서
날 밝을 때까지 있었어요.
감자튀김 하나 시켜놓고 콜라 계속 리필해 먹으면서…

부정   ……

강재   그 햄버거집 벽에서 본 거예요. 무슨 무슨 천문대 광고를…
그래서 또 첨 보는 터미널에서 버스 타고… 온 거죠. 여기까지.

하는데 뒤쪽에서 인기척이 들리면 자연스럽게 돌아보는 강재와 부정.
하이킹하는 예닐곱의 젊은 남녀가 커다란 손전등을 들고
빠른 속도로 두 사람 곁을 지나가는. 지나가면서 차례로 끄덕 인사하면,
괜히 서로 눈을 맞췄다가, 웃으며 차례로 인사를 받아주는 둘.
빠르게 간격이 멀어지는 앞의 사람들을 보다가,

부정	뭐 입고 왔었어요? 처음 왔을 때?
강재	아… 그런 디테일한 게 궁금하시구나…
부정	……그런 게 아니라… 상상하면서 들으면… 궁금하잖아요.
	뭐 입었나… 중학생이니까 교복을 입었나…
강재	……
부정	생각 안 나면 말 안 해도 돼요. 뭐 입었는지…
강재	그게… 아버지 장례식에서 바로 온 거였는데…
부정	……
강재	엄마랑 나랑 둘 다 그때 까만 옷이 없어가지고요…
	아버지 간병인 하던 친한 형이 있어요.
	그 형이 주말에 일하던 마트 가서 샀죠…

30   회상. 11년 전. 마트. 탈의실

대형마트 옷 매장에 커튼으로 만들어놓은 탈의실.
옷걸이에 벗어서 아무렇게나 걸어놓은 교복.
위아래 검은 맨투맨에 사이즈가 큰 검은 재킷, 검은 청바지를 입고
슬픔과 기쁨이 뒤섞인 기분으로 거울을 보는 어린 강재.

강재e	오랜만에 옷을 사니까 너무 좋아가지고…
	순간적으로 아부지 돌아가신 것도 다 잊어버리고… 그냥 좋았어요.

검은 운동화까지 갈아 신고, 커튼 바깥으로 나오는 어린 강재.
밖으로 나와서 두리번 엄마를 찾는데,
저쪽에서 검은 원피스를 입고, 거울을 보고 있는 미선.
어린 강재와 비슷한 기분으로 머리를 묶었다 풀렀다 하며 거울을 보는.
강재, 못 본 척, 다시 탈의실로 들어가는.

강재e   나도 엄마도… 마트에 갈 때까지는 되게 슬펐는데…
기분이 묘하더라구요.

31   회상. 11년 전. 기차. 밤

깜깜한 길을 달리는 기차 안.
검은 원피스를 입고, 자신의 숄더백에 넣은 유골 상자를 옆 좌석에 놓고
지친 얼굴로 잠이 든 듯 눈을 감고 있는 미선.
건너편에 앉은 어린 강재, 길어서 접어 입은 재킷 소매 안으로
벚꽃잎 두 장이 들어 있는 걸 꺼내서
아버지 유골 상자에 넣고 창밖을 본다.

강재e   그때 서울에… 벚꽃이 엄청났었거든요.
그… 벚꽃 떨어질 때… 마음이… 그렇잖아요. 슬프고…

한참을 어둠 속을 달리다가 어느 역에 정차했다가 서서히 출발한다.
창밖으로 펼쳐진, 선로에서 보았던 마치 놀이동산 같은 모텔의 조명들.
창문으로 다가가는 강재.
어린 강재의 얼굴 위로 떨어지는 형형색색의 조명.

강재e   그래서 그런 건지… 어린 마음에서 그런 건지…
아… 산 사람은 산다는 게 이런 건가 보다…

자세히 보려고 창문으로 더 다가가는데, 어린 강재의 눈을 가리는 손.
강재 돌아보면, 복잡한 얼굴로 보다가, 씩 웃는 희미한 미선의 얼굴.
그런 엄마를 보는 강재.

강재e   아버지가 돌아가시면 어떻게 살지…

32   회상. 11년 전. 시골 버스. 밤

광덕산 기상관측소까지 가는 단순한 노선표를 올려다보고 있는
어린 강재.

강재e   학교 끝나고 병원에 안 가면… 이제 매일 어디로 가야 되나…
         그랬었는데… 병원에 안 가니까… 또 이런 시간이 있구나…

노선표를 보다가 미선 쪽을 보면,
작은 시골 버스 맨 뒷자리에 앉아 있는 미선.
숄더백 옆으로 삼각 커피 우유 2개, 크림빵 2개가 담긴
작은 비닐봉지가 놓여 있고, 그 자리로 와서 앉는 강재.

강재e   아버지가 주고 간 선물인가 보다…

33   다시 산길. 밤

얘기하며 걷는 두 사람.

강재   그런… 밑도 끝도 없는… 이상한 생각이 들더라구요…
         심장에 시냇물이 졸졸 흐르면서…

부정   ……

뒤로 다가온 자동차 불빛이 강재를 비추면 찡그리며 돌아보는 강재.
한 손으로 자연스럽게 부정의 어깨를 안아 자리를 비켜주는.

부정 쪽 보지 않고, 자동차가 지나가는 걸 기다리는 강재의 옆얼굴.

가만히 강재를 보았다가, 자동차 쪽을 돌아보는 부정.

차가 지나가면, 다시 길 가운데로 이동하는 두 사람.

좀 전보다 더 가까이 나란히 걷게 되는.

부정   ……

강재   ……

잠시 조용히 걷다가, 뒤로 걸으며 주위를 둘러보는.

강재   엄마랑 이쯤 지나가는데… 살살 눈이 왔어요.

부정   (괜히 강재를 따라서 둘러보는)

강재   (그런 부정을 보다가) 춥죠.

부정   …걸으니까… 괜찮아요…

강재   그래도 가보면… 잘 왔다… 생각할 거예요.

부정   ……

하고, 다시 천문대 쪽을 바라보고 걷는 강재.

강재의 등을 보다가, 천문대 쪽을 보는.

깜깜한 산의 밤 속에 희미한 조명을 받고 서 있는 천문대의 모습.

주차장 쪽으로 서 있는 캠핑카, 그리고 차 서너 대.

멀리 텐트를 친 팀 하나.

천천히 걸음을 멈추는 강재.

부정, 따라서 멈추면.

강재   아… 울 수도 있어요.

부정   ……?

강재   여자들한테만 전달되는 뭐가 있는 건지…
       나는 잘 모르겠던데… 우리 엄마는 엄청 울었거든요.
       저쪽 주차장 자리 구석에서…

부정   ……

강재   하도 이상해서 내려가는 길에 왜 울었냐고 물어봤더니…
       한참 아무 말도 안 하다가…
       버스에 우유랑 크림빵을 놓고 내린 게 생각나서…
       속상해서 울었대요…

부정   ……

강재   그걸 또 믿었어요. 제가… 꽤 오랫동안…

부정   ……

강재   ……

피식 웃는 강재.
그런 강재를 보는 부정.
강재도 부정을 잠시 더 보다가, 다시 천문대를 향해 성큼성큼 걸어가면,
뒷모습을 잠시 보다가, 따라 걷는 부정.

34   조경철 천문대. 밤

주차장을 지나 건물 뒤편으로 걸어오는 두 사람.
먼저 걸음을 멈추는 강재.
그 뒤로 부정도 걸음을 멈춘다.
말없이 두 사람이 보고 있는 곳.
넓게 트인 까만 밤하늘로 흐르는 엄청난 양의 별들.
이리로 쏟아질 것 같은 은하수가 닿을 듯 선명하게 펼쳐져 있는.
똑바로 서서 눈앞에 펼쳐진 광경을 가만히 바라보고 있는 강재.

자기도 모르게 천천히 눈시울이 붉어지는 강재를
촉촉해진 마음으로 바라보고 있는 부정.
강재를 보면서 천천히 은하수로 다가가는.
한참을 그 자리에 서서 별을 바라보고 있는 두 사람.

35   회상. 11년 전. 천문대 앞 산길. 밤

옛날 핸드폰 조명을 켜서 길을 비추는 어린 강재.
깜깜한 산길을 천천히 앞서 걸어가는 미선.
아버지의 유골함이 들어 있는 미선의 낡고 커다란 숄더백을
대신 메고 그 뒤를 따라가는 강재.
주차장 쪽으로 걸어가다가 어느 자리에서 멈추는 미선.
엄마 쪽으로 다가가서 보면,
밤하늘을 바라보며, 울먹이고 있는 미선.
엄마를 보다가, 엄마가 바라보는 밤하늘을 향하는.
까만 밤하늘 위로 흘러가는 별이 만든 커다란 시냇물을
묘한 감정이 되어 보았다가 다시 울고 있는 엄마를 보는 어린 강재.

36   부정의 아파트. 거실. 밤

키패드를 열고 안으로 들어오는 정수.
7부와 마찬가지로 현관에 가지런히 놓여 있는
부정이 늘 신는 구두 한 켤레.
가만히 구두를 내려다보다가 안으로 들어오는.
인기척이 없는 실내에 열린 안방 문으로 불빛이 새어 나오는.
괜히 안심하는 정수. 그제야 크로스백을 벗으며,
안방 문을 밀면서 안으로 들어가는.

37   부정의 아파트. 안방. 밤

형광등만 켜져 있고, 아무도 없는 안방.
정수, 잠시 입구에 서서 묘한 부정이 없는 방을 보는.
침대 위에 풀러놓은 스카프. 갈아입고 나간 블라우스와 청바지.
잠시 침대 위에 부정의 옷가지를 보다가 침대에 걸터앉는.
주머니에서 핸드폰을 꺼내 부정과의 대화창을 다시 열어보는.
[나도 아버지 집에서 잘 거야. 편하게 해⋯]
잠시 메시지를 보다가, 부정과의 통화 버튼을 찾는 정수.
통화 버튼을 누르려다가 그만두고
부정이 벗어놓은 옷가지들을 챙겨서 자리에서 일어서는.
부정의 옷장 안에 벗어놓은 옷들을 넣어두는.
잠시 옷장 안을 보았다가, 옷장 문을 닫는다.

38   다시 조경철 천문대. 입구. 밤

영업시간이 적혀 있는 문 앞 안내판.
입구 손잡이에 걸려 있는 Closed.
몸을 잔뜩 움츠린 부정, 안내판 앞에 서서 안내문들을 보고 있는.
'안전의 이유로 새벽 시간 로비 개관을 당분간 중단합니다.'
더 움츠린 강재가 입구에 와서 팻말을 치우고, 문을 열어보는.
열리지 않는 문을 좀 더 흔들어보는 강재.
부정, 보면.

강재   아니⋯ 아까 검색하다 보니까⋯ 새벽에 별 보러 오는 사람들 위해서
가끔 열어놓을 때도 있다고 그래서⋯ 해본 거예요.
뭐⋯ 나쁜 짓을 하려는 게 아니라.

부정 여기 써 있어요. 당분간은 안 된다고.

강재 보면, 부정, 잠시 강재 보다가,
다시 주차장 쪽으로 이동하는 부정.

39 **조경철 천문대. 주차장. 밤**

어느새 4개로 늘어난 예쁘게 불을 밝힌 텐트들.
건물 쪽에서 주차장 쪽으로 걸어 나오는 부정, 따라 나오는 강재.
아까 오던 산길에서 보았던 하이킹 팀 중에 하나가
간이 담요 두 장을 들고 부정에게 다가오는.

하이킹 너무 추우실 거 같아서… (담요 건네며) 이거 쓰세요.
안 돌려주셔도 됩니다.

부정, 받아 들고 뒤쪽의 강재 보면, 강재 다가와 인사하는.

강재 어우 너무 감사합니다. 저희가 준비 없이 그냥 와서…
딱 얼어 죽을 뻔했는데…

담요 한 장을 펼쳐서 부정의 어깨에 덮어주고,
나머지로 자신도 덮는 강재.
하이킹, 그런 두 사람을 보다가,

하이킹 더 계시다 가실 거면… 텐트 남는 거 하나 빌려드릴까요?
저희는 일출까지 보고 내려갈 거니까…
그때까지만 돌려주시면 되는데…

뜻밖의 제안에 선뜻 대답하지 못하고 서로를 보는 두 사람.

40　　오피스텔 . 강재의 집 . 밤

강재의 매트리스에 이불을 덮고 누워 있는 민정.
창으로 들어오는 네온사인을 보고 있는.
좀 떨어진 곳 강재의 코트를 덮고 벽에 기대앉아 눈을 감고 있는 딱이.

민정	…오빠…
딱이	……
민정	…자요?
딱이	(눈을 뜨고) 아니요… 안 자요?
민정	자고 싶은데… 오늘 일도 많았거든요… 근데…
	침대에서 자는 게 너무 오랜만이라서… 잠이 안 와요…
딱이	……
민정	팔다리를 다 편다는 게 이런 거였지…
딱이	……
민정	내 집이었으면 좋겠다…
딱이	……
민정	오빠도 방 있죠.
딱이	……뭐 있죠…
민정	방 어떻게 생겼어요?
딱이	……그냥… 평범하죠.
민정	어떻게 평범한데요…? (하다가) 아파트예요?
딱이	주택이요.
민정	와…
딱이	초등학교 때부터 살았으니까… 되게 낡은 거예요.

민정   …혹시 이층집이에요?

딱이   어떻게 알아요?

민정   그냥… 오빠 느낌이 그래요.

딱이   ……

민정   처음 봤을 때부터 그랬어요. 오래된… 마당 있는 이층집에
        사는 사람 같다…

딱이   그게 어떤 건데요…?

민정   그거요?…너무 이상적이어서 비현실적인 느낌?
        옛날 교육방송 보는 느낌…?

딱이   ……나쁜 거네요.

민정   그게 왜 나빠요?

딱이   …심심한 거잖아요. 지루하고…

민정   (가만히 보는)

딱이   ……왜요?

민정   있는 놈이 더 한다더니… 왜 이렇게 욕심이 많아요.
        거의 다 가진 사람이…

딱이   ……

민정   거기다가 엄청 재밌게까지 살고 싶은 거예요?

딱이   ……

민정   그런 건… 우리 같은 애들한테 양보해야죠…
        그래야 세상이 공평하지…

딱이   ……

        가만히 딱이를 보다가,

민정   여기 와서 누울래요?

딱이   ……

174

민정	……
딱이	나랑 이렇게… 둘이 있어도… 아무렇지도 않죠. 아무 일도 없을 거니까…
민정	……아무 일도 없을 것 같은데…
딱이	(보면)
민정	그래서… 더 두근거려요.
딱이	……

숨을 길게 들이마시며 이불 냄새를 맡는 민정.

민정	이불에서 이강재 냄새만 안 나면… 완벽한데…

그런 민정을 보다가, 핸드폰을 주섬주섬 챙기며
자리에서 일어서는 딱이.
자리에서 벌떡 일어서는 민정.

민정	집에 가게요?
딱이	이불 사러 가게요.
민정	……이 시간에 어디서 이불을 사게요.
딱이	찾아보면 있겠죠. 24시간 안 하는 게 없는데… 이불집이라고 없겠어요?
민정	같이 가요 그럼.
딱이	……
민정	혼자 있기 싫으니까…

하고 이불에서 나와 풀었던 머리를 묶는.
그 모습을 보고 있는 딱이.

41   조경철 천문대. 주차장. 밤

노란 조명이 켜진, 오렌지색의 조그만 돔형의 2인용 텐트.
바깥에 벗어놓은 부정의 구두와 강재의 신발.

42   텐트. 밤

작은 텐트 안에 마주 보고 어슷하게 앉아 있는 두 사람.
무릎을 세우고 담요를 덮고 앉아 있는 부정.
강재도 무릎을 세우고 앉아서 어색한지 괜히 핸드폰을 보고 있는.

강재   물 마실래요? 물도 두 병 주고 갔는데…
부정   …마실래요.

강재, 잠시 보다가, 옆에 둔 물병 하나를 건네는.
건네려다가, 뚜껑을 열어서 건넨다.
그런 강재를 보다가, 한 모금 마신 후 뚜껑을 닫아 곁에 놓는.
다시 침묵 속에 있게 되는 두 사람.
강재, 그 침묵이 어색해서.

강재   어떻게… 새로 나온 재밌는 동영상이라도 볼래요?
부정   ……잠깐 누워도 돼요?
강재   ……
부정   ……
강재   (몸을 움직여 부정의 자리를 넓혀주며) 그럼요.

몸을 작게 움직여 강재에게 등을 돌리고 살짝 옆으로 눕는 부정.

다리를 강재 쪽으로 뻗는 모습이 불편해 보였는지
강재, 가만히 그 모습을 보다가, 부정의 오른쪽 발목을 살며시 잡아
자기 쪽으로 뻗을 수 있도록 도와주는.
놀라서 잠깐 동작을 멈췄다가, 이내 강재가 하는 대로 그대로 두는 부정.
가지고 있던, 자기 담요를 펼쳐서 부정의 다리를 덮어주는 강재.

강재	졸리면 자요. 많이 피곤할 텐데…
부정	……
강재	……
부정	……파출소에서… 경찰이 그랬잖아요.
	서류 같은 거 쓰다가… 저수지에서 신고된 거… 처음 아닌 거 아냐구…
강재	……그랬죠. 안다고 했고…
부정	……
강재	그냥… 가서 상황 보니까… 대충 그런 느낌이라
	내가 들어서 좀 아는 거에 이거저거 섞어서 적당히 대답한 거예요.
부정	……알아요.
강재	……
부정	어떻게 알았냐고 물어보고 싶은 게 아니라…
	그냥… 후회한다고 말하고 싶었어요… 말한 적이 없어서…
강재	……
부정	……살면서 제일 후회하는 몇 가지 일 중에 하나거든요…
	근데… 아무한테도 말할 수가 없었어요… 챙피해서…
강재	……
부정	아까… 공부도 많이 했고… 회사도 다녀봤고…
	아버지 남편도 있는데… 왜 마음이 허하냐고… 그랬잖아요.
강재	그랬죠.
부정	난 아무것도 못 됐거든요…

　　　　…그중에 아무것도…

강재　……

부정　……

강재　뭐가 되고 싶었는데요…

부정　……

강재　……

부정　……다요.

강재　……

부정　욕심 없는 척… 겸손한 척 그러면서…
　　　나쁜 짓도 많이 했어요… 다 되고 싶고… 인정받고 싶고 그랬거든요…

강재　……

부정　내가 얼마나… 괜찮은 사람인지… 나는 알 수가 없잖아요.
　　　누군가 다른 사람이 인정해주지 않으면…

강재　……

부정　아부지한테도 보여드리고 싶고… 남편한테도 보여주고 싶고…
　　　…나한테도… 보여주고 싶었어요. 내가 어떤 사람인지…

강재　……

부정　뭐가 되고 싶었던 게 아니라… 그냥…
　　　뭐라도 되고 싶었는데… 그게… 잘 안 됐어요…

강재　……

부정　……

강재　그래서… 어떻게 하고 싶은데요…

부정　……그냥… 기다리고 싶어요.

강재　……

부정　너무 창피해서 빨리 다 끝내고 싶었는데…
　　　지금은 좀… 기다려보고 싶어요…

강재　……

부정	모든 게… 다… 지나갈 때까지…
강재	……
부정	……그게 어떤 건지… 상상할 수는 없지만…

두 사람 사이로 잠시 흐르는 침묵.

강재	나도… 누워도 돼요?
부정	……네…

잠깐 앉은 채로 허공을 보던 강재.
자세를 바꿔, 천장을 보고 부정과 나란히 눕는.
좁은 텐트 안에 닿을 듯 가깝게 누워 있는 두 사람.
괜히 한숨을 쉬는 강재, 텐트 안에 퍼지는 한숨 소리.

강재	내일… 아니 오늘인가?
부정	……
강재	이따가… 바다도 가는 거예요?
부정	……
강재	집으로 가나?
부정	……모르겠어요.
강재	……

잠시 침묵. 그러다가,

강재	난… 아는데…
부정	……
강재	이 텐트 말이에요… 되게… 호박같이 생겼잖아요.

부정   ……

강재   곧 해가 뜨잖아요… 그렇게 날이 밝으면…

       이게 다… 없어져요.

       공간도… 시간도… 다…

부정   ……

강재   내기할래요? 오만 원 내기.

       지갑에 또 있죠. 그… 쪼그맣게 접은 오만 원짜리…

부정   ……

강재   그거 내기해요… 난 못 간다… 그쪽은 간다…

부정   ……

강재   ……

부정의 등을 가만히 바라보는 강재.

강재   잘 자요…

부정   ……

다시 침묵.

깨어 있는 두 사람의 숨소리, 침을 삼키는 소리 들이 고스란히 들리는.

한참을 망설이다가, 부정, 부스럭 강재 쪽을 돌아보는.

이마에 손목을 대고 살짝 찡그린 얼굴로 눈을 감고 누워 있는 강재.

그 얼굴을 보다가,

부정   ……얼굴 한 번만… 만져봐도 돼요?

그대로 눈을 뜨는 강재.

시선을 돌려서 부정을 보는.

180

닿을 듯 가까운 곳에서 강재를 올려다보고 있는 부정.

한참을 서로 그렇게 보다가,

강재 뭐라고 말을 뱉으려는 숨에서.

f. o

12부

유실물

01   텐트. 밤

11부에서 이어지는 텐트 안.
닿을 듯 가깝게 누워 있는 두 사람(호텔 씬과 같은 방향으로 누운),
두 사람의 시간.
괜히 한숨을 쉬는 강재, 텐트 안에 퍼지는 한숨 소리.

강재   내일… 아니 오늘인가?
부정   ……
강재   이따가… 바다도 가는 거예요?
부정   ……
강재   집으로 가나?
부정   ……모르겠어요.
강재   ……

잠시 침묵. 그러다가,

강재   난… 아는데…
부정   ……?
강재   이 텐트 말이에요… 되게… 호박같이 생겼잖아요.
부정   (그 말에 다시 텐트를 보는)
강재   곧 해가 뜨잖아요? 그렇게 날이… 밝으면…
        이게 다… 없어져요.
부정   ……
강재   공간도… 시간도… 전부 다…
부정   ……
강재   내기할래요? 오만 원 내기.

부정	……
강재	지갑에 또 있죠. 그… 쪼그맣게 접은 오만 원…
부정	……
강재	그거 내기해요… 난 못 간다…
	그쪽은… 간다…
부정	……
강재	……

부정의 등을 가만히 바라보는 강재.

강재	…자요?
부정	……
강재	(잠시 대답을 기다리다가) …잘 자요…
부정	……

다시 침묵.
깨어 있는 두 사람의 숨소리, 침을 삼키는 소리 들이 고스란히 들리는.
한참을 망설이다가, 부정, 부스럭 강재 쪽을 돌아보는.
이마에 손목을 대고 살짝 찡그린 얼굴로 눈을 감고 누워 있는 강재.
그 얼굴을 보다가,

부정	……얼굴 한 번만… 만져봐도 돼요?

그대로 눈을 뜨는 강재.
시선을 돌려서 부정을 보는.
닿을 듯 가까운 곳에서 강재를 올려다보고 있는 부정.
한참을 서로 그렇게 보다가,

뭔가 말을 하려고 먼저 입을 떼는 강재.
짧은 숨과 함께 잠시 시선을 피했다가 다시 부정을 본다.
여전히 보고 있는 부정.

강재   ……되죠.
부정   ……
강재   ……

부정, 그런 강재를 가만히 보다가,
등을 돌리고 모로 누웠던 몸을 그대로 바닥에 살짝 내려놓듯 눕히면,
좀 더 강재에게 가깝게 다가가게 되는.
살짝 뻗으면 뺨에 닿을 거리에 자연스럽게 놓이게 되는 부정의 손.
잠시 시선을 피했다가 천천히 강재의 얼굴로 시선을 옮기는 부정.
닿을 듯 가까워진 부정의 손끝을 가만히 보고 있던 강재,
부정에 맞춰 담담하게 시선을 들어 부정의 눈을 바라보는.
그렇게 서로의 얼굴을 바라보는 두 사람.
짧아진 강재의 앞 머리카락으로 손끝을 천천히 움직이는 부정.
부정의 손끝이 망설이듯 다가와 강재의 머리칼에 닿으면
강재, 시선을 피해주듯 자연스럽게 살짝 눈을 감는다.
이마 위로 내려온 머리카락을 손가락 끝으로 만지작거리다가
가만히 쓸어내리는 부정, 손끝이 자연스럽게 강재의 눈썹에 닿는다.
눈을 감은 채 살짝 움직이는 강재의 눈썹과 미간.
괜히 알 수 없는 쓸쓸하고 슬픈 기분이 드는 부정,
잠시 강재의 그늘진 얼굴을 보다가,
감은 눈에 길게 드리운 갈색 속눈썹 위를 천천히 지난다.
부정의 손이 움직이면, 표정으로 미세하게 반응하는 강재의 얼굴.
부정의 손이 속눈썹을 지나 뺨으로 내려오려는 순간,

바깥 좀 떨어진 곳에서 천천히 다가오는 작게 웅성대는 인기척.

부정, 인기척에 자기도 모르게 손을 멈추면 천천히 눈을 뜨는 강재.

예상하지 못한 타이밍에 서로를 바라보게 되는 두 사람.

덕분에 감정이 그대로 남아 있는 무방비한 얼굴로 강재와

마주하게 된 부정.

삼각대와 카메라와 대형 랜턴을 든 하이킹 일행이

두 시간쯤 남은 일출시각과 대학원 등교, 출근 준비 등의 이야기를

소곤소곤 나누며

텐트 곁을 가깝게 지나 다른 곳으로 천천히 이동하는.

나란히 누운 두 사람 위로 사람의 그림자와 랜턴의 불빛이

지나가는 긴 시간 동안

가깝게 지나가는 바깥의 소리를 들으며, 서로를 내내

오래도록 바라보는 두 사람.

눈을 감기 전과는 조금 다른, 어딘지 슬픈 눈으로

자신을 마저 바라보고 있는 부정과 눈이 마주치는 강재.

발소리 차츰 멀어지면, 내내 간간이 들려오던 인적이 사라지고,

멀리서 들려오는 풀벌레 소리만 남게 되는 안.

근처에 밝혀 있던 조명들이 사라지면서 어둠 속에 남겨지는 둘.

완전히 소리가 멀어질 때까지 가만히 바깥을 들으며 내내 서로를 보는.

보다가,

부정, 먼저 강재의 얼굴을 만지려던 손을 천천히 거두며 시선을 거두는.

그 모습을 가만히 보다가 시선을 거두는 강재, 거두고,

강재   ……뭐가 그렇게… 슬퍼요…?

그 말에 부정, 강재 쪽 돌아보면, 정면을 보다가 쓱 부정을 보는.

강재	항상… 볼 때마다 슬프잖아요. 지금도 슬프고…
부정	……
강재	……뭐가 그렇게 항상… 슬플까…
부정	……
강재	(보면)
부정	……

대답 없이 생각에 잠긴 부정을 가만히 보다가,

강재	……무슨 생각해요?
부정	(보면)
강재	(눈으로 되묻는)
부정	……내가… 슬픈 거구나… 화가 난 게 아니라… 그 생각했어요…
강재	……
부정	난… 항상… 내가 화가 나 있는 거라고 그렇게 생각했거든요… 주변에서도… 다 그렇게 대하니까… 쟤는 항상 화가 나 있으니까… 조심해야 돼…
강재	……누가요?
부정	……그냥… 나를 아는 사람… 다요…
강재	(보다가) 아버지는 안 그러시잖아요.
부정	……
강재	……나도 그렇고.
부정	……
강재	……

잠시 조용히 텐트 천장을 바라보다가,

부정	겁이 났어요… 아까는…
강재	……뭐가 겁이 났어요?
부정	……아침이 되면 다 사라질 거라고 그랬잖아요. 공간도… 시간도… 전부 다…
강재	……
부정	……
강재	……
부정	그래서 그냥… 한 번… 만져보고 싶었어요. 다… 정말로 사라지기 전에…
강재	……
부정	그런데 또…
강재	(보면)
부정	너무 쉽게 그러라고 하니까… 겁이 났어요.
강재	……
부정	……사람 얼굴을 만져본 게 언제였지… 어떻게 만지는 거였더라… 자신이 없어졌어요…
강재	……
부정	어떡하지… 해도 뜨기 전에… 다 망쳐버릴 것 같은데…
강재	……
부정	겁이 나면… 예민해지다가… 마음이 복잡해지다가… 그러다가 이상하게… 나 자신한테 너무 화가 나요…
강재	……
부정	화가 나면… 내가 너무 싫어지고… 그럼… 그냥… 모든 게… 다 싫어져요.
강재	……

부정	……
강재	……
부정	고마워요…
강재	(보면)
부정	그걸… 슬픔이라고 해줘서…
강재	……
부정	……
강재	……
부정	사는 건 참… 창피한 일이에요…
강재	……

멀리 천문대 건물 외부에 조명이 꺼지면서 한층 더 어두워지는 텐트 안.
고개를 강재의 반대편으로 돌리고 먼 곳을 바라보는 부정.
그런 부정을 잠시 찬찬히 보는 강재.
흐트러진 머리칼 사이로 항상 하는 진주 귀걸이가
머리카락에 살짝 엉켜 있고.
그 아래 머리카락 사이로 드러난 목선.
잠시 보다가, 가만히 손을 뻗어 귀걸이에 엉켜 있는
머리카락을 만지는 강재.
돌아보는 부정. 강재의 손을 보았다가, 이내 얼굴을 보는.
강재, 그대로 말없이 귀걸이에 걸린 머리카락을
한 손으로 천천히 풀어내는.
다시 고개를 돌려 반대편을 바라보는 부정,
하지만 신경이 온통 그쪽으로 집중되는.
강재, 풀어낸 머리카락을 귀 뒤로 쓸어 넘겨주고, 잠시 그대로.
살며시 부정을 끌어당기듯 그대로 부정에게 다가오는.
다가오는 강재 쪽을 돌아보는 부정.

입술이 닿을 듯 가깝게 서로를 보는 둘.
누가 먼저 시작할 수 없어 한참을 그대로 시선을 주고받다가,
강재가 부정에게 다가가는.
잠시 입술이 닿은 듯, 닿을 듯, 서로에게 기대 있다가,
그대로 고개를 돌려, 강재의 품 안으로 얼굴을 숨기는 부정.
품 안에 부정을 잠시 보다가, 가만히 어깨를 안아주는 강재.
그대로 잠시…
어느새 강재의 티셔츠를 꼭 쥐고 있는 부정.
티셔츠를 꼭 쥐고 안긴 채로 천천히 강재를 밀어내고
그제야 티셔츠를 쥐었던 손을 천천히 놓는.
잠시 그대로 서로를 보는 둘.
복잡한 얼굴로 강재를 보다가, 부정, 천천히 몸을 일으키는.
그런 부정을 보다가, 천천히 몸을 세워서 앉는 강재.
잠시 고개를 숙이고 있다가, 뭔가 말해야겠다는 생각에
강재를 돌아보는 부정.
강재, 그런 부정의 시선을 잠시 피했다가, 몸을 일으키는.
구부정하게 일어서 입구로 향하는 강재.

강재   잠깐… 나갔다 올게요.
부정   ……
강재   ……쉬어요.

잠시 그대로 서로 보는 둘.
밖으로 나가는 강재.
나가는 강재를 바라보는 부정.

02   택시. 밤

뒷좌석에 앉아서 핸드폰으로 '24시간 이불 파는 곳' 검색 중인 딱이.

창밖으로 지나가는 간판들을 보는 민정.

조명이 화려한 시내 길을 달리는 택시.

좀처럼 24시간 이불 파는 곳이 검색되지 않는.

이번엔 '동대문 이불 새벽'을 검색하는 딱이.

창문을 열고 바깥을 구경하다가, 딱이 쪽 돌아보는 민정.

다소 초조한 얼굴로 핸드폰 검색을 하는 딱이를 보다가,

딱이 쪽으로 가깝게 고쳐 앉는 민정.

다가오는 민정에 자세를 다시 앉는 딱이.

마치 딱이 어깨에 기대듯이 딱이의 핸드폰을 들여다보는.

민정   없죠? 문 연 데.

딱이   …아직 딱 동대문까지밖에 안 봤어요.

민정   포기해요. 그만… 24시간 안 하는 거 없는 건 오빠 말이 맞는데요.
        이불은 딱 틀렸어요.

딱이   (딱 틀렸다는 말에 잠시 보다가) 남대문까지만 보구요.

민정   남대문도 동대문도 이불은 낮에만 팔지. 새벽에는 안 팔아요.

딱이   어떻게 알아요. 찾아보지도 않고.

민정   새벽에 이 시장 저 시장 많이 다녀봐서 알아요.

딱이   ……새벽에… 왜요?

민정   ……일하러요.

딱이   ……

민정   ……

딱이   그럼 왜 따라 나왔어요. 집에 있지.

민정   ……

딱이   ……

민정   궁금해서요…

딱이	……내가 궁금해요?
민정	(잠시 보다가) 바르게 산 사람은 새벽에 여자친구랑 어딜 가는지…
	궁금하잖아요.
딱이	……
민정	이불은 못 살 거고… 길에서 버틸 수는 없으니까…
	술집 아니면 노래방 아니면… 찜질방…?
	피씨방은 지겨워서 안 갈 거고…
	그것도 아니면 모텔…? (하고 보면)
딱이	(보는)
민정	근데 그런 생각이었으면… 강재네서 나오지도 않았을 거구…
딱이	……
민정	뭔가… 굉장히 소중하게…
	내가 소중한 사람이라는 생각이 들게… 그렇게 대해줄 것 같은데…
	그게 어떤 걸지… 경험해본 적도 없고…
딱이	……
민정	상상이 안 가니까…
딱이	……

잠시 보다가, 먼저 창밖으로 시선을 피하는 민정.
그런 민정을 보다가, 다시 핸드폰으로 시선을 돌리는 딱이.
잠시 빈 핸드폰을 가만히 내려다보다가,

딱이	저… 기사님.
민정	(보는)
딱이	죄송한데 동대문 시장 말고… 다시 용산 쪽으로… 부탁드립니다.
민정	……

잠시 민정을 보았다가, 그대로 창밖을 보는 딱이.
그런 딱이를 보는 민정.

03 순규의 집. 거실. 밤

주방 쪽 다용도실에만 살짝 불이 켜진 어두운 실내.
열린 문으로 보이는 우남의 방에 우남이 보이지 않는.

04 순규의 집. 주방. 밤

개수대 옆에 잘 씻어서 말려놓은 떡볶이가 담겨 있던 1회용 포장용기.
다용도실에서 흘러나오는 조명에 의지한 채,
의자에 올라가 냉장고 위에 깊숙하게 넣어둔
그 홈쇼핑 찻잔세트 박스를 조용조용 꺼내는 우남.

식탁에 열려 있는 박스.
우남, 핸드폰으로 하나만 남은 찻잔을 들어 사진을 찍는.
컵을 뒤집어 바닥에 상표와 로고를 찍고
박스에 붙어 있는 상표와 모델명이 적힌 스티커도 사진으로 찍는.
찍으려는데 밝아지는 주방.

우남 아 깜짝이야.

하고 보면, 보는 곳에 서 있는 딱이.
놀랐지만 순규가 아닌 것에 안도하는 우남.

우남 …지금 오는 거야?

194

딱이   아니. 아직 안 오는 거야.

우남   아직 안 오는 게 무슨 말이야.

딱이   다시 나갈 거라고.

하며, 식탁 의자에 걸려 있는 순규의 커다란 장바구니에
냉장고를 열어 물과 과일 등을 담는 딱이.
우남, 그런 딱이를 살피면서도, 식탁 위에 찻잔을 박스에 도로 담는.
그런 우남과 찻잔을 번갈아 보고, 알겠다는 듯.

딱이   똑같은 거 사다놓게?

우남   아니 뭐… 내가 깼으니까… 내가 채워놔야지.

딱이   (보다가) 형이 깬 건 맞어?

우남   ……내가 깼지. 누가 깨.

딱이   형 그… 전 부인이 형 여기서 잘 사는 거 보고 딱 신경질 나서
벽에다 던진 거 아니구?

우남   (부정이 어색한) 아니야. 내가… 내가 이렇게 들다가…
놓쳤는데 바닥에 잘못 떨어져서… 깨진 거야.

딱이   거실 천장이랑 액자에 튄 커피 얼룩이나 닦고 그런 말을 해야지.

우남   …거기까지 튀었어? (하고 거실 쪽으로 나가려는)

딱이   내가 벌써 다 닦았어. 누나 보면 딱 속상할까봐.

우남   ……고맙다.

대답 없이 식탁 위에 찻잔 상자를 장바구니에 요령 있게 담으며,

딱이   이거… 이제 찾아도 없어.

우남   왜 없어… 홈쇼핑에서 샀대매.

딱이   이게 언제 적 건데 있어. 이건 내가 처리할 테니까…

그냥 새로 사줘 더 좋은 걸로.

우남   ···알았어.

딱이   ······

우남   근데··· 어디 가?

딱이   ···다시 나간다고 했잖아.

우남   어디 나가는데?

딱이   ······밖에.

우남   ······누구랑?

딱이   ······

우남   오늘 되게··· 박력 있네···

그 말에 동작을 멈추고 우남을 보는 딱이.
우남, 무슨 말실수를 했나 싶어 주춤하는데.

딱이   형···

우남   어···

딱이   ······

우남   ······왜··· 무슨 일 있어?

딱이   다른 게 아니라···

우남   ······

딱이   누나 방에서···

우남   ······?

딱이   이불 하나만 갖다 줘라. 형.

우남   (멍하니 보다가) 이불?

딱이   (고개를 끄덕하는)

05   순규의 집. 마당. 밤

마당 가운데 서서 집을 올려다보는 민정.
주방 쪽에 희미한 불빛 외에는 어두운 2층 단독주택.
마당 가운데 큰 나무를 신기한 듯 보다가, 집을 올려다보는.
2층이 잘 보이지 않는지 다시 마당 끝 쪽으로 멀리 가서
집을 올려다보는 민정.
동시에 2층 복도에 불이 켜지고. 2층 창가를 어른거리는 그림자.
그쪽을 보는 민정, 2층 딱이의 방 책상 스탠드가 켜지고,
창밖을 내다보는 딱이.
이쪽을 보고 있는 민정과 눈이 마주치는.
눈이 마주치면 민정, 딱이를 향해서 작게 손을 흔드는.

06   순규의 집. 딱이 방. 밤

창가에 서서 민정이를 향해 손을 흔드는 딱이.
이불을 안고 커튼 뒤 사각에 서서 딱이를 보는 우남.

우남   (조용조용) 보기보다 대담하다 딱이.
        이 시간에 막 여자를 집 안까지 데려와서…
        뭐에 쓰려는 건지 막 이불도 가져가고…
딱이   그럼 위험하게 대문 밖에 세워놓냐?
우남   그럼 데리고 들어오지 그랬어.
딱이   청소도 안 했는데… 어딜 데리고 들어와.
우남   많이 사랑하는구나.
딱이   (어이없이 보는)
우남   (커튼을 열어 민정의 얼굴을 보고) 오… 와…
딱이   (그 소리가 신경 쓰여서 보면)
우남   아니… 낯이 익은 게 어디서 딱 본 거 같기도 하고…

| 딱이 | 보긴 어디서 봐. 들리겠어. |
| 우남 | 어? 어… |

민정에게 마저 인사하고, 책상 위에 스탠드를 챙기는.
다시 어두워지는 방, 창가에서 떨어져 2층 복도 쪽으로 나오는 딱이.
딱이를 따라 벽으로 붙어서 조심조심 복도로 나오는 우남.

07 순규의 집. 마당. 밤

커튼이 닫힌 딱이 방을 올려다보고 있는 민정.
딱이 그림자가 안쪽으로 사라지고, 이불을 안은 우남의 그림자가
커튼 뒤에 서 있다가 안쪽으로 따라가는 모습이 이어지면.
그 모습을 보는 민정.

08 순규의 집. 거실. 밤

살짝 열린 문틈으로 보이는 순규.
안대에 귀마개까지 하고 잠들어 있는.
아이처럼 웅크리고 잠든 모습을 잠시 보다가, 살며시 문을 닫는 우남.
어두운 거실 바닥에서 창으로 들어오는 가로등 불빛에 의지해
딱이, 커다란 부직포 가방에 이불과 작은 요 하나를 접어서
조용히 담는 중.
창밖으로 보였다 안 보였다 하는 민정.
진지한 얼굴로 이불과 베개를 챙기는 딱이를 보다가,

| 우남 | 아… |
| 딱이 | (보면) |

우남   어디서 본 게 아니라… 닮았네…

딱이   …누구를 닮아?

우남   누나.

딱이   ……?

우남   니 누나.

딱이   (어이없이 보다가) 와… 형…

         요즘에 너무 힘든 일이 많아서… 드디어 미쳤구나?

우남   내가?

딱이   ……

우남   (다시 창밖을 보며) 아니야… 잘 봐. 지금 밤이라 그런지 몰라도

         실루엣이랑 이런 게 딱 되게 비슷해…

딱이   ……

우남   키 큰 거랑… 다리 길게 쭉 빈은 거랑…

         얼굴 갸름하고… 눈 크고… 코 오똑하고…

딱이   (할 말이 없어 보기만)

우남   머리만 좀 다르네… 머리만 짧게 자르면 딱 순규다.

딱이   내가 형… 딱 이십칠 년 살면서 들은 말 중에

         지금 그 말이 제일 헛소리다 형.

우남   아니야 잘 봐 너. (하다가, 다 이해한다는 듯) 너 그럴 수 있어.

         누나가 니 이상형일 수 있어.

         대답할 가치도 없다는 듯 한숨 한 번 크게 쉬고

         자리에서 일어서는 딱이.

우남   가? (바깥에 민정이를 번갈아 보고) …같이?

딱이   …응. (하다가)

우남   ……언제 오는데?

딱이	몰라… 바로 올 수도 있고… 한참 있다가 올 수도 있고…
우남	……
딱이	(나가려다) 누나 잘 부탁해.

가만히 보다가, 고개를 끄덕이는 우남.
그런 우남을 잠시 보다가, 밖으로 나가는 딱이.
딱이 현관으로 나가면, 자연스럽게 창밖의 민정을 보는 우남.
짐가방을 들고 나온 딱이를 보고 웃으며 딱이에게로 가는 민정.
큰 짐, 작은 짐을 서로 나눠 들더니 대문으로 나가는.
딱이 먼저 나가고, 민정이 뒤따라 나서는.
우남, 그런 두 사람을 보는데.
뒤따라 나서던 민정이 우남 쪽을 돌아보고 꾸벅 인사를 하는.
커튼 뒤에 숨어 있다가 자기도 모르게 꾸벅 인사를 받는 우남.
우남, 인사하면, 잠깐 보다가, 대문으로 나가는 민정.
괜히 그쪽을 향해 작게 손을 흔드는 우남.

09 조경철 천문대. 주차장. 밤

멀리 기상관측소 부근에 모여 있는 하이킹족.
삼각대와 망원카메라를 설치하고 간혹 웃으며 웅성대며
일출을 기다리는.
멀리 텐트가 보이는 조금 떨어진 돌로 쌓은 낮은 축대에 앉아
산 아래쪽을 바라보고 있는 강재.
가슴께 부정이 꼭 쥐었다 놓은 구겨진 새하얀 티셔츠를 보고 있는.
잠시 구겨진 곳을 들어서 보다가, 뒤쪽 멀리 인기척에 돌아보는.
어깨에 담요를 두른 부정, 한 손엔 강재의 담요를 들고
텐트 쪽에서 강재에게로 다가오고 있는.

생각보다 쌀쌀한지 담요를 여미며, 강재에게로.
돌아보는 강재의 시선에 잠시 걸음이 느려지는 부정.
강재, 티셔츠를 아래로 잡아당겨 구김을 대충 펴고는
걸어오는 부정 쪽으로 다시 돌아보는.

강재   지금 막… 그거 두고 온 걸 후회하고 있었는데…
부정   그럴 거 같았어요. 바람 소리도 많이 들리고…

부정, 다가오며 강재에게 담요를 건네고 곁으로 와서 서는.
옆으로 앉지 않고 좀 떨어진 곳에 서 있는 부정을 잠시 보다가,
강재, 멀리 관측소 부근의 하이킹족을 보는.

강재   …다섯 시 안 돼서 해가 뜬다고…
부정   ……
강재   담요랑 텐트 빌려준 분들이요…
부정   ……?
강재   아까… 텐트 옆으로 지나가면서 그랬잖아요. 저분들이…
       다섯 시까지 일출 보고… 서둘러서 가면 첫 수업에도 안 늦을 거고…
       출근 시간도 맞출 수 있다고…

강재의 말에 멀리 관측소 쪽을 보는 부정.
마침 이쪽을 돌아보는 사람들.
두 사람이 자신들을 보는 것을 보고 멀리서 인사하면,
부정과 강재도 가볍게 인사하고.

강재   우리가 깊게 자는 줄 알고… 어떻게 깨우나 걱정했대요.
       담요는 그렇다 치고… 텐트를 두고 갈 수는 없으니까요.

부정   …저기까지 갔다 왔어요?

강재   네.

부정   ……

강재   별 사진 찍은 거 몇 장 봤는데… 너무 멋있어서…
        그거 받을… 톡도 교환했구요.

부정   ……

강재   ……

부정   ……

강재   (시계 확인하고, 텐트 쪽을 바라보며) 삼십 분 정도 남았네요.

부정   ……

강재의 시선을 따라 멀리 작은 호박처럼 놓여 있는 텐트를 보는.

강재   이 일… 내 직업 말이에요.

부정   (보면)

잠시 부정을 보다가,

강재   이 일을 하다 보면… 거의 매일… 어떤 날은 하루에도 몇 번씩
        호박 마차에 올라타요.

부정   ……

강재, 잠시 말없이 텐트 쪽을 보다가,
자리에서 일어서 그쪽으로 몇 발 걸어가서 서는.
강재의 등을 보는 부정.

10   인서트. 역할대행. 강재

1부 두 아이를 둔
여자와의 모텔 복도와 엘리베이터를 시작으로.
민정과의 일식집.
5부 또래들과의 가라오케. 모텔 키오스크에서의 신용카드 대행.
8부 장례식장에서의 역할대행을 해온 강재의 모습들 위로
덤덤하고 쓸쓸하게 흘러가는 강재의 목소리.

강재e   몇 시부터 몇 시까지… 약속한 시간만큼…
        누군가의 친구가 되기도 하고… 연인이 되기도 하고…
        가족이 되기도 해요.

        4부 결혼식 주차장에서 웨딩카를 장식하는 강재.
        립 모양의 풍선을 들고 결혼식장 안을 오가는.

강재e   최선을 다할수록… 허무해져요.

        그러다가, 풍선을 든 채로 그 자리에서 멈추는 강재.

강재e   정해진 시간이 지나고 역할이 끝나면…
        상대는 현실로 돌아가지만… 나는 대부분 거기 남아 있거든요.

        6부 호텔 쉼 복도로 걸어 들어가는 강재의 뒷모습.
        7부 호텔 쉼에서 부정의 구두를 내려다보고 있는 강재.

부정e   ……그만두고 싶다는 생각도 한 적 있어요?
강재e   ……그만두고 싶다는 생각이요?

10부 아키라에서 샴페인을 터뜨리며 룸으로 들어가는 강재.

강재e   하죠… 가끔…
선택하면 안 되는 일을 선택해서 해야 할 때…
내리기 싫은 마차에서… 억지로 내려야 할 때…?
그러다가… 또다시… 다른 마차에 올라타는 거예요.

10부 펫숍과 편집숍 앞의 모습까지.

강재e   돈도 벌고 싶고… 다른 할 일도 없고…
외로우니까…

11   다시 조경철 천문대. 주차장. 새벽

그 자리에 그대로 서 있는 강재.
그런 강재를 보고 있는 부정.
텐트 너머로 쪽빛으로 부옇게 밝아오는 산의 새벽하늘.

강재   그렇다고 이제 와서…
출근하고 등교하는 그런 인생에 낄 수는 없으니까…

하고 돌아보는 강재.
그런 강재를 가만히 보다가,

부정   …왜요?
강재   (보면)
부정   왜 그런 생각을 해요… 아직… 너무 젊은데…

강재	(보는)
부정	……
강재	……왜냐면…… (하고 잠시 생각하다가)
	지금 껴봤자… 질 게 뻔하니까요…
부정	……
강재	……잘 모르는 상대하고는… 경쟁하고 싶지 않아요.
	싸우고 싶지도 않고…
부정	……
강재	……지고 싶지 않으니까…
부정	……
강재	……비겁하죠…?
부정	……
강재	아직… 젊은데…
부정	……

가만히 강재를 바라보는 부정.
강재도 부정을 바라보는.
부정의 등 뒤로 붉게 떠오르는 태양.
강재, 그쪽으로 시선을 옮기면, 부정도 자연스럽게 뒤를 돌아보는.
해가 뜨는 방향으로 나란히 서는 두 사람.
조용히 떠오르는 해를 바라보는.
한참을 같은 방향을 바라보다가,

강재	……이런 사람하고도…
부정	……
강재	나 같은 사람하고도…
부정	……

강재	……친구… 할 수 있어요?
부정	……
강재	손님 말고…
부정	……
강재	……

가만히 서로를 바라보는 둘.
강재는 대답을 기다리고 있고, 부정, 대답할 말을 찾고 있는데.
관측소 쪽에서 카메라와 장비를 들고 서둘러 내려오는 하이킹 일행.
그쪽을 보는 강재. 강재가 시선 보내면, 부정도 그쪽을 돌아보는.
일행 중 주차장 안쪽에 먼저 도착한 사람 하나가,
호박 텐트 옆쪽 자신들이 머물렀던 텐트를 접기 시작하는.
그 모습을 보는 부정과 강재.
잠시 보다가, 강재가 먼저 텐트 쪽으로 이동하고
강재의 뒷모습을 보다가, 천천히 따라가는 부정.

12   부정의 아파트. 1층 현관. 새벽

1층 엘리베이터 문이 열리면, 내리는 정수.
숙취가 남아 있긴 하지만, 출근 준비를 마친 멀끔한 모습.
우편함이 나란히 놓여 있는 1층 현관을 지나는.
203호 우편함에 꽂혀 있는 우편물 하나.
정수, 무심코 우편함을 지나갔다가, 다시 제자리로 돌아오는.
집 우편함에 꽂혀 있는 봉투를 꺼내 보는.
'서울**경찰서'에서 '이부정'에게 보낸 우편물.
잠시 망설이다가, 다시 제자리에 돌려놓는 정수.
자리를 떠났다가, 다시 돌아와 우편물을 가지고 엘리베이터로.

어느새 15층까지 올라가 버린 엘리베이터.
정수, 계기판을 보다가, 계단으로 걸음을 옮기는.
두 계단쯤 올라가다가 그 자리에 서서 잠시 생각하고는.
우편물을 들고 현관 밖으로 나가는.

13 부정의 아파트. 주차장. 정수의 차. 새벽

운전석에 앉아서 천천히 조심스럽게 우편물을 열어보는.
창밖으로 경비 아저씨가 지나가며 인사하면, 흠칫 놀라서 보는.
창문을 내려보라는 경비 아저씨.
정수, 뜯어보던 우편물을 조수석 크로스백 아래 밀어 넣고
창문을 내리고 인사하는.

정수   아직 교대 못 하셨네요.
경비   예. 김씨가 아직 출근을 안 했어.
정수   근데… 무슨 일로.
경비   어제 새벽 늦게 대리 불러 들어왔잖아.
정수   네.
경비   그럼 오늘 택시든 버스든 타고 출근해야지. 괜히 음주로 잡혀요.
       사거리에서 새벽에 잡는다고 하더라고…
정수   …아…
경비   여기 사장님들 몇 분 걸리셨대. 새벽에 출근하다가.
정수   예… 큰일 날 뻔했네요.
       그럼 저 차에서 뭐 좀 잠깐 정리하고…
       버스 타고 갈게요. 아저씨.
경비   그래요.
정수   감사해요.

경비   감사는 무슨… 조심해서 댕겨 와.

하고 자리로 돌아가는 경비 아저씨.
정수, 앞 유리 너머로 그 모습을 보다가,
창문으로 몸을 내밀어

정수   감사해요. 아저씨.

가며, 인사 대신 손을 들어 보이는 경비 아저씨.
아저씨, 차에서 멀어지면, 크로스백 아래 넣어두었던
우편물을 꺼내 보는 정수.
'정보통신망 이용촉진 및 정보보호 등에 관한 법률 위반 혐의'로
시작해서
'고소인에 의해 고소가 취하되었음을 알려드립니다.'로 끝나는
2주 전 날짜가 적혀 있는 공문서.
'고소가 취하되었다'는 글씨를 다시 한번 손으로 훑으며 읽는 정수.
안도의 한숨을 내쉬고, 다시 올라가서 고소인의 이름을 확인하는.
피고소인 이름에 이부정. 고소인 이름에 정아란.
가만히 고소인의 이름을 보는 정수에게 떠오르는 기억 몇 가지.

[인서트 / 1부 35씬, 부정의 은신처 방에서의 부정. "시간 있을 때 그
냥 콱 죽어버리라고 달았어. 됐냐?"라고 말하는 부정.]
[인서트 / 4부 13씬, "선생님 선생님 하면서 죽고 못 살더니. 둘이 싸
웠냐?"고 말하는 정수.]
[인서트 / 4부 15씬, 케이크를 먹다 말고 쓰레기통에 버리는 부정, 쓰
레기통에 처박힌 케이크.]

괴로운지 눈을 감은 채로 얼굴을 찡그리는 정수.

정수   아…… 정말…

한숨을 한 번 더 길게 쉬고는, 우편물을 다시 그대로 접어 봉투에 넣는.
콘솔 박스를 여기저기 열어 접착제를 찾는 정수.
작은 커터칼, 테이프, 볼펜들 사이에 감쪽같이 붙일 만한
도구는 보이지 않는.
잠시 생각하다가, 크로스백 안 서류 사이에 구겨지지 않게 끼워 넣는.
그대로 앉아서 다시 숨 한 번 크게 쉬고, 잠시 운전석에 엎드렸다가
크로스백을 메고 차에서 내리는 정수.

14   오피스텔. 창숙의 집. 새벽

덮었던 이불을 들춰 보는 창숙의 얼굴.
폐지를 가지러 나갈 준비를 마치고,
오른발에만 양말을 신고, 왼발은 맨발인 채로
방 구석구석 양말을 찾으러 다니는 창숙.
티비 근처를 보다가, 서서 잠시 생각하다가, 혹시나 냉장고를 열어보면.
반찬 몇 가지와 김치통이 전부인 냉장고에 양말이 있을 리 없는.
김치통 뒤를 살피는 자신의 행동이 어이가 없어 기분이 상하고 마는.
창숙, 냉장고 문을 탕 하고 신경질적으로 닫았다가,
그게 또 미안한지, 다시 문을 열었다가 얌전히 닫는.

빈 세탁기를 열어보는 창숙.
손을 넣어 세탁통을 뒤져도 아무것도 없고.
그대로 세탁기 옆 싱크대 하부장에 기대앉아 얼굴을 쓸어내리는.

내리다가 문득, 생각이 났는지 양말을 신은 오른발을 본다.
잠시 보다가, 양말목을 슬쩍 내려보는 창숙.
안에 같은 모양의 양말을 또 신고 있는 것을 발견하는.
멍하니 앉았다가, 햇살이 부옇게 들어오는 창 쪽을 한 번 보고.
긴 한숨을 쉬는 창숙. 한숨으로 답답함을 달래고.
천천히 오른발에 겹쳐 신은 양말을 벗어서, 왼발에 마저 신는다.
겹쳐진 양말을 벗겨내느라 비뚤게 신겨진 오른발의 양말을 고쳐 신고
그 자리에 그대로 앉아 있는 창숙.
다시 한번 얼굴을 쓱 쓸어내리고, 그냥 집에 있으려는지,
창숙, 천천히 신었던 양말을 다시 벗는다.

15   오피스텔. 엘리베이터에서 복도. 새벽

요와 이불이 담긴 커다란 부직포 가방을 앞으로 안고 있는 딱이.
과일과 반찬이 담긴 장바구니도 딱이의 손목에 걸려 있고,
민정이는 찻잔 상자를 안고 있는.
벽에 붙은 명운헤어컷의 스티커를 보고 있는 민정.
스티커를 보다가, 거울 속에 비친 딱이의 옆얼굴을 보는.
계기판을 올려다보고 있는 딱이.

민정   이강재… 연락 왔어요?
딱이   …아니요.
민정   아직도 안 왔어요?
딱이   어제… 밤에 하고… 나도 연락 안 했어요.
민정   ……
딱이   ……궁금해요?
민정   글쎄요. 궁금하다기보다… 그냥 이상하잖아요.

자기 집인데··· 갑자기 나가서 연락도 없고···

딱이   ······

민정   어디서 뭐 하고 있는 걸까요.

동시에 10층에서 문이 열리는 엘리베이터.
텅 빈 복도가 길게 뻗어 있고,
딱이, 민정이 내릴 수 있게 문을 잡아주는.
잠시 그런 딱이를 보다가, 먼저 내리는 민정.
따라서 내리는 딱이.
복도를 걸어가는 민정의 뒷모습을 잠시 보다가,

딱이   연락··· 해볼게요.

민정   (멈추고 돌아보는) ······

딱이   ······

잠시 딱이를 보다가, 다시 걸어가는 민정.
가끔 뒤를 돌아보며 뒷걸음으로 걷기도 하다가,
정면을 보고 걷기도 하는.

민정   ···안 해도 괜찮아요.

딱이   (보면)

민정   정말 이강재가 궁금하기만 한 거면···
         직접 연락해서 물어보면 돼요. 나도 이강재 친군데···

딱이   ······

민정   너무 궁금한데··· 혹시 나 때문에 괜히 이런 거 저런 거
         괜히··· 신경 쓰여서 연락 못 하는 건가···
         그래서 물어본 거예요.

딱이   ……

복도 끝에 다다르는 두 사람.
강재의 집 앞에 먼저 도착하는 민정.
키패드 앞에 서서 키패드를 누르지 않고 가만히 서 있는.
좀 늦게 도착해서 그 모습을 보는 딱이.

민정   내가…
딱이   ……
민정   이강재 좋아한다고 생각하잖아요.
딱이   ……
민정   ……
딱이   ……
민정   마음이… 복잡하죠…?
딱이   ……
민정   나도 마음이 복잡해요.
딱이   ……
민정   둘은 소울메이트니까…
딱이   ……

가만히 딱이를 보다가, 키패드 덮개를 열어서
1~8까지 숫자를 천천히 누르면 열리는 문.
문을 열고 비켜주는 민정.
딱이, 잠시 보다가 안으로 먼저 들어가는.
따라서 들어가는 민정.

16   조경철 천문대. 주차장

날이 거의 밝은 주차장.
아무것도 남지 않고 사라진 텐트가 있던 자리.

강재e 원래는 이 근처에 안내판이 있었거든요.

17 조경철 천문대. 산길

천문대에서 마을로 내려오는 산길.
햇살과 나뭇잎의 그림자가 만들어낸 아름다운 길을 걸어 내려오는 둘.

강재 산에 함부로 유골을 뿌리지 마시오.
유골 뿌리러 온 건데…
부정 ……
강재 그 말만 쓰여 있는 건 아니었거든요.
취사 안 된다. 야생동물에 주의해라… 하여튼 뭐가 되게 많았는데
맨 아래 줄에 있는 그것만 딱 보이는 거예요.
유골을 뿌리지 마시오. 함부로.

18 회상. 인서트. 11년 전의 산길

광덕산 관리사무소에서 꽂아놓은
서로 좀 떨어져 선 채로 안내판을 보고 있는 미선과 어린 강재.
취사금지, 야생동물 주의, 고성방가 노상방뇨 등의 수칙 아래.
[산에 함부로 유골을 뿌리지 마시오]

부정e 그래서 어떻게 했어요? 아버님은…
강재e 아버지요?

유골함이 들어 있는 숄더백을 괜히 가슴께로 끌어안는 미선.
그런 엄마를 보다가, 엄마에게 가방을 뺏어서 메는 어린 강재.

19   다 시 산 길

길을 내려오는 두 사람.

강재   ……여기 어디 경치 좋은 곳에 그냥…
        몰래 뿌려드릴까… 엄마랑 그런 생각했었는데…
부정   ……
강재   ……못했어요. 우리 다 쫄보거든요.
부정   ……
강재   엄마도 그렇고 나도 그렇고…
        ……아버지도 그렇고…
부정   ……
강재   누가 하지 말라는 거 하면… 심장이 두근두근

강재, 피식 웃으면, 부정도 슬쩍 따라 웃는.
다시 먼저 걷는 강재. 걷다가,

강재   ……그래서…
부정   ……
강재   ……바다로 갔죠.
부정   ……
강재   바다에는… 유골을 뿌릴 수 있대요.
        배 타고 3키로 정도 나가면…
부정   (보는)

강재	몰랐죠?

하고 부정을 보는 강재, 대답 대신 고개를 끄덕이는 부정.
강재, 그런 부정을 보다가 씩 웃고 앞서 걷는.

강재	내가 더 많이 아는 것도 있고… 괜찮네요.
부정	……그러고 보니까… 들어본 것도 같고…
강재	(빤히 보는)
부정	……
강재	예상은 했는데… 지는 거 정말 싫어하는 분이시구나…
부정	……
강재	(놀리듯 보는)
부정	…진짜예요. 안 믿으면 말구요.
강재	(잠시 보다가) 예.
부정	……

다시 앞서 걷는 강재.
그렇게 앞서 걸었다 나란히 걸었다 반복하며
아침 산길을 내려오는 두 사람.
그 위로 들리는 강재와 부정의 대화.

강재e	어제… 철길 위에서 내가 산에 갔다… 바다에 갔다 집으로 갔다고 했을 때…

20   다른 산 길

차가 다닐 수 있는 비포장도로.

어느새 겉옷을 벗어서 팔에 걸치고 걷고 있는 부정과 강재.

강재e   집으로 가서 다행이다… 그랬잖아요.

걸어 내려오는 두 사람 뒤로 자동차 한 대가 다가오면
양쪽으로 흩어져서 비켜주는.

강재e   무슨 뜻이었어요?
부정e   …뜻이요?

차가 지나가는 동안, 건너편의 부정을 보는 강재.
부정도 지나가는 차를 보았다가 강재를 보는.

강재e   가끔 내가 그 얘기를 하면… 보통은 다들 왜냐고 묻거든요.
           왜 그냥 집으로 안 가고… 산에 갔다가 바다에 갔다가 그랬는지…
           아니면… 아예 아무 말도 안 하거나…

차가 지나가면, 다시 길 가운데로 와서 걷는 두 사람.
아무래도 구두를 신은 부정이가 신경이 쓰이는지 힐끔 보는 강재.
그러다가 눈이 마주치면, 괜히 웃는.

강재e   다행이라고 말한 사람이 처음이어서…
           그게 무슨 뜻일까 궁금했어요. 알 것도 같고… 모를 것도 같고…

뒤에서 차가 오는지 괜히 돌아보는 강재.
뒤쪽 멀리서 기사식당의 미니 봉고 한 대가 다가오면.
길을 여는 부정과 달리, 히치하이크를 시도하는 강재.

그 모습을 놀라서 보는 부정.

부정e   정확히 무슨 뜻이었는지는… 잘 모르겠는데…

21   미 니 봉 고 안

비포장도로를 달리는 미니 봉고.
창문을 열고 창밖을 보고 있는 부정.

부정e   그냥… 진심으로 다행이라는 생각이 들었어요.
집으로 돌아가지 못하는 사람들도 있으니까…

손을 내밀어 햇살이 살갗으로 지나가는 모양을 보다가,
강재 쪽을 돌아보면, 미니 봉고 좁은 뒷좌석에 나란히 앉아 있는 강재가
휘청휘청 졸고 있는. 졸다가, 툭 부정의 어깨에 기대는 강재.

부정e   모두가 다 집으로 돌아갈 수 있는 건…
돌아가고 싶은 건… 아니니까요. 그게 꼭 당연한 건… 아니잖아요.

그렇게 품으로 들어온 강재의 얼굴을 가만히 보는 부정.
벌써 여름 모자를 쓴 운전석의 아저씨를 잠깐 보았다가,
손을 뻗어 가만히, 천천히, 강재의 얼굴을 만져보는.

부정e   계획에 없던 일도… 옳지 않은 일도 일어나는 게…
인생이니까요.

햇살이 아름답게 지나가는 강재의 얼굴.

그런 강재를 보고 있는, 햇살이 아름답게 지나가는 부정의 얼굴.

22 촬영장. 대기실

조도가 낮은 대기실, 웅성웅성 라디오 소리와
쉴 새 없이 수증기를 뿜어내는 가습기.
도서출판 기린에서 보낸 화분이 놓여 있고.
아주 곤란한 얼굴로 거울 앞에 서 있는 출판사의 진아와 다른 여직원.
진아 손에 어느 부분이 펼쳐져 있는 『인생 수첩』이 들려 있고,
수수하고 박복한 극 중 인물 오미영으로 변신한 채로
화장대에 엎드려 있는 아란. 엎드린 채로.

아란   표절이라니… (하다가) 복도에 누구 있나 확인해.

진아, 옆에 서 있던 여직원을 조용히 바깥으로 내보내는.
여직원 나가고 대기실 문 닫는 소리 들리면,

아란   표절이라니… 무슨 말이야?
진아   …죄송합니다. 확인한다고 했는데…
번역돼서 출판된 시기가 선생님 책이랑 너무 비슷한 작품이어서…
대조 작업에서 못 찾아낸 것 같아요.

아까부터, 아란과 진섭이 게스트로 출연한 라디오가 한창인 대기실.
'루머 없이' '스캔들 없이' '개념과 소신의 아이콘' '란며든다' 등의
단어와 웃음소리가 간헐적으로 들리는.

아란   저것 좀 꺼. 정신 사나워 죽겠어.

다가가서 라디오를 끄는 진아.
핸드폰을 집어 들어 『인생 수첩』을 검색하는 아란.

아란   아직 기사는 안 난 거지?

진아   네. 기자한테서 들어온 게 아니라 서평 쓰는 사이트에 올라온 거라…
             (하다가) 사이트에서 글은 삭제를 시켰어요.
             근데… 일주일이나 게시돼 있었어서… 얼마나 퍼갔을지는
             알 수 없구요.

아란   이 작가가 직접 올린 건 아니구?

진아   확인해봤는데… 이 선배는 아니고 일반 독자였어요.

아란   그래서 이부정 걔가 뭘 베꼈는데.

진아   러시아 작가 산문집인데… 이 선배가 직접 번역해서
             출판 준비하다가… 갑자기 퇴사하면서…
             다른 작가한테 크레딧만 넘어간 작품이에요.

아란   ……

들고 있던 책의 페이지를 펼쳐서 보여주는.

진아   반 페이지 정도라서 길지는 않은데…
             동물윤리에 관련된 부분 전체가 완전히 그대로고.
             홍보에도 계속 사용된 부분이라…

아란   (한숨을 쉬고) 미치겠다 진짜…

들리는 노크 소리. 진아 돌아보면,
여직원이 문을 열고 안을 들여다보는.

아란   왜?

직원	스태프분이…
아란	들어오라고 해.

문밖에 서 있다가 곤란한 얼굴로 안으로 들어오는 조감독.

조감독	선생님… 다른 게 아니라… 오늘… 촬영이 취소될 수도 있을 거 같
	애서… 선생님한테 먼저 말씀드리려고요.
아란	…취소? 왜?

하며 진아를 잠시 보았다가.

아란	혹시 나 때문이야?
조감독	아니요… 그런 건 아니고… 지나씨가… 좀 다쳐서…
	입원을 해야 된다고…
아란	어딜 다쳤는데? 많이 다쳤어요?
조감독	…갈비뼈에 금이 갔는데 정신적인 문제랑 좀 겹쳐서…
아란	갈비뼈가 갑자기 왜?
조감독	……

하고 진아와 출판사 직원을 보고, 아란의 눈치를 살피는.
지나치게 조심하는 조감독의 행동을 보다가,

아란	혹시… 진섭 쌤이야?
조감독	……
아란	맞아?

대답할 말이 없어 머리를 긁적이는.

올 것이 왔다는 생각에 한숨을 길게 쉬는 아란.
잠시 진정하는 듯하다가, 핸드폰을 대기실 구석으로 던져버리는.

23   미용실. 쥬리네

염색약을 바르고, 스티머 아래서 두꺼운 여성지를 보고 있는 순규.
부부생활 상담 페이지를 보는데,
냉커피를 가져다주며 슬쩍 그 페이지를 보고 가는 쥬리네.

순규   제가 무슨 고민이 있어서 보는 건 아니에요… 사장님.
쥬리네   누가 뭐래. (하다가) 그리고 성생활에 고민 좀 있으면 어때.
순규   그쵸. 그치만 필요해서 보는 건 아니라고…
    그냥 말씀드리는 거예요.
쥬리네   알았어 알았어. 그 집은 다 젊으니까 고민 없어.
순규   아니… 그런 게 아니라.

순규, 뭔가 더 변명을 하려는데,
앞머리에 헤어롤을 말고 눈썹을 한쪽만 그린 채로
급하게 안으로 들어오는 민자.
정수에게 선물 받은 구두(8부)에 화려한 투피스를 한껏 차려입은 모습.

민자   쥬리야, 나 이거 눈썹 좀 어떻게 해줘봐.
    어제… 잠을 통 못 자서 그런가
    자로 대고 그리는데도 계속 짝짝이야.
쥬리네   앉아보세요. 브런친지 뭔지 가신다매. 안 늦었어요?

순규 옆자리로 가서 앉는 민자.

쥬리네가 눈썹을 그릴 펜슬을 가지러 간 사이.
거울로 보이는 스팀을 뒤집어쓰고 있는 순규.

순규   안녕하세요 사장님.

민자   어? 머리하는 거야? 짠순이가 어쩐 일로.

순규   네… 그냥… 기분전환이죠 뭐… (하다가)
        결국은 드시네요. 브런치.

민자   내 말이… 고향 친구라고 다 죽고 딱 걔네 셋 남았는데…
        그까짓 거 삼만 원 살아 있는 동안 부조하는 셈치고
        눈 딱 감고 갔다 올라구.

순규   잘 생각하셨어요. 즐기면서 사셔야죠.

민자   무슨 동호회 사람들도 불렀다는데…

순규   동호회요?

마침 다가와 눈썹을 그리는 쥬리네.

쥬리네   예쁘게 해드려야겠네. 또 알아요? 좋은 분 만나실지?

민자   아유. 흉하게 별 소리를 다해. 가뜩이나 꿈자리도 뒤숭숭해서
        심란한데… (하다가) 깜장색 말고… 찐브라운으로 세련되게.

쥬리네   알았어요. 사장님.

순규   ……

24   대로변

분주하게 오가는 직장인들에 섞여 카트에 폐지를 싣고 걸어오는 창숙.
건물 사이 안쪽에 아무렇게나 버려진 종이박스를 발견하고,
카트를 바깥에 세워놓고 낮은 담을 넘어 건물 사이로 들어가는 창숙.

담 아래 작은 빗물 웅덩이를 미처 보지 못해서, 신발이 젖어버린다.
창숙, 난감하게 잠시 서 있다가, 박스를 가지러 안쪽으로 갔다가
박스를 가지고 나오려는데 소란스럽게 수다를 떨면서 걸어오는
부인네 쪽을 돌아보는, 맞은편에서 친구들과 걸어오는 민자.
민자를 발견하는 창숙, 자신의 모습을 보다가,
자기도 모르게 괜히 골목 안으로 다시 들어가는.

민자   구두도 그렇고 백도 그렇고… 다 우리 아들 백화점에서 산 거지…
        나는 거기서밖에 물건 안 사. 아들 생각해서.
친구1   요즘엔 백화점 물건이 옛날만 못 하고. 백화점도 백화점 나름이고…
민자   …그래도 백화점은 아직 백화점이지 너는.
친구2   식당이 이 근처 어디라고 했는데. 지나친 거 아니야?

하며 건물을 두리번거리는 민자.
두리번거리다가 골목 안에 서 있는 창숙을 발견한다.
혹시나 해서 기웃거리며 보는 민자 쪽을 돌아보는 창숙.
민자, 창숙을 알아보고, 놀라서 그대로 멈추는.
친구들도 차례로 창숙을 발견하고.

친구1   (민자에게) 왜 아는 사람이야?
민자   어? 어… 아니…
창숙   ……
친구1   으이그 야. 들리겠다. 알기는 어떻게 아니.
        (창숙 쪽을 보며) 죄송해요. 길 좀 찾느라구요.
민자   ……
창숙   예…

친구 하나가 근처를 두리번거리다가, 앞에 세워둔
창숙의 카트를 쓰러뜨리는.
카트에서 바닥으로 기울어져 쏟아지는 박스들.
"엄마야" 하며 피하는 민자의 친구들. 민자, 박스를 주우려 하는데,
손을 탁 치며, 말리는 친구2.

친구2   야, 그걸 왜 만지니. 밥 먹으러 갈 건데.
민자   그래도… 넘어뜨렸는데…
친구2   (창숙 쪽을 보며) 괜찮죠? 저희가 좀 급해서.
창숙   …예… 그냥 두고 가세요.
민자   ……
친구2   괜찮대잖아.
창숙   ……
민자   ……

손에 들고 있던 박스를 건물 벽에 기대 세워놓고
친구들과 함께 자리를 뜨는 민자.

25   백화점. 식품관

통화하며, 빠른 속도로 매장을 가로지르는 정수.

정수   갑자기 또 무슨 소리야 엄마. 안 그래도 정신없어 죽겠구만.
민자e   너 부정이 아버지가 어떻게 하고 다니시는지 알아?
정수   아부지가 뭘 어떻게 하고 다녀. 엄마보다 잘하고 다니시지.

26   브런치 식당. 화장실

고급 식당 화장실.
세면대 제일 안쪽에 서서 통화 중인 민자.

민자   엄마 지금 농담할 기분 아니야…
         너 부정이 아버지 박스 주우러 다니시는 거 알아 몰라.

27   백화점. 식품관. 비상구

통화하며, 비상구 쪽으로 걸어오는 정수.

정수   아…
민자e   알아?
정수   그거… 돈 때문에 하시는 거 아니야. 운동 삼아서…
민자e   운동?

28   브런치 식당. 화장실

답답한 얼굴로 통화하는 민자.

민자   운동 같은 소리 하고 있네…
정수e   진짜야 엄마. 진짜 운동 삼아 하시는 거야.
민자   (한숨을 길게 쉬고) 긴 얘기는 나중에 하고…
         너 부정이 아버지 용돈 드려 안 드려.

29   백화점. 식품관. 비상구

민자와는 달리 태평한 얼굴로 통화하는 정수.

정수	용돈?
민자e	드려 안 드려.
정수	용돈은… 그냥 자기 부모님은 자기가 드리기로 그렇게 정한 거니까.
	부정이가 드리지… (하다가 실직한 사실을 떠올리고) ……

30　브런치 식당. 화장실

정말 답답한 얼굴로 통화 중인 민자.

민자	부정이가 지금… 상황이 그런데 용돈을 어떻게 드려.
	월급을 못 받는데.

31　백화점. 식품관. 비상구

이제야 그 생각을 해낸 무심한 정수.

정수	아… 못 드렸겠구나. 생각 못 했어… (하다가)
	아니 엄마는 나보다 먼저 알았으면서… 그럼 얘기를 해줬어야지.

32　브런치 식당. 화장실

한심한 얼굴로 통화하는 민자.

민자	그래 다 내 탓이다. 부정이 회사 짤린 것도 내 탓이고.
	애 잘못된 것도 내 탓이고. 부정이 아부지… (괜히 울컥하는)
	저러고 다니는 것도 다 내 탓이야 그래.
정수e	엄마 또 왜 그래…

하는데 끊어버리는 민자.

33   백화점. 식품관. 비상구

통화하는 정수.

정수   근데 엄마 그거 어떻게 알았어요.
(하는데 아무 소리도 없는) 엄마… 엄마? 끊었네 이 양반…

핸드폰을 주머니에 넣고 자리에 서면, 자연스럽게 보이는 거울.
특유의 무심한 얼굴을 보다가, 무심하게.

정수   어떻게 알았지?

다시 핸드폰을 주머니에서 꺼내
부정과의 메시지창을 열어보는.
[나도 아버지 집에서 잘 거야. 편하게 해…]

34   브런치 식당

화장실 쪽에서 들어와 테이블 쪽을 보는 민자.
멀리 긴 테이블에 고향 친구들과 동호회 신사 두 분.
커다란 접시에 에그 베네딕트와 과일, 작은 고기 요리 등이
그쪽으로 옮겨지는 중.
우아하게 웃으며 대화하는 친구들 사이로 가려는데
떠오르는 창숙의 얼굴.

[인서트 / 24씬 건물 사이에 비스듬히 서서 민자를 보는 창숙.]

마침, 민자네 테이블에 서빙되는 음식이 민자 옆을 지나가는.
점원을 불러 세우는 민자.

민자 이거 포장도 할 수 있어요?

점원 네?

민자 안 먹고 싸갈 수 있냐고.

점원 ……

35 식당 입구. 대로변

식당이 있는 건물에서 양산을 쓴 채 밖으로 나오는 민자.
손에 들려 있는 투명 용기 투명 비닐에 담긴 접시에 있던 브런치.
건물을 나와 잠시 두리번거리다가, 창숙과 마주쳤던
건물 앞으로 가보는.
카트와 박스가 널브러져 있던 자리는 깨끗하게 치워져 있고.
창숙이 서 있던 건물과 건물 사이 공간을 들여다보는 민자.
창숙이 챙겨가려고 했던 박스가 납작하게 정리된 채
그 자리에 놓여 있는.
민자, 잠시 망설이다가, 양산을 접어 들고,
작은 담을 넘어 안으로 들어오는.
창숙이 빠졌던 작은 물웅덩이에 구두가 빠지는 민자.
잠시 구두를 내려다보았다가, 안쪽으로 성큼성큼 들어가,
창숙이 납작하게 만들어놓은 박스를 챙겨, 다시 길로 나오는 민자.
창숙이 갔을 만한 곳을 찾으려 두리번거리다가,
좀 떨어진 곳에 가판대를 발견하는.

민자, 그쪽으로 가는. '금이빨 삽니다'라는 작은 간판이 붙어 있는
가판대.
간판 쪽을 잠시 보았다가, 시선을 거두고, 가판대 주인에게,

민자   사장님. 카트에 박스 싣고 가는 할아버지 어디로 갔는지 보셨어요.
금방까지 여기 계셨는데.

화면 바뀌면, 멀리 보이는, 가판대 사장님에게 창숙이 지나간 길에 대해
설명을 듣는 브런치와 박스를 동시에 손에 든 민자.
끊임없이 지나가는 무채색의 직장인들 사이에
화려해서 쓸쓸해 보이는 민자의 모습.

36   사창리 터미널 앞. 미니 봉고

미니 봉고 뒷좌석에 잠들어 있는 부정과 강재.
부정은 창문에 기대고 강재는 부정에 기댄 채 잠들어 있는.
어느새 목적지에 도착하는 미니 봉고.
사창리 터미널 건너편에 멈추는.
차가 정차하는 바람에 먼저 잠에서 깨는 부정.
부정의 어깨에 기댄 채 부스스 눈을 뜨는 강재.
가만히 몸을 일으켜 바깥을 보는.
창밖으로 보이는 버스 터미널.

화면 바뀌면, 봉고에서 내리는 두 사람.
출발하는 미니 봉고를 향해, 각자 인사하는.
식당 간판이 크게 그려진 봉고가 출발하면.
낯선 시골 터미널에 남겨지는 두 사람.

강재	여기까지 왔네요. 어쩌다 보니까.
부정	(보면)
강재	여기가 갈림길이거든요.
부정	…어떤 갈림길인데요.
강재	바다로 갈지… 집으로 갈지…
부정	……?
강재	두 노선밖에 없거든요.
	서울로 가든지… 춘천으로 가든지…
부정	……
강재	나는 오랜만에 아버지도 만날 겸…
	춘천으로 가서… 바다로 갈 건데…
부정	……
강재	같이 갈래요?
부정	……
강재	……

부정, 망설이다가 대답하려는데
동시에 부정의 가방에서 울리는 핸드폰 진동.

부정	잠깐만요.
강재	……

부정, 뒤로 돌아 걸으면서 핸드백에서 핸드폰을 꺼내는.
보면, 정수에게서 온 메시지.
[엄마가 갑자기 아버지에 대해서 물어보는데…
아버지… 괜찮으시지?]
가만히 메시지를 보고 있는 부정.

이미 일상으로 한 발짝 돌아간 듯한 부정의 뒷모습.
그 모습을 가만히 보는 강재.
부정, 답장하지 않고, 메시지창을 닫아버리고 이쪽을 돌아보는.
어색하게 보고 있는 강재.

강재   ……
부정   ……집에… 가봐야 돼요.
강재   ……네.
부정   ……

잠시 아쉬운 듯 부정을 보다가,
씩 웃고 터미널 쪽으로 걸어가는 강재.
그 모습을 보다가, 핸드폰을 가방에 넣고 따라 걷는 부정.

37 사창리 터미널. 매표소

서울행과 춘천행 두 방향밖에 없는 버스 시간표.
시간표를 올려다보고 있는 강재.
시간을 확인하고, 부정 쪽을 돌아보는.

좀 떨어진 곳에 부정.
'버스 유실물 찾아가세요'라고 적힌 유실물 공지판 아래.
칸칸이 나누어져 있는 작은 책장을 보고 있는.
도시락, 우산, 슬리퍼부터 시외버스 티켓에
파란 비닐봉지에 담긴 학생증과 삼각김밥과 생수까지.
물건들을 보고 있는데 다가온 강재.

강재	서울 가는 건 10분 뒤에 있어요.
	제 거는 20분 뒤에 있고.
부정	옛날에 여기도 와봤어요?
강재	…여기요?

하고, 부정이 보고 있는 유실물함을 나란히 서서 보는.

강재	글쎄요… 그냥 버스만 타고 내린 곳이라…
부정	엄마가 버스에 두고 내린 우유랑 빵 말이에요.
강재	……
부정	여기 와봤으면 찾을 수 있었을 것 같은데…
강재	(보면)
부정	아깝다…
강재	……
부정	……
강재	남의 건데 그렇게 아까워요.
부정	…그러니까요… 근데…
	이렇게 모아놓고 보니까… 이상하게…
	다 아까워요…
강재	……

그런 부정을 가만히 보는 강재.
유실물을 하나하나 보고 있는 부정.

38 사창리 터미널. 대합실

유리창 앞에 오래된 의자가 나란히 놓인 대합실.

동서울행 티켓을 들고 앉아 있는 부정.
한 칸 떼고 춘천행 티켓을 든 강재.
말없이 앉아 있는 두 사람.
서울행 버스가 터미널에 들어오면 그쪽을 돌아보는 부정.
강재도 버스를 보는. 버스를 보다가 서로를 보는 둘.

39   버 스

승객이 거의 없는 버스에 올라타 있는 부정.
창밖에서 이쪽을 보고 있는 강재.
서로 내내 보기도 안 보기도 어색해서 피했다 마주쳤다 하는 시선.
버스 문이 닫히고 천천히 출발하는 버스.
부정, 강재가 있는 쪽 보지 않다가,
버스가 터미널을 빠져나갈 즈음에 돌아보면
가만히 서서 이쪽을 바라보고 있는 강재.
손을 흔들지도, 웃지도 않고 바지 주머니에 손을 넣은 채
버스가 멀어지는 걸 가만히 보고 있는.
내내 시선을 피했던 부정, 그런 강재를 내내 본다.
버스가 터미널을 빠져나가는 찰나
부정을 향해 활짝 웃어 보이는 강재.
가만히 그 얼굴을 보는 부정.
그렇게 멀어지는 두 사람.
버스가 좁은 국도를 달리면 창밖으로 지나가는 풍경들.
뭔가 소중한 걸 두고 온 것 같아 마음이 이상해지는 부정.
울컥하는 마음을 달래고, 감정을 추스르는데
버스 앞쪽에 앉은 교복을 입은 작은 남자 중학생이 노선표를 보려고
버스 중앙 쪽으로 이동하는.

그 모습을 가만히 보다가, 학생의 손목에 걸린
파란 비닐봉지를 발견하는 부정.
버스와 함께 흔들리는 봉투를 가만히 보고 있는.
유실물함에 있던 삼각김밥과 생수와 학생증.
가만히 봉투를 보다가, 창밖을 보는데 밀려오는
허무하고 따뜻하고 슬픈 마음.
왠지 모르게 울컥한 마음에 눈물이 뺨을 타고 흐르는.
창밖으로 지나가는 풍경을 보며
흐르는 눈물을 닦는 부정.

40　회상. 사창리 터미널. 매표소

아버지의 유골함이 든 엄마의 숄더백을 메고
시간표를 올려다보고 있는 어린 강재.
매표구에서 티켓을 사고 있는 미선에게 가려다가
유실물함 앞으로 가는 강재.
우산, 도시락, 모자 등이 있는 유실물함에
버스에 두고 내린 커피 우유와 크림빵은 보이지 않는.
엄마 쪽을 보면 벌써 버스를 타러 나가며 뒤쪽의 강재를 본다.
터미널 바깥에 도착해 있는 춘천행 버스.
강재, 유실물함을 한 번 더 보았다가,
미선을 따라 터미널로 나가는.

41　사창리 터미널

버스가 떠난 자리에 서 있는 강재.
한참을 버스가 사라진 길을 보는데

뒤로 들어오는 춘천행 버스.

잠시 보다가, 춘천행 버스로 향하는 강재.

멀어지는 강재의 뒷모습에서.

13부
모르는 사람들

01   순규의 약국

조제실 책상에 앉아 거울을 보고 있는 순규.
염색한 머리를 보다가, 괜히 이런저런 표정을 지어보는.
그래도 뭐가 어색한지 죄 없는 머리를 이쪽저쪽으로 넘겨보는.
그때, 처방전을 들고 안으로 들어오는 동네 손님.
순규, 머리를 원래대로 넘기며, 자리에서 일어나 손님을 맞는.

순규   어서 오세요. 오랜만에 나오시네요.

02   요양병원 . 라커룸

유니폼으로 갈아입는 우남.
아까부터 울리는 핸드폰 진동.
캐비닛 안쪽에 달린 거울을 보며 유니폼 상의의 단추를 다 채우고,
안에 던져놓은 재킷 주머니에서 핸드폰을 찾아 꺼내 보는.
발신인 '예쁜 마누라'. 받지 않고 잠깐 생각하다가,
자동완성 메시지를 보내는. [회의 중입니다. 연락드리겠습니다.]
잠시 핸드폰을 보다가, 연락처로 가서 저장된 이름을 바꾸는.
한참을 망설이다가, '예쁜 마누라'를 지우고 '강지연'이라고 입력하는.

03   요양병원 . 복도

유니폼을 입고, 중환자실 쪽으로 가는 우남.
겹겹이 쌓은 리넨을 들고 가는 작은 체구의 요양보호사.
우남, 얼른 다가가 짐을 받아 들고.

우남   중환자실 가시는 거죠?

04   요양병원. 중환자실

     받아 든 리넨을 들고 안으로 들어오는 우남.
     침상이 비워진 경은의 남편, 성원의 자리를 발견하는.
     마침 곁으로 지나가는 간호사, 불러 세우는.

우남   저기.
간호   왜요. 선배.
우남   여기 김성원 환자분… 어디로 옮기셨어?
간호   아니요. 어제저녁에 임종하셨어요.
우남   ……

     다시 성원의 빈자리를 보는 우남.

간호   보호자분 아시죠. 매일 같이 계시던.
우남   …당연히 알지…
간호   임종 못 보셨어요.
우남   ……왜… 항상 계신 것 같던데…
간호   그러니까요… (한숨 한 번 쉬고) 하루도 안 빠지고… 매일 계셨는데…
            하필 어제 오후에 감기 기운 있는 것 같다고 일찍 들어가셨거든요.

     성원과 경은을 기억하는 우남.

05   회상. 요양병원. 중환자실. 경은

처음 성원이 병원으로 온 겨울의 어느 날.
우남과 다른 간호사들이 의식이 없어 보이는 성원을
스트레처에서 지금의 침상으로 옮겨 눕히는.
너무 울어서 지친 경은이 옆에 서서 거들며 작게 흐느끼면
그쪽을 보는 우남.

간호e   더 나빠지고 여기 오신 것만 이 년이 다 돼가니까…
       그전까지 하면… 훨씬 길 텐데…

06   회상. 요양병원. 엘리베이터. 경은

재작년 어느 한여름, 민소매 원피스를 입은 경은.
지친 모습으로 엘리베이터에 기대서 있는.

간호e   그런데도 오전 오후 면회시간에 꼬박꼬박 다 오셨잖아요.

어느 층에서 검사를 마친 환자의 휠체어를 밀며
엘리베이터에 타는 유니폼을 입은 우남.
우남이 타면 자리를 비켜주며, 문을 잡아주는 경은.
서로 짧게 인사하는 두 사람.
우남, ICU 층의 버튼을 누르려는데, 이미 표시등이 켜져 있는 해당 층.
경은을 보는 우남, 걱정이 가득한 얼굴로 서 있는 경은.
그 모습을 보는 우남.

간호e   새벽에도 가끔 오시고…

07   회상. 요양병원. 중환자실. 경은

같은 차림의 경은.
바깥이 덥다며 병상의 성원에게 웃으며 말을 건네는.
좀 떨어진 곳에서 다른 환자를 돌보며, 그 모습을 보는 우남.

08 회상. 요양병원. 입구. 경은

자판기 불빛만 남은 어두운 복도에 앉아 있는 어느 가을의 경은.
퇴근하며 그런 경은을 보는 우남.

간호e   면회가 끝나도… 항상 대기실에 몇 시간씩 더 있다 가시고…

09 회상. 5부 40씬. 중환자실. 경은

임종을 앞둔 어르신 환자를 깨우는 우남과 그 모습을 보고 있는 성원.

간호e   아내분 계실 때는 고비를 몇 번이나 넘기셨는데…

그 모습을 보고 우는 성원에게 "슬픈 거야?"라고 말을 거는 경은의 모습.
"아저씨가 좋아하시겠다. 우리가 이렇게 슬퍼해서…"

간호e   너무 슬퍼하는 모습을 보면 못 가실 것 같아서…
혼자 계실 때 가신 걸까요?

10 회상. 8부 33씬. 중환자실. 경은

정수와 주차장에서 헤어져 올라와, 잠든 성원을 보는 경은.

아니면… 못 본 채로 안타깝게 더 오래 기억되고 싶으셨을까요?

11   회상. 9부 23씬. 중환자실. 경은

병상에서 찬송가를 부르는 사람들 사이로 서로를 보는 성원과 경은.

12   장례식장. 화장실

상복을 입은 채 세수하고 있는 경은.
세면도구와 고급 화장품 샘플이 가득 들어 있는 화려한 파우치에서
머리끈을 찾는.
머리끈을 찾는데 보이는 화려한 색의 머리끈과 색조 화장품들.
자기도 모르게 짧게 한숨을 뱉고는 까만 머리끈을 찾는 사이.
통화하며, 안으로 들어오는 상복을 입은 젊은 여자.

여자   솔직히 병원에 너무 오래 계셨어서 슬픈지도 잘 모르겠고…
우리 오빠? 자기야 할머니가 키워주셨으니까 슬프겠지… 근데

잠깐 여자를 흘깃 보았다가, 찾은 머리끈으로 흘러내리는 머리를 묶는.
내내 들리는 무신경한 통화 내용.

여자   약간 안심하는 거 같기도 해. 어머님 아버님도 그렇고…
병원비 너무 많이 나갔었거든… 돌볼 사람이 없으니까 병원에 계셨지.

변기 어느 칸에 물 내리는 소리가 들리면 그쪽을 보는 경은.
세련된 검은 정장을 차려입은 60대 후반의 여자, 경은 엄마.
경은모가 나온 자리로 들어가는 통화 여자, 들어가며,

여자　야, 요즘에 집에서 돌아가시는 분이 어딨냐?

　　　그 여자를 위아래로 보며 세면대로 와서 경은 옆에 나란히 서는 경은모.
　　　경은, 핸드타월을 여러 장 뽑아서 얼굴의 물기를 대충 닦고,
　　　다시 파우치를 뒤지는.

경은　그냥 샘플 몇 개 갖다 달랬는데. 이게 뭐야… 어디 놀러 가는 사람처럼.
　　　엄마는 내가 놀러 온 걸로 보여?
경은모　갖다 줘도 난리지.
경은　가게는 어떻게 하고 왔어? 저녁때나 올 줄 알았더니.

　　　본인의 핸드백에서 립스틱을 꺼내는 경은모.

경은　그걸 지금 바르게?
경은모　문상할 거 다 하고 이제 갈 건데 무슨 상관이야.
　　　너도 그렇게 맨얼굴로 칙칙하게 있지 말고, 은은하게라도 뭘 좀 발라.
　　　(조용히) 방금 걔 못 봤어? 안 한 듯 할 건 다 했잖아.
경은　……엄마… 나 상중이야.
경은모　(잠시 보다가) 잘났다.
경은　……
경은모　(뒤를 고개로 툭 가리키고) 저런 소리 들으면 다 니 얘기 같아서 겁나지?
　　　사람들이 너 두고도 남편 죽어서 안심하는 것 같다느니…
　　　편해진 것 같다느니… 그런 얘기 할까 싶어서.
경은　(보는)
경은모　봐… 내 말이 맞지.
경은　……
경은모　임종 못 지켰다고 기죽을 거 없어.

한두 번도 아니고… 벌써 지킨 거나 마찬가지니까…

경은   ……그만해. 듣겠어.

경은모   (그런 경은 보는) (보다가) 누가?

경은   ……

경은모   ……

경은   ……

경은모   이런 거 저런 거 다 신경 쓰면서 눈치 보고 살면…

경은   ……

경은모   ……늙어.

경은   ……

경은모   너 지난 일 년 동안 십 년은 늙었어.

경은   ……최악이다 진짜.

경은모   (보면)

경은   엄마는… 이런 순간에… 나한테 해줄 말이 그것밖에 없어?

가만히 서로를 보는 둘.
경은모, 그사이 다 바른 립스틱을 가방에 챙겨 넣는,

경은모   예뻐서 그런다 예뻐서. 예쁜 게 너무 아까워서.

경은   ……

경은모   우리 엄마가 나를 너만큼 낳아줬으면…
          나는 너처럼 어중간하게는 안 살아. 더 뻔뻔하게 살지.

경은   ……

경은에게 시선 주지 않고, 세면대에 화려한 파우치 챙기며,

경은모   기껏 생각해서 가져왔더니…

244

경은   ……

핸드백에 파우치를 아무렇게나 신경질적으로 막 넣는.

경은모   인생 끝난 것처럼 그럴 거 없어. 아직 마흔도 안 된 게…

그러다 혼자 울컥해서는.

경은모   속상해서 진짜…

그 모습을 가만히 보는 경은.

13   **먹자골목**

고만고만한 상가가 즐비한 먹자골목길.
창숙, 상가 바깥에 박스를 정리해서 카트에 싣는 중.
멀리 대로에서 골목 쪽으로 두리번두리번 들어오는 민자(12부에서 연결).
골목 안쪽에서 박스를 정리하는 창숙을 발견하고 멈추는.
창숙, 상가의 젊은 사장과 눈으로 웃으며 인사하고 돌아서다가
이쪽을 보고 있는 민자와 눈이 마주치는, 놀라서 보는 창숙.
민자는 모른 척했던 일이 미안해서 바로 다가오지 못하고 보면.

창숙   어쩐 일로…

하는데 눈에 들어오는, 민자가 한 손에 들고 있는
골목길에 두고 온 박스.
박스와 민자를 번갈아 보는 창숙.

민자	한참 찾았어요. 사돈어른…
창숙	아니… 사부인…

무슨 상황인지 서로 짐작은 함에도 이 상황이 갑작스러워
곤란한 얼굴로 보는 둘.

민자	시장하실 거 같아서…
창숙	……
민자	점심 안 드셨으면… 같이 점심 하실까 해서…
창숙	……

그제야 창숙의 눈에 들어오는 민자의 손에 들린 투명 봉투 안에 음식들.
괜히 음식 봉투를 뒤로 숨기는 민자.

14   골목 길. 창숙의 골목

높게 쌓여 있는 박스 앞에 놓여 있는 정리를 끝낸 빈 카트.
박스 뒤 플라스틱 간이 의자에 나란히 앉아서
민자가 포장해온 브런치를 뚜껑에 덜어 나눠 먹는 중인 창숙과 민자.
아까까지의 분위기는 간데없고, 깔깔깔 웃으면서
자기 얘기를 늘어놓는 민자.

민자	정수가 진짜 어렵게 낳은 애거든요. 유산을 네 번씩이나 하고…
	그래서 열 달을 꼼짝을 않고 있다 보니까 뱃속에서
	애가 커져가지고…
	(하다가) 사돈어른이 편하게 대해주시니까… 제가 별말을 다 하네요.
	아, 제가 사진 보여드린 적 없죠.

창숙   …사진이요?

        민자, 괜히 혼자 또 웃으며 핸드백에서 지갑을 꺼내
        그 안에 들어 있는 옛날에 코팅한 신문기사 같은 것을 꺼내는.

민자   고향 신문에도 났었거든요. 정수 아버지 친구가 기자였는데…
        보기 드문 우량아라고…

        우량한 갓난아이의 기사가 실린 옛날 신문.
        민자, 핸드백에서 돋보기를 꺼내 빌려주면,
        인사하고 받아 쓰고 보는 창숙.

민자   얼굴이 남아 있죠. 눈이 부리부리한 게…
        여기다 안경만 씌워놓으면 지금 얼굴 그대로예요.
창숙   참… 잘생겼죠… 진 서방이…
민자   그게… 다들 걔가 저를 닮아서 인물이 좋은 줄 아는데요.
        아주 지 아버지를 쏙 뺐어요.
        가끔 깜짝깜짝 놀래요. 정수 아버지가 살아 왔나…
창숙   예… 사돈어른이 미남이셨겠네요…

        대충 보지 않고, 환한 얼굴로 사진 옆에 짧게 실린 기사까지
        소중하게 읽어 내려가는 창숙.
        민자, 그런 창숙과 신문기사를 번갈아 가만히 보다가,

민자   정수 아버지 사고로 가고…
창숙   (보면)
민자   중장비 몰았었거든요. 정수 아버지가…

창숙   아… 예…

민자   남들 다 자는 새벽에 유니폼 입고 딱 나서면…
        어깨가 떡 벌어진 게… 참… 멋있었어요.

창숙   ……

민자   그런 남편이 갑자기 떠났는데 정신이 하나도 없드라고요.
        남편 잡아먹었다고 보상금 나온 거를 저는 한 푼도 안 주고 자기들
        끼리 나눠 가졌는데… 한마디도 못했어요. 뭐가 뭔지 몰라가지고…
        (하다가) 옛날엔 다 그랬잖아요.

창숙   예…

        창숙, 돋보기와 신문기사를 건네면,
        받아서 가방에 챙겨 넣으며,

민자   그렇게 남편도 없는 시댁에서 살림하면서 사는데…
        갑자기 어느 날 열이 확 치는 거예요.
        정수 일곱 살 되던 해에… 시누이네 밭에서 밭 매다가.

창숙   ……

민자   그 길로 잠자리 잡는다고 나가는 정수를 들쳐 업고
        도망치듯이 무작정 서울로 와서는… 정말 안 해본 게 없어요.
        식당 일에 여관 청소 애보기 간병… 국밥 배달 방문판매…

        골목길로 지나가는 행인.
        말을 멈추고, 행인을 물끄러미 보는 민자.
        그런 민자를 보는 창숙.
        행인이 골목을 다 빠져나가는 모습을 보고.

민자   저 누구한테 이런 얘기 처음 해봐요. 사돈어른…

창숙	(보면)
민자	정수도 나중에 김밥 장사한 것부터만 알지…
	그전에 일은 아예 모르거든요. 얘기를 안 하니까…
창숙	……
민자	……금이빨도 팔아봤어요.
창숙	……
민자	처음 서울에 도착했는데 어디서 돈을 벌면 좋을지 알 수가 있어야죠.
	쬐끔 갖고 온 돈은 몽땅 사글세방 보증금에 넣고
	당장 쓸 돈은 한 푼도 없고…
창숙	……
민자	정수 낳고 이가 다 망가져서 몇 년을 끙끙 고생하니까…
	정수 아버지가 시댁 어른들 몰래 용돈 모아서 두 대 해준 거거든요.
	다정했어요. 정수 아버지가…

괜히 눈시울이 붉어진 자신이 쑥스러운지 민자, 괜히 피식 웃으며,

민자	근데… 재밌는 게 뭔 줄 아세요?
창숙	(보면)
민자	그렇게 다정하게 해준 건데…
	그거 해줄 때보다 팔아 쓸 때가 더 고맙더라고요. 정수 아버지한테.
	돈이 뭔지…

하고, 다시 창숙 보며 웃는 민자.
창숙도 씁쓸하게 같이 웃어주는.
민자, 어느새 뺨으로 흘러내린 눈물을 브런치 냅킨으로 닦는.

| 민자 | 일이 힘들지는 않으세요?…운동 삼아 하신다고는 그랬는데… |

창숙	(누구한테 들은 건가 하고 보면)
민자	정수가요… 정수 걔가 제 자식이지만…
	얼굴만 지 아버지를 닮았지… 애가 무심해요…
창숙	……
민자	……연세도 있으신데…
창숙	예… 이제… 그만해야죠…
민자	……그만두시라는 말씀은 아닌데…
	(하다가) 제가 말주변이 없어가지고…
창숙	압니다. 사부인 마음도 알고…
	어떤 말씀 하시고 싶은 건지도 잘 알아요.
민자	……
창숙	……

잠시 허공을 보다가 하늘을 보는,

창숙	서울이라는 게… (하다가, 민자 보는) 살아보니까요. 사부인.
민자	(보면)
창숙	잠깐 살았지만… 서울이라는 게… 참… 욕심나는 곳이에요.
민자	……
창숙	고향에 있을 때는…
	아침 아홉 시면 우리 부정이가 지금 출근하겠구나…

다음 씬으로 연결되는 창숙의 마음.

15   시외버스. 동서울터미널

버스(12부 39씬) 유리창에 기대 잠든 부정.

창밖으로 보이는 서울 시내를 천천히 달리는 버스.

창숙e 저녁 먹을 즈음이면… 퇴근해서 집에 갔겠구나…
고생이 많았겠다…

터미널 근처 시내를 달리다가 터미널로 들어와 정차하는 버스.
정차하면, 부스스 눈을 뜨는 부정.

창숙e 그래도 건강하다고 했으니까 다툼 없이 잘 지냈겠지… 하는
그런 생각이 전부였거든요. 근데… 막상 서울에 오고 나니까…

16   터미널 앞

터미널 쪽에서 길로 걸어 나오는 부정.
사람들 사이에 섞여 고단한 얼굴로 걸어오는.

창숙e 좀 더 서울에 일찍 왔으면 어땠을까…
나도 우리 사부인처럼… 자식한테 이거저거 물려줄 것도 있고
보태줄 것도 있고… 그랬으면 좋겠는데…

17   터미널 근처 버스 정류장

버스 노선표를 보고 있는 부정.

창숙e 내가 그렇게 될 수 있었을까…

18   버스 정류장

부정 아파트 부근 버스 정류장.
지친 얼굴로 버스에서 내리는 부정.

창숙e   지금 제가 사는 방이… 부정이가 저 오기 전에
         월세 놓고 대출금 이자 갚던 방인데…

아파트 쪽으로 가려는데 보이는 노점에 작은 봉고를 세워두고
과일을 파는.
상호와 전화번호가 크게 쓰여 있는 봉고를 보다가, 그쪽으로 가는.

창숙e   서울 온 지 두 달 됐나… 병원이나 다니면서 할 일 없이 다닐 땐데…
         동네 복덕방 앞을 지나가다 보니까… 그 방이 월세가 육십만 원인
         거예요.

말 흐르는 동안 함께 흘러가는.
다가가 과일을 보는 부정, 보다가,
다른 주민을 응대하고 있는 주인에게.

부정   이제 귤은 안 나오나 봐요.
주인   예… 하우스는 계속 나오는데 이제 제철이 아니죠.
         딸기 어떠세요. 두 팩 사시면 하나 더 드려요. 지금.

가운데 놓인 딸기를 보다가,

부정   네… 주세요.
창숙e   깜짝 놀랐어요. 눈앞이 캄캄하고…

19　다시 골목 길. 창숙의 골목

막막한 얼굴의 창숙과 속상한 얼굴의 민자.

창숙　그날부터는⋯ 하루 자고 일어나면 이게 이만 원이다⋯
　　　그 생각이 드니까⋯
　　　가만히 앉아 있을 수가 없어서⋯
민자　⋯⋯
창숙　그 반에 반만이라도 벌어보자고 나섰는데⋯
민자　⋯⋯
창숙　⋯⋯쉽지가 않아요. 그냥⋯ 다 욕심이지⋯

하는데, 바닥에 밀려서 떨어진 박스 몇 장이 이제야 눈에 들어오는.
그 박스를 주워 다시 올려놓는 창숙.
그 모습을 보는 민자.

20　아란의 차

창밖으로 보이는 한강.
촬영장 대기실에서 입었던 의상이 다시 옷걸이에 걸려 있는.
늘 앉는 자리에서 아란, 액정이 깨져버린 핸드폰으로 트위터 등
검색창에 '정아란' '표절' 등을 검색해보는.
이렇다 할 관련 글은 아직 보이지 않으면, '인생 수첩'을 검색해보는.
관련 기사를 링크한 것들이 이어지는.
'인생 수첩, 인간과 인간, 인간과 동물에 대한 여배우의 특별한 생각'
이라는 헤드라인의 기사에 대형 서점 사인회(2부 35씬)의 사진.
사진을 보면 떠오르는 그날 부정과의 만남.

[인서트 / 2부 35씬, 대형 서점 사인회에 찾아온 부정.]

부정   책 잘 읽었어요.
         한 글자도 안 고치고 몽땅 그대로더라구.

아란의 시선에 잡히는 앞좌석 등받이 네트 안.
색색으로 메모가 잔뜩 붙은 대본과 증정본『인생 수첩』이 보이는.
책을 홀홀 넘겨 그 부분을 찾는 아란. 다시 떠오르는 부정.

[인서트 / 같은 씬]

부정   21세기에 자꾸 구차하게 편지 쓰게 하지 마시고.
         약속… 지키세요.

정확하게 무슨 약속을 말한 걸까…
'약속…'을 곱씹으며 생각에 잠기는 아란.
그때 핸드폰 톡창이 연속으로 울리면, 확인하는.
'조감독'에게서 도착한 여러 장의 사진 메시지.
확인하면 상처가 나고 멍이 든 지나의 사진들.
순간, 겁이 나는지 핸드폰을 사진이 보이지 않게 뒤집어
무릎에 내려놓는 아란.
잠시 꼼짝 않고 그대로 있는.
뒷좌석의 분위기가 바뀌었다고 느꼈는지
룸미러로 아란의 모습을 흘끔 보는 기사.
아란, 잠시 그대로 있다가, 작게 떨리는 손으로 핸드폰을 들어서
다시 사진을 보는.
이마에 난 상처가 찍힌 지나의 얼굴을 시작으로,

병원 침상 위에서 찍은 팔, 다리, 등에 멍이 든 사진들.
사진을 한 장 한 장 보는데 떠오르는 기억.

21 회상. 5년 전. 아란. 병원. 입원실. 특실

쾌유를 비는 몇 개의 꽃바구니.
소파 등받이에 얌전히 걸려 있는 고급 남성 재킷.
소파 테이블에는 한 숟가락 뜨다가 만
식어가는 환자식 식판이 놓여 있고.
숟가락은 바닥에 떨어져 있는… 비어 있는 병실.
흐트러진 채 비어 있는 침대에 적힌 '환자명 : 정아란'
아까부터 벽에 걸려 있는 티비로 아란과 진섭에 대한
연예뉴스가 진행 중.

[얼마 전 유방암 투병 중이라는 소식을 전했던 탤런트 정아란씨.
80년대 개성 있는 연기로 최고 스타의 자리에 올랐던 탤런트
서진섭씨와 연예계 대표 잉꼬부부로도 유명한.
지난달 말 수술을 마치고 회복 중이라는.
매일 서진섭씨가 극진하게 간호 중이라는 따뜻한 소식.]

티비 소리에 묻혀 간간이 들리는 내부 화장실에서
샤워기를 틀어놓은 물소리.
간혹 들리는 둔탁하고 짧은 비명.
소리를 따라 화장실 안으로 들어가 보면,
세면대에 얌전히 풀러놓은 시계를 다시 손목에 차는 진섭.
격앙된 얼굴로 거울 속 흐트러진 머리를 정리하고 밖으로 나가는.
바닥에 쓰러져 있는 링거 거치대, 흩어져 있는 주사액들을 따라

반쯤 닫혀 있는 샤워커튼 쪽으로 다가가면,
좀 더 선명하게 들리는 물소리와 아란의 신음.
환자복을 입고 샤워기에서 물이 쏟아지는 욕조에
쪼그리고 앉아 있는 아란.
이마와 입술에서 피가 흐르고 있고, 온몸을 떨고 있는.

22　　아 키 라. 대 기 실

열린 문 너머로 보이는 영업 전의 아키라.
막 잠에서 깬 것 같은 종훈, 핸드폰을 급하게 받았는지 핸즈프리가 아닌.
어깨에 낀 채 통화하며, 급하게 갈아입을 옷을 찾는데
마땅한 옷이 보이지 않는.

종훈　　예. 누님… 그럼요 일어났습니다… 거의 도착하셨다구요?

그 말에 마음이 더 급해져서 더 이곳저곳 뒤져보는.
그러면서도 무슨 일인지 궁금해서.

종훈　　근데… 혹시 무슨 안 좋은 일…

하는데, 벌써 끊어진 전화. 끊어진 핸드폰을 보는 종훈.

23　　아 키 라. 뒷 문 계 단

종훈, 편한 면바지에 티셔츠 차림, 부스스한 머리가 신경 쓰여
매무새를 만지며 계단을 올라가는데,
사진을 보낸 조감독과 통화를 하며, 벌써 내려오고 있는 아란.

종훈, 먼저 아란을 발견하고 다가가려는데.

아란 직접 찍은 거예요 받은 거예요. (대답 듣고) 누구한테 받았는데…
      (다시 눈을 감고 한숨) 진섭 쌤은 어디서 받았고…
      (화가 치밀어 올라 걸음을 멈추고) …개자식… 아픈 애한테 이걸
      찍어서 보내라고 했단 말이야?!

      걸음을 멈추고 아란을 보는 종훈.

아란 고소를 당하든지 말든지 지가 저지른 일이니까
      지가 알아서 하라고 하세요!!
      나도 지금 내 일로 머리가 아파서 죽을 지경이니까!!

      버럭 소리 지르고 전화를 끊어버리는 아란.
      소리를 지르고 속상해서 한숨을 쉬다가, 계단 아래 종훈을
      발견하는 아란.
      부스스한 모습의 종훈과 눈이 마주치는.
      종훈, 무슨 표정을 지어야 할지 몰라 속상한 감정 그대로 아란을 보다가,
      할 수 있는 게 그것뿐이라, 더 올라오지 않고 다시 계단을 내려가
      복도로 이어진 문을 열어 잡고 서서 기다리는.
      아란, 그런 종훈을 보는데 팽팽했던 감정이 느슨해지는.
      자신을 기다리는 종훈 쪽으로 천천히 걸어가는 아란.

24   부정의 아파트. 1층 현관에서 계단

      딸기 팩 3개가 담긴 봉투를 들고 들어오는 부정.
      자연스럽게 우편함에서 우편물을 꺼내는.

고지서 등은 챙기고 전단지는 우편함 아래 박스에 넣는.
현관에서 피아노 학원 가방을 메고 안으로 들어오는
앞집 망치 꼬마(1부).
부정을 보면 인사하며 계단을 올라가는.

꼬마   안녕하세요.
부정   (그제야 돌아보고) 어 안녕. 피아노 치고 와?
꼬마   네.

하고 다시 꾸벅 인사하고 올라가려는데.

부정   (손에 든 딸기를 보고) 아. 저기!
꼬마   네?
부정   (잠시 보다가) 너 딸기 먹니?
꼬마   ……
부정   딸기 같은 것도 먹어? 길에서 아이스크림 먹는 건 몇 번 본 거 같은데.

다가가 같이 올라가며.

부정   딸기 좋아해?
꼬마   네. (했다가) 좋아하는 건 아니지만 먹긴 먹어요.
부정   먹긴 먹어?
꼬마   네.
부정   그럼 아줌마 이거 세 개나 있는데 하나 줄까?
꼬마   왜 세 개나 사셨어요.
부정   세 개 다 산 건 아니구… 아줌마도 얻었어.

꼬마, 어떻게 해야 할지 망설이면,
부정 잠시 생각하다가,

부정   그럼 이따 엄마 들어오시면 여쭤보자.
그동안 아줌마가 깨끗이 씻어서 냉장고에 넣어놓을게. 시원하게.

꼬마   (끄덕하며) 네.

계단참을 지나 어느새 보이는 2층 입구.

25   부정의 아파트. 2층 입구

각자의 현관으로 가서 잠깐 서로를 돌아보는 부정과 꼬마.
괜히 눈이 마주치면 먼저 씩 웃어주는 부정.
꼬마 괜히 다시 꾸벅 인사하는.

부정   아줌마 먼저 들어간다.

꼬마   네.

잠시 더 보다가, 키패드를 열고 안으로,
꼬마, 부정이 안으로 들어갈 즈음 키패드를 열어 비밀번호를 입력하는.

26   부정의 아파트. 거실

커튼이 닫힌 어두운 거실 안으로 들어오는 부정.
아무도 없는 익숙한 거실을 보았다가, 안으로.
식탁 위에 딸기 봉지와 가방을 내려놓고
거실을 가로질러 커튼을 열면, 한꺼번에 쏟아지는 햇살.

눈이 부신지 잠시 그대로 눈을 감고 섰다가,
천천히 커튼을 열고, 베란다 바깥 창문까지 활짝 열어놓는.
어제 아침에 옷걸이에 걸어 널어놓은 빨래들이 바람에 흔들리면
잠시 서서 보다가, 거실로 나오는 부정.

27   부정의 아파트. 다용도실

환기를 시키려 다용도실 창문을 여는 부정.
바깥에서 들려오는 테니스 코트에서 공을 치는 소리.
다용도실 벽에 기대서 멀리 창밖을 바라보며 잠시 서 있다가,
바닥에 아무렇게나 쌓아놓은 생수 중에 작은 병 하나를 꺼내
뚜껑을 열어 한 모금 마시는 부정.
식탁에 둔 핸드백 안에서 울리는 핸드폰 진동.

28   부정의 아파트. 주방

가방에서 핸드폰을 꺼내는 부정.
보면, 'VIP팀 배다솜 팀장'. 받는.

부정   안녕하세요. 어제는 잘 들어가셨어요.
팀장e   네. 덕분에.

29   사무실

사무실 데스크에서 스케줄러를 확인하며 통화 중인 배다솜 팀장.

팀장   다른 게 아니라요. ***번 고객님. (조용히) 그 파우치…

260

괜히 듣는 사람도 없는데 주위를 의식하는 부정.
살짝 열린 문으로 보이는 작업방 안.
잠시 그쪽을 의식했다가 거실로 나오는.

부정   …네…
팀장e 어디를 다쳐서 병원에 입원을 했다는데…
부정   ……
팀장e 혹시 이번 주말에 병원으로도 출근 가능하신지 여쭤보려구요.
        알아보는 사람도 많이 없는 것 같은데… 유난인 건지…
        암튼… 부탁을 하네요.

말을 듣는 동안, 조금 걱정스러운 얼굴로 잠시 생각하다가,

부정   …생각해보고… 내일까지 연락드릴게요. 근데…
팀장e 네.
부정   혹시… 어디를 어떻게 다쳤는지… 알 수 있을까요?

하면서 부정에게 떠오르는 지나의 모습.
[인서트 / 10부 지나의 집 복도에서 흐트러진 모습으로
부정을 보던 지나.]

팀장e 그런 것까지는 아직… 혹시 알게 되면 알려드릴게요.
부정   …네… 들어가세요.

전화를 끊고 그제야 소파에 앉는.

31 백화점. 구내식당

늦은 점심. 거의 비어 있는 구내식당에
나란히 서서 식판에 음식을 더는 정수와 준혁.

준혁   부부라는 게 뭘까요.

정수   밥 푸다가 말고 갑자기 무슨 소리야. 뜬금없이.

준혁   몇 달 전에 결혼한 사촌 동생 말이에요.
       그때 결혼식장에서 만났었잖아요.

정수   (생각하다가 떠올리고) 어… 어… 그… 뭐냐…
       친구들 대행으로 불러서 편지 읽었던. 그 동생.

준혁   그날 다른 장면도 많은데 하필 그렇게 기억을 하고 계세요.
       부정적으로.

정수   그게 뭐가 부정적이기까지 하냐. 있었던 사실인데…
       (조리사가 건네는 국을 받아 들고) 감사합니다.

준혁   (이어서 받고) 감사합니다.

창가 자리로 이동하는 정수, 따라가며,

준혁   아우 아무튼… 그 동생이 결혼 못 하면 죽는다고
       생난리를 쳐서 결혼한 거거든요.
       근데 지금 사네 못 사네 혼인 무효 소송을 하네 아주 난리예요.

정수   어머. 왜?

준혁   정확한 이유는 모르겠지만… 연애하는 동안 그 신랑 애가
       거짓말을 너무 많이 해서… 지금 앞뒤가 하나도 안 맞나봐요.

정수   얼마나 앞뒤가 안 맞길래 소송을 해.

적당한 자리에 앉는 둘.

준혁   하나도 안 맞는데요 하나도.
        연애를 삼 년 반이나 해서 잘 아는 줄 알고 결혼했는데
        하고 보니까 그냥 거의 모르는 사람이었대요.
정수   아무리 부부래도 어떻게 서로 다 알아…
        아는 것도 있고 모르는 것도 있고 알다가 모르겠는 것도 있고
        그런 거지.
        (하다가) 근데 거짓말은 자기도 한 거 아닌가?
        없는 친구들 돈 써서 부르고…
준혁   그런 수준이 아니니까 소송을 하죠. 암튼… 팀장님은
        모든 생각하는 스케일이 다 너무 쪼끄매요.
정수   …내가 쪼끄매?
준혁   뭐 크진 않죠.

        우적우적 밥을 먹으며 핸드폰을 시작하는 준혁.
        그런 준혁을 보다가, 깨작깨작 괜히 한숨을 쉬는 정수.

준혁   왜요. 또 댁에 무슨 일이 있으세요?
정수   또라니… 우리 집에 언제 무슨 일이 있었다고.
준혁   스케일이 소소해서 그렇지 있을 일은 다 있으시잖아요.
정수   …무슨 일… 뭘 안다고…
준혁   (대수롭지 않게) 일단 고부갈등에서 시작된 부부 권태기. 사모님 갱년기.
        사모님 직장 문제. 장인어른 치매.
정수   ……
준혁   팀장님 마마보이 문제.
정수   ……

준혁	간간이 첫사랑도 만나시는 것 같고.
정수	……
준혁	(생각하고. 역시 대수롭지 않게) 섹스리스.
정수	……
준혁	(깍두기를 우적우적 씹는)
정수	……내가… 그런 얘기도 했어?
준혁	꼭 단어로 말해야 아나요. (하고 다시 떠올리며) 또…
정수	그만해.
준혁	그만할까요?
정수	……또 뭔데.
준혁	(잠시 생각하다가) 부부간의 비밀?
정수	누가?
준혁	둘 중에 한 분이.
정수	……무슨 비밀…
준혁	글쎄요… 아이템이 뭔지는 아직 모르겠는데…
	소소한 거겠죠. 팀장님 관련이니까.
정수	(그 말에 괜히 또 안심이 되는) 암튼 소소하다.
준혁	네. (하고) 이것 좀 보실래요? 사촌 동생 인스타거든요.

보고 있던 핸드폰을 정수에게도 보여주는.
정수, 보면, 행복이 가득하고 럭셔리한 신혼부부의 일상.

| 준혁 | 이게 소송하는 애들이에요? 모르는 사람들이 보면 깜빡 속지. |

잘 모르는 부부의 행복한 일상의 한 컷을 가만히 보는 정수.

32 오피스텔. 강재의 집

핸드폰 충전기, 순규의 작은 요와 이불, 베개, 그리고 딱이 책상에 있던
스탠드로 제법 아늑한 자리가 만들어진 복층.
이불 안에서 쉽게 잠이 오지 않는지 딱이의 스탠드를
껐다 켰다 하는 민정.
복층 난간으로 보이는 커튼으로 어두워진 방 안.
강재의 매트리스에 강재의 이불을 머리까지 덮고
완전히 곯아떨어진 딱이.
스탠드 불빛을 그쪽으로 비춰, 아래쪽의 딱이를 보는 민정.
잠든 모습으로 보아, 쉽게 깰 것 같지 않은.
민정, 잠시 딱이를 보다가, 충전기에서 핸드폰을 분리해서 드는.
잠시 생각하다가, 강재와의 대화창을 여는,
열다가 발견하는 강재의 프로필.
푸른 바다에 파도가 일렁이는 프로필의 강재.
괜히 강재의 프로필 사진을 클릭해서 크게 열어보는.
잠시 보다가, 닫고, 대화창을 보면,
[언제 와?]라고 보낸 메시지가 읽음 표시된 채 답장은 없는.
잠시 대화창을 보다가, 재밌는 생각이 났는지, 카메라 어플을 여는.
난간 아래로 핸드폰을 내밀어 딱이를 찍는 민정.
화면 안 앵글에 잡힌 딱이를 확대하면 입을 벌리고
심각한 얼굴로 잠든 딱이.
피식 웃고, 사진을 찍는.

33　　강릉행 시외버스

창밖으로 펼쳐진 시야를 모두 둘러싼 산으로 노을 지는 풍경.
도로를 달리고 있는, 승객이 별로 없는 강릉행 시외버스.
뒤쪽, 부정이 앉은 자리와 대칭되는 건너편 창가에 앉아

바깥을 보고 있는 강재.
앉은 옆에 커피 우유와 크림빵이 담긴 비닐봉지가 놓여 있는.
바깥을 보다가, 봉투에서 우유를 꺼내는데, 빨대가 보이지 않는다.
봉투를 뒤적거려보아도 없어서, 주변 떨어졌을 만한 곳을
살피는데 보이지 않는.
포기하고 우유를 다시 봉투에 넣는데 울리는 핸드폰 진동.
보면, 민정. 열어보면, 민정이 보낸 복층에서 찍은
아래층에 잠든 딱이의 사진.
얼굴만 확대된 사진이 한 장 더 도착하고.
헛웃음이 나올 수밖에 없는 아무렇게나 잠든 딱이의 얼굴.
보는데 도착하는 민정의 메시지. [어디니? 목소리 좀 듣자.]
잠시 메시지 보다가, 카메라 어플을 여는 강재.
산 풍경이 펼쳐진 버스 유리창을 사진으로 찍어서 보내는.

34   오피스텔. 강재의 집. 복층

강재가 보낸 사진을 보는 민정.
사진을 보고 있는데, 걸려오는 전화. '이강재'.
잠깐 딱이 쪽 보았다가, 소곤소곤 전화 받으며,
이불 속으로 쏙 들어가는 민정.

민정   집에 오는 길이야?
강재e   아니.
민정   그럼. 버스 타고 어디 가는데.

35   강릉행 시외버스

앞좌석 등받이 포켓에 꽂아둔 춘천-강릉행 승차권.

강재   …멀리 간다.

민정e   누구랑.

강재   …니가 모르는 사람이랑.

민정e   내가 모르는 사람?

36   오피스텔. 강재의 집. 복층

괜히 신경 쓰이는 민정.
강재가 보낸 사진을 다시 열어서 보며, 정보를 찾으려는.
사진 속 유리창에 희미하게 비친 버스에 혼자 앉아 사진을 찍는 강재.
혼자인 걸 확인하고는 씩 웃는.

민정   원래 계속 혼자였어. 아님 이제 막 혼자가 된 거야?

강재e   ……

민정   여보세요?

강재e   둘이 번갈아서 애타게 찾는 것 같길래…

37   강릉행 시외버스

옆 빈자리를 잠깐 의식했다가, 통화하는 강재.

강재   생존신고 좀 해줄까 했더니… 내가 생각이 많이 짧았네.
          문자에 반응 좀 했다고 남의 사생활에 기승전결을 다 파고들려고
          그러고… 빨리 끊자.

38   오피스텔. 강재의 집. 복층

이불 속에서 통화하는 민정.

민정   너 지금 우리가 많이 그립구나? 끊는다가 아니라 끊자…
        그러면서 안 끊는 거 보니까.
강재e 끊는다.

거의 동시에 끊어지는 통화.
민정, 끊어진 핸드폰을 어이없이 보다가, 이불을 획 열고,

민정   아… 이강재 인내심 정말… 개복치다 개복치.

기척에 부스스 눈을 뜨는 딱이.
다시 '이강재'에게 통화 연결하는 민정.

39   강릉행 시외버스

'민정'에게 걸려오는 전화.
잠시 보다가, 받는.

강재   왜. 나 바빠.
민정e 버스에서 바쁠 일이 뭐가 있냐? 바빠도 버스가 바쁘지.
강재   …우유 마실 건데 빨대가 안 보여서 빨대 찾느라 바쁘다.
        끊는다.
민정e 아~ 알았어 알았어.
강재   ……

40   오피스텔. 강재의 집

잠결에 여긴 어디 나는 누구 중이던 딱이,
소리에 복층에서 통화 중인 민정을 보는.

민정   알았다구. 이 개복치야. 기승전결 안 물어볼게.

아래층의 딱이와 눈이 마주치는 민정, 활짝 웃으며
손을 흔들어 인사하는.
딱이, 그 모습을 보다가, 자기도 천천히 손을 흔들어 답하는 동안.

민정   그래서 언제 오는데?!!

민정을 보는 딱이.

41   강릉행 시외버스

통화하다가, 문득 창밖을 보는 강재.
시선을 멈추고 먼 어딘가를 보는.
강재가 보는 곳 보면, 창밖으로 시원하게 펼쳐진 노을이 번져가는 바다.
가만히 출렁이는 바다를 보는 강재.

강재e   보고 싶은 아버지…
더러운 반 평짜리 침대 위에서…

42   회상. 11년 전. 바닷가 횟집

창밖으로 바다가 보이는 온돌식 식당 2층.

강재e   온종일 나를 기다리던 아버지…

회와 매운탕 등으로 한 상 가득 차려진 식탁에 마주 앉아 있는
미선과 어린 강재.
손님은 둘뿐인 텅 빈 식당 한쪽에서 늦은 점심을 먹는 중.
유골함이 들어 있는 숄더백이 미선 옆에 놓여 있고.
둘이 먹기에는 많아 보이는 음식들.

강재e   온종일 나만 기다리던 아버지…

엄마의 눈치를 보는 강재와는 반대로 열심히 밥을 먹는 미선.
강재, 그런 미선을 보다가, 밥을 먹기 시작하는.

화면 바뀌면, 반쯤 비워진 상 귀퉁이에서
식당 냅킨에 '보고 싶은 아버지'로 시작하는 편지를 쓰고 있는
어린 강재.

[보고 싶은 아버지.
이제 아프지 말고… 다니고 싶은 만큼 마음껏 여행하다가
천천히 돌아오세요. 기다리고 있을게요… 강재가.]

미선은 앉아서 밥을 먹던 자리에 방석을 접어 베개로 베고
강재 쪽을 향해 모로 누워 눈을 감고 있는.

강재e   나를 두고 떠나는 마지막 순간…

270

아버지는 무슨 생각을 하고 있었을까요…

살며시 눈을 뜨는 미선, 시야로 양반다리를 하고 앉아 있는
어린 강재의 다리.
살짝 올려다보면, 편지를 쓰고 있는 강재.

미선   안 자?
어린 강재   (보면)
미선   사장님이 한숨 자고 가도 된다고 그러셨잖아.
          많이들 그런다고.
어린 강재   괜찮아.
미선   (보다가) 뭐 하는데…
어린 강재   아무것도 안 해.
미선   뭐 하면서… 엄마한테 비밀이야?
어린 강재   (잠시 보다가) 자.
미선   ……

잠시 더 강재를 보다가, 눈을 감는 미선.

강재e   마지막 남은 힘을 모아서… 아버지는…
          어디로 가고 싶었던 걸까요…

43   회상. 11년 전. 바닷가 횟집. 입구

횟집 수조에 죽은 물고기 한 마리가 수조 위에 떠 있는.
바깥에서 수조를 들여다보는 어린 강재, 그 물고기를 보다가,
수조 너머로 계산대에서 계산하는 미선이 보이면

가만히 미선의 모습을 보는 강재.
가방에서 반으로 접은 조의금 봉투를 꺼내 계산하는.

강재e 그냥… 아무 데도 아닌…
집으로 돌아오고 싶었던 건 아닐까…

44 회상. 11년 전. 강릉 바다. 낚싯배

출렁이는 바다.
작은 낚싯배를 타고 아버지 유골을 뿌리는 어린 강재.

강재e 산도 바다도 아닌…

뒤에서 그 모습을 보고 있는 미선.
강재의 모습을 보다가, 눈물을 닦으며 먼 바다를 보는.
강재, 미선 쪽 잠시 보았다가 다시 유골을 뿌리는.

강재e 집으로 가고 싶었던 건 아닐까…

어느새 바닥이 드러나는 유골함.
장갑을 낀 손으로 잘 퍼지지 않자 미선을 돌아보는 어린 강재.
먼 바다가 아닌, 배 바로 아래 출렁이는 바닷물을 내려다보고 있는 엄마.
잠시 그 모습을 보다가, 유골함을 들어 바다에 탈탈 털어 넣고
장갑을 벗고, 식당에서 냅킨에 적은 편지를 작게 접어서 물 위에 띄운다.
잉크가 번지면서 순식간에 멀리로 떠내려가는 편지.
핸드폰을 꺼내 바다 사진(프로필 사진)을 찍어 저장하는 어린 강재.
어린 강재, 그 모습을 보다가 미선에게로 가는.

강재e   그게 너무 괴로워서… 저는…
         그날에서 이렇게 멀리 도망쳐버렸습니다.

         강재가 꽤 가까이 다가올 때까지 바다를 보다가 강재를 보는 미선.
         미선의 옆에 가까이 가서 앉는 어린 강재.
         강재, 잠시 미선을 보다가, 장갑을 벗으면, 그런 아들을
         물끄러미 보는 미선.
         하얀 장갑을 벗어서 주머니에 야무지게 넣고는
         미선에게는 시선 주지 않고 미선의 손을 잡는다.
         그런 아들을 가만히 보는 미선.
         어린 강재, 꼭 잡은 손을 잠시 내려다보다가 먼 바다를 보는.
         미선, 자기 손을 잡은 어린 아들을 보다가 같이 먼 바다를 바라본다.

강재e   언제나 우리를 기다리던 아버지…

45   회상. 11년 전. 강릉 바닷가

         해변으로 떠내려온 미역을 발로 툭툭 차며 서 있는 어린 강재.
         멀리 노을이 지는 바닷가에 미선이 구두를 벗어 들고,
         밀려 들어왔다가 사라지는 바닷물에 발을 담가보는,
         희미하게 웃는 미선.

강재e   나는 아직도 죽음이 뭔지 잘 모릅니다.
         사는 게 뭔지도 알지 못합니다…

         그쪽을 보는데 등 뒤에서 들리는 클랙슨 소리.
         뒤를 돌아보면, 운전석에 장규가 탄 마트 미니 봉고가 서 있는.

강재를 향해 손을 흔드는 장규.
자기도 모르게 천천히 손을 흔들어 답하는 어린 강재.
장규, 무뚝뚝한 강재가 생각지도 않게 손을 흔들어주면
그 마음이 감격스러운지, 잠시 보다가, 더 크게 손을 흔드는.
멀리 떨어진 곳에서 이쪽을 보는 미선.
미선 쪽을 보는 장규.
미선과 장규를 보는 어린 강재.

강재e 언젠가 시간이 더 지나면… 알게 되겠죠.

46 길

노을이 지는 어느 골목길을 빈 카트를 끌고 걸어오는 창숙의 뒷모습.

강재e 마지막의 마지막에는… 누구나 혼자라는 걸…

골목길을 나와 큰길을 걷는 창숙.
부동산 중개소 앞을 지나가다가 걸음을 멈추고 보는.
나란히 붙어 있는 아파트 오피스텔 매물의 가격들.
가까이 서서 들여다보는 창숙.

47 오피스텔. 강재의 집

계란프라이를 만들고 있는 민정.
복층에서 민정의 이부자리를 다시 부직포 가방에 정리하는 딱이.
정리해서 구석으로 치워놓다가, 뚜껑이 열린 정우의 상자를 보는.
잠시 아래 민정을 의식했다가, 상자 안의 물건들을 꺼내 보는.

강재e   죽는 일이… 사는 일의 일부였다는 걸…

48   부정의 아파트. 1층 현관

입구가 잘 봉해진 서울**경찰서에서 온 우편물을
우편함에 도로 조심스럽게 넣는 정수.

강재e   결국 나도… 알게 되겠죠…

꺼낼 때와 똑같은 모습으로 우편함에 들어가 있는 부정의 우편물.
그때 뒤에서,

꼬마e   안녕하세요.
정수   아, 깜짝이야.

하고 돌아보면, 줄넘기를 들고 계단을 내려오는 앞집 꼬마.

정수   어? 안녕. 줄넘기 하러 가?
꼬마   네. 근데 그 딸기요.
정수   …딸기?
꼬마   네. 엄마가 엄마도 똑같은 거 세 개 사가지고 오셨다고
        마음만 감사히 받으신대요.
정수   …나한테?
꼬마   네.
정수   …… ??

현관 앞으로 친구들이 지나가면,

꼬마 어? 안녕히 계세요.

하면서, 그쪽으로 뛰어가는 꼬마.
뛰어가는 꼬마를 의아한 얼굴로 보는 정수.

49 부정의 아파트. 거실

키패드를 누르는 소리가 들리고
크로스백을 메고 안으로 들어오는 정수.
현관에 벗어놓은 부정의 구두.
정수, 조용히 안으로 들어오면,
해가 지고 있는 거실 소파에 옷을 입은 채로 잠들어 있는 부정.
그 모습을 보다가, 조용히 식탁으로 향하는 정수.
식탁 위에 놓여 있는 딸기 세 팩.
딸기를 보았다가, 잠든 부정을 보는 정수.
부정에게 다가가서 깨우려는데 아이처럼 곤히 잠든 부정.
그 모습을 가만히 보다가, 깨우지 않고 커튼을 닫아주는.

50 강릉 바닷가

노을이 지는 바닷가를 바라보고 서는 강재.
천천히 바다를 향해 걸어가는데, 핸드폰 진동.
보면, 미선씨의 먹지에서 시작하는 동영상 메시지.
잠시 망설이다가, 열어보면, 깜깜한 방에 불이 켜지고, 보이는 형광등.
새로 교체한 형광등이 깜빡임 없이 한동안 켜져 있는 단순한 영상.
가만히 그 화면을 보고 있는데 도착하는 미선의 메시지.
[형광등 교체했음.]

피식 웃음이 나는 강재.

강재   보면 알지… 뭘 또 써서 보내요 미선씨…

작게 중얼거리며 [어쩌라고.]라는 답장을 보내는.
괜히 히죽 웃고는 다시 바다를 향하는 강재.
해가 지는 바다를 한참 동안 바라보는 강재의 얼굴.

f. o

51   민자의 빌라. 화장실

화면 밝아지면,
땀을 뻘뻘 흘리며 화장실 전구를 교체하고 있는 편안한 차림의 정수.
오래된 전구가 잘 빠지지 않아 고생하는데.
밖에서 정수를 부르는 민자.

민자e   정수야!
정수   ……
민자e   진정수!!
정수   아, 왜요.
민자e   이리 와서 너 가져온 저거 통 좀 꺼내줘봐. 엄마 바뻐.
정수   지금 못 가요. 나도 이거 하잖아.

김치 양념이 잔뜩 묻은 일회용 장갑을 양손에 끼고
주방 쪽에서 오는 민자.

민자   엄마 지금 손이 이래서…

하다가, 멈추고 화장실을 들여다보는.

민자   답답하다 답답해.
정수   또 뭐가.
민자   명 짧은 년은 불 켜지는 거 보지도 못하고 가겠네.
        키 크고 잘생기게 낳아놓으면 뭐해.
        이까짓 거를 하루 종일 하고 있는데.
정수   그게 칭찬이야 뭐야.
        주말인데 쉬지도 못하고 와서 해주는데. 고맙다고는 못할망정.
민자   (귀찮은 듯) 그래 고맙다 고마워.
정수   아이 진짜. 나 안 해.
민자   얼씨구. 드럽고 치사해서… 하지 마. 이 새끼야.

하고 다시 주방 쪽으로 가는.

정수   에에? 나 진짜 안 한다.

52   민자의 빌라. 주방

민자, 주방으로 들어와 식탁에 펼쳐놓은
막 버무려놓은 김치 위에 장갑을 힘겹게 벗어놓는.

민자   (안 들리게 중얼중얼) 지들 먹으라고 죽도록 담그는구만…
        며느리라는 건 코빼기도 안 비치고.

중얼거리며 식탁 의자에 놓인 김치통 보따리를 들어
식탁에 올려놓고 열어보는.

민자   어우 뭐가 이렇게 또 무거워.

보자기에 싸인 겹겹이 쌓여 있는 각종 사이즈의 각종 재질의
오래된 김치통들.
하나씩 꺼내서 확인하는 민자.

민자   많이도 싸다 날랐네. 빈 그릇을 가지고 올 때는
안에 뭐라도 담아서 가지고 와야지.
하여간… 주변머리라고는… 누구를 탓하냐.
가르치지 못한 내가 문제…

하는데 커다란 김치통에서 나오는 영양제 두 박스.
찌푸렸던 얼굴이 한껏 밝아지는 민자.

민자   아유. 뭘 가져왔으면 가져왔다고 말을 해야 알지.
하여간 누굴 닮았는지…
(하면서 돋보기를 찾아서 쓰는) 이게 다 뭐야… 보자…
(하고 박스를 중얼중얼 읽는) 관절건강에 도움을 줄 수 있는 프리미엄…
이거 또 엄청 비싼 거 아니야.

하고 박스를 열어 내용물을 꺼내 보는.
어느새 주방에 와 있는 정수.

정수   뭘 그렇게 중얼거려요. 비 맞은 사람처럼.

민자	아유 깜짝이야.
정수	왜 놀래요. 자기가 와서 김치통 열라고 난리 난리를 치고서.
민자	(뭐라고 한마디 하고 싶어서 보다가 참고) 아들.
정수	…왜 또 이래. 소름 끼치게.
민자	선물을 가져왔으면 가져왔다고 말을 해야지.
정수	선물? (하다가) 아… 맞다.
	이거 지난달에 사놓고 갖다드린다 드린다 계속 잊어버려서
	거기 넣어놨다. 참.
민자	그럼 이거 나 주는 거 맞지.
정수	당연하지 엄마는. 무릎 아프다 그래서 내가 일부러 주문해서 산 거야.
	제때 못 드려서 그렇지.

민자, 벌써 하나 까서 먹으며.

민자	그럼, 이거 두 개니까. 너 장인어른 김치 갖다드릴 때
	한 박스 갖다드려.
정수	(가만히 보다가) 엄마 왜 갑자기 아부지한테 그래요?
	혹시… 아부지 박스 모으신다고 동정하는 거야?
민자	뭐 이 새끼야?
정수	그렇잖아. 갑자기 막 나한테 아부지 잘 모시라고 전화를 하질 않나.
	영양제 욕심도 많으신 분이 막 나눠드린다고 하질 않나.

결국엔 등짝을 맞는 정수.

정수	아! 어우 손 매운 거봐. 이런 거 안 드셔도 되겠네.
민자	내가 너를 먹고 미역국을 낳았다.
정수	나를 낳고 미역국을 먹었겠지.

하고 맨손으로 김치를 집어 먹는.

정수   어우 짜.

다시 날아오는 민자의 등짝 스매싱.

53   프랜차이즈 커피숍

반쯤 마신 커피.
구석 자리에 어색하게 앉아 누군가를 기다리는 부정.
핸드폰으로 시간을 보는데, 안으로 들어오는 배다솜 팀장.
안쪽을 두리번거리면, 손을 들어 알리는 부정.

부정   저기…

이쪽을 돌아보는 배다솜. 수선스럽게 오며,

팀장   늦어서 너무 죄송해요. 그래도 교육은 받고 가셔야 되니까
        짧고 굵게.
부정   예.
팀장   (가방에서 매뉴얼을 꺼내 테이블에 놓으며) 찾는 건 어렵지 않으셨어요?
        병원도 꼭 지 같은 거를 골라서… 멀고 차 막히고.
부정   저도 여기 병원 다녔어요.
팀장   아… 그러셨구나… 역시 보는 눈이 있으세요.
부정   (피식 웃으면)
팀장   (어색한지 하하하 웃고) 간단하게 말씀드리면.
        저희가 전문 간병인은 아니고 VIP 고객의 경우에 입원하실 때

도우미로 동행하는 서비스가 있어요.

부정   네…

매뉴얼을 부정 쪽으로 돌려주며.

팀장   요기서부터 요기까지 그냥 한 번 쭉 읽어보시면 다 알아요.
부정   네.
팀장   오늘은 초반에 제가 이삼십 분 정도 동행할 거니까
       잘 모르겠는 거 있으시면 그때 그때 물어보세요. 없으시겠지만.
부정   …네.

54   대형 오피스

전형적인 대기업 사무실.
비슷한 차림으로 나란히 앉아 업무에 열중하고 있는 직원들.
그 사이로 깔끔하고 세련된 셔츠 차림의 강재가
커다란 정리 상자를 들고 걸어오는.
상자 안에는 '사직서 박미혜'라고 작게 적힌 봉투가 들어 있는.
이질감에 돌아보는 직원들 사이를 뚜벅뚜벅 걸어오는 강재.
가장 상석에 앉은 중년의 누군가에게 다가가는 강재.
의아하게 보는 중년.

중년   무슨 일로.
강재   (상자에서 사직서를 꺼내 제출하고) 박미혜님 사직서 대신
       제출하러 왔습니다.
중년   ……?
강재   박미혜님께서 두 번 다시 꼴도 보고 싶지 않으시다고.

하고 역할대행 명함을 사직서 위에 올려두는.

중년   ……

강재   (그대로 정중하게 인사하고) 박미혜님 자리 좀 알려주시겠어요?

화면 바뀌면, 창가 자리에서 물건을 정리하는 강재.
마치 방금 전까지 열심히 살았던 누군가 사용한 것 같은 자리.
표정 없이 재빠르게 정리해서 상자에 차곡차곡 담는.
강재를 흘깃 보는 직원들 사이에 내내 불만스럽게 보는 어느 직원.
강재, 그쪽을 보고.

강재   왜요. 명함 드려요?

하면, 어이없다는 듯이 뒤로 돌아 자리에 앉는.

55   대형 오피스. 엘리베이터

커다란 박스를 들고 직원들 사이에 무표정하게 서 있는 강재.

56   버스 정류장

긴 의자에 놓여 있는 정리 상자.
그 옆에 서 있는 강재.
핸드폰으로 버스 노선표를 검색해서 보고 있는데 도착하는
사진 메시지.
'천문대 하이킹'에게서 온 사진들.
잠시 보다가, 사진을 열어보는.

은하수, 일출 등의 정교하고 아름다운 사진들이 지나가다가.
강재가 찍힌 사진. 그리고 부정의 옆얼굴이 찍힌 사진이 나오는.
가만히 그 사진을 보고 있는데.
마지막으로 도착하는 두 사람이 나란히 서서 일출을 보고 있는 사진.
부정은 일출을 보는데, 강재가 비스듬히 부정을 보고 있는.
가만히 사진을 보는 강재.

57   병원. 엘리베이터

환자와 의료진에 섞여 엘리베이터에 타 있는 배다솜과 부정.
가방에서 여러 번 울리는 부정의 핸드폰 진동.
부정을 보는 배다솜 팀장.

팀장   (작게) 병실에서는 무음으로 바꾸셔야 돼요.
부정   네. 지금 바꿀께요.
팀장   아니요 아니요. 병실에서만.

하는데 멜로디 벨이 울리는 배다솜 팀장의 핸드폰.
멋쩍게 씩 웃고.

팀장   병실에서만.

하고 핸드폰을 꺼내 무음으로 바꾸는 배다솜.
그사이, 부정, 가방에서 핸드폰 꺼내서 보면,
강재에게서 온 여러 장의 사진 메시지.
그리고 도착하는
[이부정씨. 은하수가 도착해서 전달 드립니다. 이강재 드림.]

메시지를 가만히 읽는 부정.
가만히 보다가, 열어보려는데.
부정의 핸드폰을 보고 있는 배다솜 팀장.
서로 눈이 마주쳐서 어색해질 찰나
해당 층에 도착하는 엘리베이터.
문이 열리고 내리는 사람들. 내리는 부정.

58   병원. 특실. 대기실

대기실 구석 소파에 앉아, 핸드폰을 보고 있는 부정.
강재와의 톡창을 열어 사진을 확인하는.
하이킹이 보낸 것으로 보이는 정교하게 찍힌 은하수 사진들.
일출의 순간들. 한 장씩 넘겨보는데 마지막에
나란히 서서 일출을 보고 있는 강재와 부정의 사진.
부정은 일출을 보는데, 강재가 비스듬히 부정을 보고 있는.
가만히 그 사진을 보다가, 강재가 보낸
[이부정씨. 은하수가 도착해서 전달 드립니다. 이강재 드림.]을 보는.

59   회상. 12부 38씬 사창리 터미널. 대합실

유리창 앞에 오래된 의자가 나란히 놓인 대합실.
동서울행 티켓을 들고 앉아 있는 부정.
한 칸 떼고 춘천행 티켓을 든 강재. 말없이 앉아 있는 두 사람.
서울행 버스가 터미널에 들어오면 그쪽을 돌아보는 부정.
강재도 버스를 보는. 버스를 보다가 서로를 보는 둘.

강재   ……벌써 왔네요. (시계 슬쩍 확인하고) 5분도 넘게 남았는데.

부정	······미안해요.
강재	(잠시 보다가) 뭐가요.
부정	괜히 먼 데로 불러놓고 혼자 집에 간다고 그래서요. 의리 없이···
강재	(보면)
부정	(보는)

잠시 부정의 시선을 피했다가, 주머니에서 핸드폰을 꺼내는 강재.
그 모습을 보는 부정.

강재	옛날에 뭐라고 저장돼 있었는지는···
	영업비밀이라 알려드릴 수가 없고···
부정	(보면)
강재	다시··· 뭐라고 저장할까요?
부정	······

강재, 보고 있는 부정에게 핸드폰을 건네는.
가만히 보다가 받아 드는 부정, 잠시 핸드폰을 보다가,
다시 번호를 입력하는 부정. 입력하고 건네며.

부정	이부정이 또 있는 거 아니면··· 그냥 이름인 게 좋아요.
강재	이름···
부정	······

부정이 입력한 번호를 연락처로 저장하는 강재.
이름 란에 이부정이라고 입력하는.

강재	그럼··· (입력하며) 이···부정···씨···

입력하는 화면을 넘겨보다가, 입력하는 강재를 보는 부정.
마침 대합실에 울리는 탑승을 재촉하는 안내방송.
"동서울행 버스에 탑승하실 승객분들은 버스가 곧 출발할 예정이오니
탑승을 서둘러주시기 바랍니다."

강재   오만 원은 다음에 만나면 주세요.
부정   ……이겨야 주는 거 아니었어요?
강재   이번엔 좀… 애매하지만 다음엔 내가 이기면 되니까.
부정   ……

다시 한번 반복되는 안내방송에 버스가 있는 곳을 돌아보는 부정.
앞문에서 티켓을 확인하고 있는 차장(기사), 사람 몇이 올라타는 모습.

부정   갈게요.
강재   ……서울에서 만나요.
부정   ……

부정 일어서면, 잠깐 망설이다가 따라서 일어서는 강재.
출입구 쪽으로 천천히 앞서 걷는 부정, 반쯤 떨어져서 걷는 강재.
천천히 출입문으로 다가가는 부정의 뒷모습.
앞서 걷는 부정의 등을 가만히 보는 강재.

60   병원. 특실. 대기실

부정, 사진을 보고 있는데
잔뜩 흐린 얼굴로 나타나는 배다솜.

팀장	삼십 분 정도 여기서 더 대기하셔야 될 거 같아요.

핸드폰으로 온 메시지 보여주며.

팀장	파우치… 고객님 병실에 갑자기 손님이 오신다고.
	손님이 너무 유명하신 분이어서. 들어오지 말래요. 우리는.
부정	유명한 분… 누구요…
팀장	몰라요. 보나마나 자기랑 비슷한 사람이겠지.
	연예인병이 불치병이라더니.
부정	……
팀장	특실 4호. 왼쪽 복도 제일 끝방이구요.
부정	네.
팀장	제가 뒤에 바로 예약이 있어서… 오늘 초반 동행을 못할 것 같아요.
부정	네.

잠시 걱정스러운 얼굴로 복도 쪽을 보는 부정.
배다솜은 부정이 보고 있던 사진이 궁금해서,

팀장	무슨 사진이에요.
부정	…아무것도 아니에요.
팀장	(장난스럽게 흘겨보고) 남자던데… 애인?
부정	……아니요.
팀장	……남편은 아닌 거 같고…
부정	……친구요.

61   오피스텔. 엘리베이터

강재의 오피스텔 엘리베이터에 올라타 있는 종훈.
안 실장과의 톡창으로 와 있는 주소를 보고, 10층을 누르는.
아키라에서의 모습 그대로의 종훈, 엘리베이터 내부를 훑는.
내부를 살피다가, 명운헤어컷의 스티커를 발견하고 잠깐 보았다가.
계기판을 올려다보는.

62   오피스텔. 10층 복도

엘리베이터에서 내리는 종훈.
10층 복도를 걸어오는, 창숙의 집 앞에 잠시 멈췄다가,
핸드폰을 꺼내 안 실장과의 톡창을 여는.
적혀 있는 서울시 용산구 한강로2동 명운 오피스텔 1012호.
1003호 창숙의 집을 보고 안쪽으로 더 걸어가는.
번호를 확인하고 쭉 안으로 더 들어가는 종훈.
1012호 앞에 서서 번호를 확인하고.
핸드폰을 주머니에 넣는다.
잠시 망설이다가 벨을 누르는 종훈.
스피커에 말을 하려고 기다리고 있는데
문이 열리는.
종훈 보면, 문을 열고 나오는 위아래 편한 복장의 민정.
서로 의아하게 보는 두 사람.

63   병원. 엘리베이터

선글라스를 낀 아란이 엘리베이터에서 내리는.
운전기사와 조감독, 감독 등이 함께인.
몇 사람이 아란을 알아보는 듯하지만 조용히 지나가는.

혼자서 대기하고 있는 부정.

핸드폰을 무음으로 바꾸는데, 걸려오는 전화 '도서출판 기린'.

갑자기 심장이 뛰기 시작하는 부정.

블라우스 가슴께를 잠시 잡았다가, 수신 거절을 해버리는.

잠시 그대로 있는데 도착하는 메시지 '도서출판 기린 진아 대리'.

확인하지 못하고 망설이는데. 복도 안쪽에서 들려오는 소리.

핸드폰을 보다가 그쪽을 보는.

대기실 앞 복도를 걸어오는 아란과 일행.

부정, 아란을 보고 있고, 아란 걸어오다가 부정을 발견하는.

걸음을 멈추는 아란. 선글라스를 벗고 부정을 보는.

부정, 앉은 채로 아란을 보다가, 천천히 일어서는.

일어서서 다시 아란을 본다.

아란을 보는 부정의 얼굴에서.

f. o

14부

인간실격

01   13부 엔딩. 병원. 대기실

선글라스를 벗고 부정을 보는 아란.
아란을 보며 자리에서 일어서는 부정.
서로 잠시 보는 둘.
아란, 부정을 알아보고 부정 쪽으로 오려는데,
과일바구니를 들고 복도를 걸어 들어오는 진섭.
부정을 보다가 그쪽을 보는 아란. 부정도 진섭을 본다.
그때, 대기실로 들어오는 배다솜 팀장.
멍하니 서 있는 부정의 어깨를 잡으면, 돌아보는.

팀장   왜 서 계세요.
부정   ⋯아⋯ 그냥 좀⋯

하고 아란 쪽을 보면, 병실 쪽으로 이동하는 아란 일행과 진섭.
아란, 이동하며 이쪽을 보고.
잠시 또 눈이 마주치는 두 사람. 그 사이,

팀장   뒤쪽 스케줄에 다른 인원 보냈어요.
아무래도 여기가 더 까다롭고⋯ 더 재밌구.
부정   ⋯⋯
팀장   근데 그 잠깐 사이에 무슨 일 있었어요? 표정이 어두운데.
부정   ⋯⋯아니요. 일 있을 게 뭐가 있어요.
팀장   ⋯⋯그러게요.

부정, 다시 아란 쪽을 보면, 이미 병실로 들어가고 없다.
어느새 자리에 앉아, 핸드폰을 보는 팀장.

팀장 앉으세요. 언제 찾을지도 모르는데.

부정 ……

팀장 아, 요청사항 문자로 보내드렸는데 보셨어요?

부정 아니요… 네… 아직…

하며, 핸드폰을 여는 부정.

팀장 갈비뼈에 금 가서 손가락 하나 까딱 못 한다더니…
      얼마나 길게 썼는지…

도착해 있는 진아의 메시지를 보는.
[팀장님. 표절 문제로 회사에서 연락이 갈 거예요.
혹시 필요하시면 따로 연락 주세요.]
부정, 가만히 메시지를 보는데.

팀장 앞치마 가져오셨어요?

부정 …아… 네…

병실 쪽을 한 번 돌아보는 부정.

02   오피스텔. 복도

문을 반쯤 열어놓은 강재의 집 현관.
현관 안에 얌전히 벗어놓은 종훈의 구두.

03   오피스텔. 강재의 집

복층에 놓여 있는 정우의 상자.

상자 너머로 보이는 실내. 아래층 창가에 서서 바깥을 보는 종훈.

강재가 배기구를 보았던 것처럼 옥상 쪽을 올려다보는데

울리는 핸드폰 진동. 보면, 안 실장의 사진 메시지.

아까부터 화장실에서 들리는 세면대 물소리.

괜히 화장실 쪽을 보았다가 열어보는 종훈.

지하주차장에서 병동 입구로 들어가는 아란과 일행의 사진.

같은 입구로 혼자 걸어 들어가는 커다란 과일바구니를 든 진섭의 사진.

종훈, 사진을 확인하며 창가에서 복층 계단 쪽으로.

복층 계단에 걸터앉으면, 정우의 상자와 가까워진다.

마침 도착하는 안 실장의 메시지 [올라가 볼까요?]

종훈, 잠시 고민하다가 [부탁해.]라고 적고

핸드폰을 주머니에 넣으며 일어서는데, 보이는 정우의 상자.

그쪽을 보다가, 복층으로 올라가는 종훈.

정우의 상자를 들여다보는.

CD와 통장, 각종 진단서, 정우의 핸드폰 등등 사이로 보이는

희선과 정우와 민수가 찍은 사진.

사진을 보다가, 종훈, 상자 안을 더 보면, '도서출판 기린'의 서류 봉투.

서류 봉투를 집어 드는.

종훈, 잠시 화장실 쪽을 의식했다가 봉투를 열면,

나오는 『인생 수첩』의 초고. 떠오르는 기억.

[인서트 / 6부 18씬 아키라. 대기실. 같은 서류 봉투를 들고 온 강재.]

　　　出판사 서류 봉투를 다시 흘깃 보는 종훈.

　　　강재, 종훈의 시선 의식하며, 테이블 위의 봉투를

　　　소파 위 자신의 옆으로 옮겨놓는다.

종훈	…책?
강재	어? 어… (서류 봉투에서 아란의 책을 꺼내며) 나도 VIP에 대해서 공부 좀 할려고… 뭘 알아야 작업을 할 거 아니야.

홀홀 몇 장 넘겨보다가, 다시 봉투에 넣는 강재.
그 모습을 보다가,

종훈	산 건 아닌 거 같고…
강재	그냥 좀 아는 여자한테 얻었어.
종훈	아는 여자? 아는 여자 누구?
강재	있어. 형 모르는… 아는 여자…

화면 바뀌면,
종훈, 초고를 넘기면 나오는 부정의 유서.
그리고 '아는 여자' 부정의 폴라로이드 사진.
희선과 민수와 찍힌 부정을 복잡한 얼굴로 보는 종훈.
보다가, 핸드폰 안 실장의 대화창을 열어서 사진을 찾는.
지나네 집으로 들어가는 부정이 찍힌 사진을 보는.

04   오피스텔. 강재의 집. 화장실

물이 쏟아지는 세면대.
벽에 기대서서 핸드폰으로 강재에게 통화를 시도하는 민정.
신호가 울리다가, 전화를 받을 수 없다는 안내가 나오는.

민정	아… 진짜… 전화를 받으란 말이다…

이러니까 사람이 막… 집으로 찾아오고 그러지…

하고, 강재에게 전화를 걸려다가, 딱이와 통화를 시도하는.
신호음이 몇 번 울리다가, 전화를 받을 수 없다는 안내가 나오면,
의아한 얼굴로 수화기를 보는 민정.

민정 …뭐야… 둘이 세트야? 아침에 모닝콜까지 부탁하고…
그 다리를 해가지고 어딜 간 거야…

딱이에게 다시 통화를 시도하는 민정.

05 9급 공무원 시험장. 교실

'2021년 9급 국가공무원 공개채용 필기시험장'
안내문이 붙은 어느 교실 문.
문 너머에서 다른 수험생에 섞여 문제를 풀고 있는 딱이.
바닥에는 목발, 오른쪽 다리에 깁스를 하고 있는.
깁스에 '계단조심 –민정♡-'을 '강민정조심 –이강재-'
또 그 옆으로 '이강재, 너나 잘해'가 되도록 고쳐놓은 글씨.

06 문구점

진열된 지 오래된 먼지 쌓인 완구와 문구들을 보고 있는 강재.
오래된 물건으로 가득한, 강재 이외에는 손님도 주인도 없는 실내.
이름표와 노트 등의 문구에 예시로 적혀 있는 '박미혜'라는 이름들.
박미혜라는 이름이 적힌 이름표를 들어서 보는 강재.
'박미혜님'의 상자가 진열대이자 계산대인 쇼케이스 위에 놓여 있는.

안쪽으로 연결된 살림집에서 인기척이 들리면 그쪽을 돌아보는 강재.
복잡한 표정의 초로의 남성이 강재와 눈 마주치면,
한숨을 쉬고 고개를 가로저으며 가게로 돌아오는.

남   우리 애가… 나오는 건 그렇다고 짐만 두고 가셔도 된다는데요.
강재   아… 예…
남   드릴 돈이 있다는데… 얼마예요? 대행료가?
강재   아… 그… 선금은 미리 주셨고요.
남   ……

하며, 핸드폰을 꺼내면, 민정의 부재중 전화 5통.
그리고 도착하는 메시지.

강재   잠시만요.

강재, 민정의 메시지 무시하고, 박미혜와의 톡창을 찾아서 여는.
[사직서 작성 10,000원/ 사전, 사후 전화통화 각 30,000원/ 사직서
제출 100,000원/ 물건 정리 및 운반 50,000원/ 교통비 등 20,000원]
등이 적힌 창.
그런 강재를 물끄러미 보는, 시선을 느끼며,

강재   물건 정리한 거랑 마무리 통화… 교통비는… 제가 버스를
      탔으니까… 빼고… 팔만 원 주시면 될 거 같은데요.
남   팔만 원이요.
강재   …네.
남   (금고에서 만 원짜리 세어서 건네며) 거기 사람들은… 어때요?
강재   …네?

남   사람들… 사무실 사람들이요.

[인서트 / 13부 54씬 걸어오는 강재를 보던 사무실 사람들.]

강재e   …아… 사람들이요… 그냥…

착잡한 얼굴로 강재를 보고 있는 아버지.

강재   평범한… 직장인들이죠…
남   ……
강재   ……
남   악마들인가… 그랬더니… 그건 아닌가 보네요.
강재   ……
남   사람 모여서 일하면… 나도 잠깐 회사생활을 해봤지만…
         남 몸 아픈 거에 인색하잖아요.
         근성 없다고 그러고 프로답지 못하다 그러고…
         지금 세상은 안 그런지 모르겠지만…
강재   ……
남   그러니… 마음 아픈 거에는 오죽했겠어…
강재   ……
남   직장생활하면서 그 정도 스트레스 안 받는 사람이 어딨고…
         정신력의 문제라고… 그렇게들 그랬겠지…
강재   ……
남   회사 가는 걸… 정말 좋아했었는데… 그게 다… 싫어졌으니…
강재   ……

07   병원 . 복도

대기실에서 나와 복도를 걷는 부정.

남e 이제 뭐가 남았겠어요…

잠시 지나의 병실 쪽을 보고 서 있는 부정.
화장실에서 사람이 나오면, 그제야 화장실로 들어가는.

남e 아무것도 없이… 텅 비었지…

08 **문구점 앞 길**

착잡한 얼굴로 문구점을 나오는 강재.
나와서 잠시 문구점을 보다가, 한쪽으로 걷는.
걷다가 문득 멈춰 서서 주머니에서 핸드폰을 꺼내는.
민정의 부재중 전화가 5통. 잠시 보는데
길로 무리를 지어 지나가는 아이들.
문구점으로 들어가는 아이들을 피해 벽 쪽으로 서서
부정과의 대화창을 여는 강재.
사진과 메시지 모두 '읽음'으로 되어 있지만 답장은 없는.
보다가, 메시지를 적는 강재.
[안녕하세요. 이부정씨] 메시지를 적다가 멈추고.
마지막에 둘이 찍힌 사진을 괜히 다시 보는.

강재e 안녕하세요. 이부정씨…

09 **인서트. 12부 11씬 다시 조경철 천문대. 주차장. 새벽**

사진에서 이어지는 천문대의 두 사람.
일출을 바라보다가, 번갈아 서로를 바라보는 두 사람.

강재e   덕분에… 저는… 조금은 괜찮은 사람이 된 것 같은…
         즐거운 마음으로…

10   병원. 화장실

거울 앞에 서서 앞치마 리본을 고쳐 묶는 부정.

강재e   집으로… 무사히 돌아왔습니다.

핸드백에서 꺼낸 집게 핀으로 머리를 하나로 올려 묶다가,
진주 귀걸이에 걸린 머리카락을 빼내는 부정.
동작을 멈추고 잠시 거울 속의 자신을 보는.

강재e   ……어떻게 지내셨나요…

[인서트 / 12부 1씬. 텐트. 밤. 부정의 귀걸이에 걸린 머리카락을 꺼내
주다가, 닿을 듯 서로를 바라보는 두 사람.]

강재e   서울에서 다시 만나자는 인사도…

거울 속의 자신을 보고 있던 부정, 소매를 걷고 손을 씻는.

강재e   …아직… 승부가 나지 않은 내기도…

11 병원 . 복도

복도를 걷는 부정.

강재e 여전히 그때의 그대로⋯ 다 유효하다는 기분이⋯
저를 한없이 들뜨게도⋯ 또 한없이⋯ 두렵게도 만듭니다.

멀리 병실 앞에서 앞치마를 한 배다솜 팀장과 조감독이 이야기 중.
이야기를 하다가, 안으로 들어가는 두 사람.
조감독은 그냥 들어가고, 깍듯이 허리 숙여 인사하고 들어가는 팀장.
부정, 잠시 그쪽을 보다가, 탕비실 쪽으로 걸어가는.

강재e 지금이 현실인지⋯ 아니면⋯
현실로 돌아오지 못한 어떤 환상 속인지⋯
아직 아무것도 알 수 없지만⋯

12 마 을 버 스

언제나 부정이 앉는 자리에 앉아 창밖을 보고 있는 강재.
핸드폰을 보고 있는 강재.

강재e 그냥⋯ 이 기분을⋯ 믿어보고 싶어졌습니다.

[안녕하세요. 이부정씨⋯]로 시작해서 길게 적은 메시지를 쭉 지우고.
[안녕하세요. 이부정씨⋯ 덕분에 집으로 무사히 돌아왔습니다.]만
남기고.

강재e   답장은 하지 않아도 좋습니다…라는 말은…

[답장은 하지 않으셔도 좋습니다.]라고 적는.
보내는 강재.

강재e   마음에 없는 말이었음을… 깨닫습니다.

보내고 대화창을 닫았다가, 다시 열어보는.

강재e   잘… 지내고 계신가요.

아직 읽음이 되지 않은 메시지를 보다가, 대화창을 닫고
다시 창밖을 보는 강재.

13   병원.VIP실.입구

문 안에서 터져 나오는 지나의 울음소리.
달래는 진섭의 목소리와 기자와 통화하는 듯한 아란의 목소리.
진섭이 들고 있던 과일바구니를 안고 조심스럽게 밖으로 나오는
배다솜 팀장.
잠깐 열렸던 문 안으로 보이는, 침대에 지나와 그 곁에 진섭.
소파에 앉아 아까부터 통화하는 아란.

아란   송 기자님 난 기자님 말씀 다 알아. 내 말이 그 말이에요. 미친놈이야…
그치만 그렇다고 우리가 다른 사람 피해 줄 수는 없잖아요.
방송국이나 제작사는… 우리 이 감독은 번아웃 와서 3년 쉬다가
겨우 정신줄 잡고 복귀한 건데…

아무리 연속극이 싹 죽었대도 시청률이 30 왔다 갔다 하는
간판이잖아요.
연기 연습하다가 그랬대… 그러다가 싸울 수 있잖아요.
아무리 선후배라도… 그러다 신고가 들어간 거야…

안쪽에 정중하게 아무도 받지 않는 인사를 하고 천천히 문을 닫는 팀장.
문을 닫은 후에도 들리는 아란의 목소리.
팀장, 정신없는지 체머리를 흔들다가,
그래도 궁금해서 문에 귀를 대고 들으려는.

14   병원. 탕비실

앞치마를 입고 탕비실 안에 있는 부정.
포장된 과도와 일회용 접시 등을 봉투에서 꺼내 포장을 벗겨내
싱크볼에 담가서 세척하는, 하다가,
선반에 올려놓은 핸드폰에서 램프가 깜빡이면.
부정, 앞치마에 손을 닦고 핸드폰을 보려는데.
마침 과일바구니를 안고 탕비실로 들어오는 배다솜 팀장.
과일바구니를 부정에게 건네면.
부정, 받아서 싱크대 위에 내려놓는.

팀장   오늘 안 남았으면 너무 아까울 뻔했어요.

부정   …왜요?

팀장   아… (주위를 잠시 살피다가) 완전히 저 안은 완전
막장드라마 마지막회 같은 상태라고 해야 되나?

부정   (보는) ……

과일바구니를 해체해서 하나씩 내려놓으며,

팀장 　서류 작성한다고 한 십 분도 안 있었는데…
　　　그사이에 이혼 얘기 하다가… 폭행 합의 보는 얘기 하다가…
　　　무슨 표절이 어떻고 그러다가…

부정 　……

팀장 　갑자기 기자한테 막 전화가 오고…
　　　이건 무슨… 주제가 계속 바뀌는데 정신이 하나도 없어서…

부정 　…지나씨는… 괜찮아요?

팀장 　파우치요?

부정 　……

팀장 　얼굴은 이마 빼고는 말짱한데… 몸에 멍이 여기저기…
　　　(하다가) 아, 전에… 파우치가 파우치 잃어버렸을 때요.
　　　그때 나이 좀 있는 남자가 방에 있었잖아요.
　　　보일랑 말랑 문 살짝 열어놓고.
　　　그게 서진섭이었던 거지… 어디서 봤다 싶었는데…

부정 　……

팀장 　그때도 내가 남자한테 맞은 거 같다고 그랬었잖아요.

부정 　……네…

팀장 　알다가도 모르겠어요… 티비에서는 그렇게 잉꼬부부처럼
　　　그러더니…
　　　사고는 남편이 치고 뒷수습은 부인이 다 하고…
　　　살면서 얼마나 사고를 쳤는지 정아란은 이런 일
　　　한두 번 해본 솜씨가 아니더라구요.

부정 　……

팀장 　참… 연예인 걱정은 하는 게 아니라지만… 안됐어요.
　　　나 정아란 책도 샀거든요.

부정　（보면）

팀장　책으로 읽을 때는 되게 조용한 사람인 줄 알았는데… 생각도 많고…
　　　완전히 다른 사람이더라구요.

부정　……어땠어요?

팀장　뭐가요?

부정　……책이요. 재밌는지… 아닌지…

팀장　아… 책이요? 음… 글쎄… 그게 재밌다기보다는…

부정　……

팀장　……좋았어요.

부정　……

　　　어느새 잘라 담던 과일 한 조각을 입에 쏙 넣는 팀장.
　　　그 모습을 가만히 보는 부정.

15　민자의 빌라. 거실

　　　낮게 들리는 티비 소리.
　　　커튼을 닫아서 어두운 거실 바닥에 방석을 베고
　　　코를 골며 아무렇게나 잠든 민자.

16　민자의 빌라. 주방

　　　식탁 위에 김치를 담아 싸놓은 김치통들.
　　　주방 한쪽에 서서 소곤소곤 통화 중인 정수.

정수　그래서 너 지금 어딘데.

경은e　니네 회사 앞 택시 정류장…

정수   ……

17   백화점 앞 큰 길

정수의 백화점 앞길.
택시 정류장에 서서 전화하고 있는 경은.
화려한 원피스에 재킷을 걸치고, 화사하게 화장을 한 낯선 모습.

경은   저번에 니가 나 태워줬던 거기…
정수e   그렇게 왜 연락도 없이 와… 괜히 헛걸음하고…
경은   …혼내지 마…

18   민자의 빌라. 주방

통화하는 정수.
민자의 코 고는 소리가 커지면, 더 주방 안쪽으로 이동하는.

경은e   요즘엔 별말 아니어도 괜히… 위축된단 말이야…
정수   …누가 혼냈다고 그래…
경은e   …나올 수 있겠어?
정수   ……

19   백화점 앞 큰 길

통화하는 경은.

경은   모처럼 쉬는 건데…

정수e   어디로 가면 되는데…
경은   근처에서 쇼핑하고 있을게. 나오는 대로 연락 줘 그럼…

20   민자의 빌라. 주방

         통화하는 정수.

정수   알았어 그럼… 기다려.
경은e   돈 많이 들고 나와 정수야. 나 쇼핑 많이 할 거야.
         (하고 작게 소리 내 웃으면)

         정수, 경은의 웃음소리가 묘하게 안심이 되는지
         같이 웃고는 안 웃은 척.

정수   너는 꼭 쓸데없이… 끊어.

21   백화점 앞 큰길

         통화하는 경은.

경은   그럼 기다린다…

         하고, 웃으며 전화를 끊는.
         끊어진 핸드폰을 잠시 보았다가, 작게 한숨을 쉬는.

22   민자의 빌라. 화장실

화장실에서 막 세수를 하고 거울을 보는 정수.
거울장을 열어 민자의 조악한 화장품들 중 하나를 꺼내 바르는.
거울 속의 자신을 보는. 편하게 입은 옷이 마음에 안 드는지 보다가,
밖으로 나가는.

23   민자의 빌라. 거실

곤히 잠든 민자를 흔들어 깨우는 정수.

정수   엄마.
민자   ……
정수   엄마.
민자   어? 어… 어… 하…
정수   또 꿈꿨어?
민자   아니. 왜?
정수   나… 급하게 좀 나가봐야 되는데… 나 예전에 입던 옷들…
        엄마 아직 가지고 있어?
민자   옷? 무슨 옷…
정수   결혼 전에 입었던 것도 있고… 왜 있잖아… 전에 입던 남방에 면바지
        그런 그냥 깨끗한 거.
민자   갑자기 어딜 가… 저녁 먹고 간다더니…
정수   어… 회사에 잠깐… 일이 생겨서.
민자   회사? (서둘러 일어나는) 회사에 갑자기 무슨 일이야.
정수   그냥… 별일 아닌데… 있어요? 빨아놓은 거.
민자   (방 쪽으로 급하게 가며) 빨아놓은 거 있지.
정수   (그 모습이 또 미안해서) 엄마…
민자   (돌아보면)

정수   너무 급하게 그러지는 말아.

항상 그렇듯 그런 걱정 왜 하냐고 손사래를 치며 안으로 들어가는 민자.
또 마음에 걸려서 괜히 얼굴을 찡그리는 정수.

24   오피스텔. 강재의 집

순규의 찻잔에 생수를 따르는 민정.
생수를 따르며 방 안쪽을 보면, 종훈이 복층 계단에 앉아서
무료하게 핸드폰을 보고 있다.
민정, 종훈을 흘깃 보는데, 그런 민정을 보는 종훈.

종훈   딱이 친구라고 했죠.
민정   네…
종훈   딱이가 내 얘기 안 했어요? 우리 가게에 몇 번 놀러 왔었는데.
민정   …아… 네…
종훈   여자친구?
민정   뭐… 여자… 친구죠. 제가 남자친구일 수는 없으니까요.
종훈   …학교 친구?
민정   ……

민정, 대답 없이 따른 물을 마시면.

종훈   …나 주는 거 아니었네. 내 껀 줄 알고 기다렸는데.
민정   (잠시 보다가) 물 드려요?
종훈   아니. 괜찮아요. (하다가) 여기서 지낸 지는 얼마나 됐어요?
민정   지낸다기보다는… 출근하는 거죠. 여기가 저희 사무실이니까요.

종훈   사무실?

민정   네…

종훈   (잠시 갸웃하다가) 아… 그 역할대행… 그거구나?

민정   ……

종훈   처음 알았네. 강재 집인 줄만 알았지.

민정   이강재랑 연락이 잘 안 돼서 집으로 직접 오신 거잖아요.

종훈   ……그렇죠.

민정   그럼 모르실 수도 있죠. 4일밖에 안 됐으니까.

종훈   ……

서로 잠시 빤히 보는 종훈과 민정.
민정, 먼저 시선을 피하고 물을 마시는데
복도에서 들려오는 발소리.
두 사람 시차를 두고 그쪽을 보면,
지친 얼굴로 목발을 하고 안으로 들어오는 딱이.
문이 열려 있는 것이 의아했는지,

딱이   문이…

하다가, 종훈을 발견하는 딱이.

딱이   어…? 형…

종훈, 반갑게 웃다가 깁스를 한 딱이를 보고 놀라는.

종훈   뭐야. 다쳤어?

딱이   네… (하고 민정의 눈치를 살피는)

민정   (외면하고 찻잔으로 물을 들이켜는)

종훈   어디서 다쳤어. 사고야?

딱이   아니요. 여기 복층에서 짐 좀 들고 내려오다가…

　　　 금만 살짝 간 건데… 이렇게 해야 된대서… 별거 아니에요.

　　　 (하고 다시 민정 보면)

민정   ……

종훈   다행이다. 야. 들어와 앉아.

딱이   예… 근데… 형… 왜…

하고 민정이 보면, 민정이 딱이를 못마땅한 얼굴로 보다가,
물 마신 찻잔을 싱크볼에 휙 넣는.

25　고급 화장품 숍. 플래그십 스토어

고급스러운 화장품이 진열된 쇼케이스를 보고 있는 경은.
주름을 없애준다는 설명과 함께 시연을 해 보이는 점원.
입구에서 안으로 들어오는 출근 때와는 다른 편안한 차림의 정수.
적당한 곳에 비치는 자신의 모습을 보고,
매무새를 한번 살핀 후 내부를 보면.
안쪽에 경은, 점원에게 얼굴을 맡기고 있으면,
점원이 주름이 희미해진다는 설명과 함께
이마와 목에 제품을 정성스럽게 발라주는.
그런 경은을 보다가, 그쪽으로 가는.
경은, 정수가 오는 것을 느꼈는지 이쪽을 보는.
손을 들어 활짝 웃는 경은.
정수, 너무 밝은 경은의 모습에 잠깐 멈췄다가 다가가는.

정수 어떻게… 나온 거야. 몸은 좀 괜찮아?

경은 내 몸이 왜? 누가 나 아프대?

정수 아니… 그냥… 큰일 치렀으니까… 물어보는 거지.

경은 (위아래로 보다가) 너 그렇게 입으니까 되게 학생 같다.

정수 ……학생은 무슨… 말도 안 되는 소리를 해…

경은 진짠데…

정수 그러지 마… 그래봤자 나한테서 아무것도 안 나오니까…

경은 왜 아무것도 안 나와… 돈 많이 갖고 나오라니까…

정수 (어이없이 보면)

경은 (피식 웃는)

정수 하여간 너는… 말을 말아야지…

경은, 잠시 정수 보다가,
가까이 다가가서 고개를 뒤로 젖혀 목을 보여주는.
그런 경은을 꼼짝없이 보고 있는 정수.

경은 …없어졌니?

정수 (닿을 듯 선 경은의 얼굴을 보는) ……

경은 …응?

정수 (어색한지 좀 떨어지며) 뭐가…

경은 ……

정수 ……

경은 주름 말이야… 없어졌냐고.

정수 (잠시 보다가) 거기… 뭐가 있었어?

경은 ……

정수 ……

경은, 정수 빤히 보면, 시선을 피해 괜히 진열된 제품을
만지작거리는 정수.

경은   …이제 보니까 선수네…
정수   왜 또 시비야… 없는 걸 없다고 하는데…
경은   …빈말이래도 기분 좋다…
       (하고, 점원에게) 이거 세트로 다 주세요.
정수   (보면)
경은   너한테 돈 내라고 안 하니까 그렇게 볼 거 없어.
정수   ……
경은   그냥… 기분이… (하다가) 다른 생각도 좀 하고 싶어서
       사는 거니까… 말리지 말라고.
정수   ……누가 말린데…

하고, 주머니에서 지갑을 꺼내 물건을 가져오는 점원에게로 가는.
그 모습을 보다가 따라가서 말리는 경은.

경은   아니야. 진짜 내가 낼 거야. 하지 마.
정수   (잠시 보다가) 가만있어 그냥.
경은   ……
정수   이럴 땐 가만있는 거야.
경은   ……

경은 보지 않고, 계산대로 가서 계산하는 정수.
그 모습을 가만히 보고 있는 경은.

26   병원 . 복도

대기실에 앉아서 통화하는 진섭.
아란이 병실에서 한 것과 비슷한 대화를 더 여유롭게 하고 있는.

진섭   연습하다가 감정이 좀 올라와서… 지금 병원이에요.
무슨 전치 6주야. 2주야 2주. 내일모레면 퇴원할 거야.
누가 잘 모르고 신고를 했나봐…
요즘엔 꺼떡하면들 경찰에 신고하니까…

빈 쟁반을 들고 탕비실에서 나와 대기실 부근을 지나 병실로 가는 부정.
진섭의 통화 내용을 듣다가 흘끔 진섭을 보면, 진섭, 부정 쪽을
보았다가 조금 소리를 죽여 통화를 이어가는.
부정, 빠른 걸음으로 병실로 이동하는데.

27   병원. VIP실

어둑해진 바깥.
넓은 병실 침대에서 리모컨으로 티비를 이리저리 돌리는 지나.
연신 울려대는 핸드폰 진동이 들리지 않는 듯,
복잡한 얼굴로 티비를 보는. 소파 테이블에 먹다 남은 과일 접시.
작게 노크하고 안으로 들어오는 부정. 그쪽을 돌아보는 지나.
소파 테이블 쪽에 아무도 없는 것을 곁눈질로 확인하는 부정.
소파에 놓여 있는 아란의 가방, 선글라스 등을 잠시 보다가,
지나 쪽 보는.
혼자 있는 지나. 지나, 부정을 보고, 부정도 잠시 지나를 보는.
부정, 자신을 보는 지나를 보다가, 테이블 쪽으로 와서
과일 접시를 치우는.

부정   좀 괜찮아요?

지나   ……침대 좀 더 세워줘요.

부정   ……

다가가 침대를 세워주는.

지나   됐어요. 지금 좋아요.

부정, 대답 없이 테이블로 돌아가려는데,

지나   아줌마가 신고한 거 아니죠?

부정   ……

지나   아줌마 가고 나서 화해한다고 다시 왔다가… 이렇게 됐어요.

부정   ……

지나   정신없이 맞고 있는데… 누가 경찰에 신고를 했다고…
　　　　보안요원이 올라왔더라구요.

부정   ……

지나   그래서 그냥 돌려보냈는데… 누가 뭘 봤는지 이렇게 커졌어요.
　　　　곧 묻히겠지만…

부정   ……

지나   아까 선생님들 기자랑 통화하는 거 들으니까…
　　　　내 기사는 거의 안 날 것 같더라구요… 드라마도 대충 하차할 거
　　　　같고… 다행이죠…

가만히 티비를 보는 지나.

부정   신고한 건 아닌데… 보안요원한테 얘기는 해놨어요…

올라가 보는 게 좋을 것 같다구…

지나 아… 아줌마였구나…

부정 ……다른 사람일 수도 있죠… 옆집일 수도 있고…

지나 ……

부정 ……뭐… 더 필요한 거 없어요?

지나 내가… 어떻게 보여요?

부정 ……

지나 한심해 보여요?

부정 ……글쎄요…

지나 ……

부정 한심하다기보다는… 슬퍼 보여요…

지나 ……

부정 ……

지나 전에 있던 애기 엄마… 아줌마 친구요.

부정 (보는)

지나 (떠올리고) 희선씬가…? 맞죠 남희선씨.

부정 ……네…

지나 내 편들어주다가… 손가락이 두 개나 부러졌었어요.
　　　 진섭 쌤이… 현관으로 막 끌고 나가는 걸 못 가게 막다가…

부정 ……

[인서트 / 9부 29씬 회상. 소아과 입원 병동. 병실. 손목에 깁스를 하고 민수와 있는 희선, 안으로 들어오는 부정. 희선과 눈이 마주치면 어색하게 웃는. 그 위로.]

지나e 진섭 쌤한테 위자료 많이 받아내라고 그랬었는데…
　　　 얼마 있다가… 위자료는커녕 짤렸어요.

화면 돌아오면,
생각에 잠긴 부정. 그런 부정을 보다가,

지나   조심하세요.
부정   (돌아보는)
지나   혹시… 이 일로 짤려도 제가 도와드릴 수 있는 건 없으니까…
부정   ……
지나   저 등에 베개 좀…

다가가서 베개를 다시 받쳐주는 부정.

지나   어떤 친구예요? 나이 차이가 있으니까… 동창은 아닐 거고…
부정   동호회에서 만났어요…
지나   ……동호회… 인터넷이요?
부정   ……네…
지나   인터넷… 무슨 카페요…?
부정   (덤덤하게) …자살카페요.
지나   ……

지나, 부정 보는데,
부정, 지나에게 시선 주지 않고
덤덤한 얼굴로 베개로 인해 불편해진 침상의 각도를 조절하는.
내내 부정을 보는 지나.

지나   시도해본 적 있어요? 실제로.
부정   ……
지나   ……

부정   ……사람들하고… 근처까지는 가봤는데…
       해본 적은… 없어요.
지나   (보는) 유서도 썼어요?
부정   ……

부정, 대답하려는데 마침 문을 열고 안으로 들어오는 아란.
그쪽을 보는 지나, 돌아보는 부정.
아란, 안으로 들어오다가 부정을 보고 잠시 멈췄다가, 소파 쪽으로.
소파로 가는 아란을 보다가, 부정도 소파 쪽으로 와서,
치우다 만 그릇을 쟁반으로 치우는.
부정이 아란 앞의 종이컵을 치우려고 하면,
아란, 부정의 손을 살짝 밀어내며 저지하는.
서로 보는 둘.

아란   마시던 중이라서요…
부정   ……

침대에서 그쪽을 보던 지나.

지나   아줌마…
부정   (돌아보면)
지나   그것만 치우고… 퇴근하세요.
부정   …네.

하고, 아란의 컵을 제외하고 쟁반에 담은 그릇들을 들고
지나 쪽으로 인사하는. 그 모습을 보고 있는 아란.
지나에게 인사하고, 아란을 보는 부정.

잠시 아란을 바라보다가, 살짝 고개 숙여 인사하는 부정.
아란도 끄덕 인사를 받는. 밖으로 나가는 부정.
나가는 부정을 보는 아란.

28 병실. 복도

문에서 나와 동시에 짧은 한숨을 뱉는 부정.
긴장이 풀리는지 잠시 그대로 서 있다가, 탕비실 쪽으로 이동하는.
멀리서 천천히 걷는 부정을 보는 시선.

29 오피스텔. 엘리베이터에서 복도

계기판을 올려다보고 있는 강재.
여전히 붙어 있는 명운헤어컷의 스티커를 보다가,
괜히 머리를 쓸어 넘겨보는.
10층에 도착해서 문이 열리고 내리는 강재.
창숙의 집 앞을 지나가면서 잠시 문을 바라보는.
바라보고, 안으로 걸어 들어가는 강재.
집 쪽으로 코너를 도는데 보이는 열려 있는 문.
걸음을 멈추는 강재. 멈췄다가, 다시 문으로.

30 오피스텔. 강재의 집. 현관. 밤

현관 앞에서 남의 집처럼 안을 들여다보는 강재.
보면, 현관에 얌전히 놓여 있는 종훈의 구두.
안에 종훈이 매트리스에 걸터앉아 있는.
이쪽을 보는 종훈. 보는 강재.

손을 들어 인사하는 종훈.
종훈을 보자마자 괜히 복도 쪽을 의식하게 되는 강재.
그런 강재를 보는 종훈.

종훈   왜 이렇게 연락이 안 되나 이 선수.
강재   ……뭐야…

하고 문을 닫으려는데,

종훈   아… 열어놔.
강재   (보면)
종훈   딱이가 나가면서 열어논 거야. 여자친구랑.
강재   ……
종훈   금방 올 거야. 뭐 마실 거 사러 간다고. 손님이라고 내가.
강재   ……

대답 없이 그런 종훈을 잠시 보다가,
문을 닫고 안으로 들어가는 강재.

31   편의점. 밤

음료수 냉장고를 보고 있는 민정.
좀 떨어진 곳에서 핸드폰을 보고 있는 딱이.
강재와의 대화창에 보낸 [언제 와. 집에 종훈이 형 와 있어.]라는
메시지가 '읽음'으로 바뀌는.

딱이   어어… 봤다. 봤어요 강재가.

민정	(심드렁하게 보는)
딱이	(다가오며) 확인했어요. 읽음 떴어요. 문자에.
민정	……
딱이	(한결 밝아진 얼굴로 핸드폰을 보며) 이제 올 일이면 들어오고 못 올 일이면 안 오겠죠 뭐.
민정	……네……

그제야 심드렁한 민정이 신경 쓰였는지,
주머니에 핸드폰을 넣고 다가오는 딱이.

딱이	……골랐어요? 뭐 골랐어요?
민정	그냥… 적당한 거 골랐어요. (하다가) 뭐하러 따라왔어요. 다리도 불편한데. 서 실장이랑 같이 있지.
딱이	뭐… 할 얘기도 별로 없고…
민정	(보는) 할 얘기가 왜 없어요. 아주 인기가 많았다던데.
딱이	에? 내가 왜 인기가 많아요.
민정	(빤히 보다가) 서 실장이 되게 탐냈었대요. 아줌마들이 좋아해서…
딱이	저 형은 원래… 괜히 그런 말을 해요.
민정	괜히 왜 해요?
딱이	그냥… 저 형한테는 그게 되게 칭찬이니까…
민정	(보는)
딱이	그렇잖아요…
민정	오늘 일찍 깨워달라고 하고… 어디 갔었어요?
딱이	……네?
민정	어디 갔었냐구요. 전화기 꺼놓고.
딱이	……뭐… 도서관에…
민정	도서관?

딱이	······예.
민정	무슨 도서관이요. 이름이 뭔데요.
딱이	······도서관이 도서관이죠. 다른 이름이 또 있어요?
민정	······거짓말.
딱이	(보는)
민정	딱 보여요. 딱 투명하게.
딱이	······
민정	······
딱이	······나중에··· 잘되면··· 얘기할게요.
민정	뭐가 잘되면요.
딱이	······그냥 다 잘되면···
민정	그럼 잘 안 되면 얘기 안 해요?
딱이	······
민정	아··· 답답해··· 그냥 확 정신을 놔버려야지 정말···

하며, 소주병을 여러 개 꺼내, 들고 있는 바구니에 담는 민정.
얼른 바구니를 받아 드는 딱이. 민정, 안 주려고 버티면,

| 딱이 | 이 정도는 들죠. 팔 부러진 것도 아닌데··· |

미안한 얼굴로 보는 딱이에 못 이기는 척 놔주는.
놔주면, 다른 코너로 가버리는 민정.
딱이, 민정이 담은 소주를 다시 진열대로 돌려놓고,
대신 맥주 두 캔을 담아 민정의 뒤를 따라가는.

32   오피스텔. 강재의 집. 화장실

거울을 보고 있는 강재.
핸드폰으로 딱이와 민정이 보낸 메시지들을 이제야 읽는.
폰을 내려놓고, 잠시 생각하다가, 손을 씻는.

33　　오피스텔. 강재의 집. 밤

냉장고를 열어보는 종훈.
민정이가 따라 마시던 물, 우유, 그리고 계란 칸에
플라스틱 케이크 장식.
케이크 장식을 보는데, 마침 화장실에서 나오는 강재.
냉장고 문을 닫는.

종훈　　…진짜 아무것도 없네… 나가서 한잔 할래?
강재　　뭘 남의 집 냉장고까지 열어보고 그래. 예의 없이.
　　　　(하다가) 나 술 끊었어.
종훈　　그런 건 쉰다고 그러는 거야. 끊었다고 하는 게 아니라.

행거에 티셔츠로 갈아입으며,

강재　　용건이 뭔데… 뭐가 또 헷갈려서 왔는데.
종훈　　아… 촉 좋아.
　　　　형이 다시 막 헷갈리는 상황이란 걸 어떻게 딱 알았어.
강재　　…집까지 찾아올 만큼… 급한 일이 뭐가 있을까… 생각하다
　　　　보니까… 아… 이 형이 뭐가 또 헷갈리는구나.
종훈　　……
강재　　……그냥 그런 거지.
종훈　　……

옷을 갈아입고, 매트리스에 걸터앉는 강재.

종훈   여기 1003호가 그 여자 집이냐?

강재   ……

종훈   아, 아버지 집인가? 명의는 그 여자로 돼 있던데.

강재   ……그 여자가 누군데.

종훈   아… 또 내숭… 방금까지 다 아는 것처럼 그러더니 어색하게 왜 이래.

강재   ……뭘 아는데.

종훈   야… 빙빙 돌리는 건 내 특기고.
        넌 빙빙 돌리는 거 멀미 나서 싫어하잖아.

강재   (보면)

종훈   (잠시 보다가) 정우 말이야.

        잠시 복층에 시선 주는 강재.

강재   정우 형 왜…

종훈   그 여자 일… 너한테 주기 전에 정우 줬었다고 했잖아.
        근데 정우가 아무것도 안 하고 그냥 자빠졌다고.

강재   ……

종훈   그때는 정우가 그 애가 아팠으니까…
        그냥 정신이 없어서 돈만 써 제끼고 모른 척 튀었구나
        그렇게 생각했는데.

강재   ……

종훈   이제 와서 생각해보니까… 일부러 아무것도 안 준 거 같애.

강재   ……왜?

종훈   ……그건 내가 모르지…

324

잠시 서로 보는 둘.

울리는 종훈의 핸드폰. 보면 안 실장의 사진 메시지.

열어보면, 병원 대기실에서 통화하는 진섭의 사진.

그리고 앞치마를 입고 복도를 지나가는 부정.

강재	…왜 그런 생각을 했는데…
종훈	그러게… 왜 그런 생각을 했을까…
강재	……
종훈	너는 어때?
강재	……뭐가 어떤데…
종훈	생각해보니까 너도 나한테 아무것도 안 줬잖아. 헷갈리게.
강재	……
종훈	넌 정우처럼 아픈 애도 없고. 죽을 생각도 없는데.
강재	……
종훈	정아란한테 직접 들이대고 싶은 것도 아니고…
	그렇다고 그 여자가 니가 빨대 꽂을 만큼 뭐가 있는 것도 아니고…
	그냥 정아란 책 대필하고 가방 들어주고 그냥 비서처럼
	일 봐주던 여잔데…
강재	……아… 진짜…
종훈	(보면)
강재	…사람이 무슨 요구르트도 아니고… 빨대를 왜 꽂아…
	기분 나쁘게…
종훈	……형은 그렇게 살았어 인마.
	약점 있으면 잡고, 없으면 만들고, 만들면 그거 또 커버 쳐주고
	그렇게 내 존재감 어필하면서.
강재	……
종훈	……그러다가 정도 들고… 불쌍하다가 또 좋아지고…

그럴 수 있지. 너도 나도 사람인데.

강재   ……

종훈   나 정아란하고 그렇게 정도 들고 그랬어…

강재   ……그래서 하고 싶은 말이 뭐야.

종훈   ……

강재   헷갈려서 어떻게 할 건데…

종훈   나… 니 사진… 넘겼다. 정아란한테.

강재   ……무슨 사진…

종훈   무슨 사진은. 내가 정아란 줄 사진이 그거밖에 없는데 묻는 니가
         이상하지.

강재   ……와…

종훈   ……

강재   적반하장이네…

가만히 종훈을 보는 강재.
그 기세에 눌려 부러 떠벌리듯.

종훈   솔직히 올 때까지는 너하고 약속한 것도 있고 해서…
         찜찜했는데… 그래서 얼굴 보고… 얘기하고 그러려고 왔는데…

강재   ……

종훈   모르겠다. 진짜.

보는 강재. 종훈도 강재 보는데.

강재   가라…

종훈   ……

서로 보는 둘.

34   오피스텔. 복도

장 본 것을 들고 복도를 걸어오고 있는 딱이와 민정.
마침 강재의 집 현관에서 나오는 종훈.
종훈을 보고 서로를 보는 딱이와 민정. 보다가,

딱이   형… 가요?
종훈   어… 어…

종훈, 민정 흘깃 보면, 딱이 뒤로 숨는 민정.

종훈   다음에 보자… 그거 조심하고. 술 마시면 안 될 텐데…
딱이   예… 조심할게요.
종훈   연락하구.

그 말에 민정 보는 딱이, 민정 못마땅해서 딴 곳을 보고 있는.

종훈   (민정에게) 또 봐요.
민정   …네.

종훈, 불편한 얼굴로 복도를 빠져나가고.
그 모습을 보다가 강재의 집 현관으로 오는 두 사람.
열린 문으로 안을 들여다보면,
두 손으로 얼굴을 감싼 채 매트리스 끝에 앉아 고개를 숙이고 있는
강재.

그런 강재를 보다가, 다시 서로를 보는 딱이와 민정.
괴로움이 고스란히 전달되는 강재의 모습.

35　병 원 앞 길 . 아 란 의 차 . 밤

배다솜 팀장과 함께 병원에서 나와 길로 걸어오는 부정.
길가에 주차를 하고, 그 모습을 차 안에서 보고 있는 아란.
이야기를 주고받고 간혹 웃기도 하는 비교적 안정된 모습의 부정.
부정과 팀장, 아란의 차 쪽으로 다가오면,
창문을 내리는 아란. 그쪽을 보는 팀장.

아란　이 작가.

부르는 소리에 그제야 보는 부정.
팀장, 누군가 싶어 가까이 보았다가, 아란인 것을 확인하고 놀라는.
잠시 팀장 쪽을 보았다가, 다시 부정을 보는 아란.
차 문을 열어주며,

아란　잠깐 얘기 좀 해. (팀장에게) 이 작가랑 잠깐 얘기 좀 할게요.
팀장　아… (하면서 상황파악에 바쁜)
부정　……

곤란하지만 예상치 못한 상황은 아닌 부정.

부정　(팀장에게) 제가 연락드릴게요. 죄송해요.
팀장　아… 아아아… 예.
부정　…죄송해요.

팀장	아니요 아니요. 그럼 먼저… (아란에게 인사하고) 들어가 보겠습니다.
부정	……

부정에게 작게 손 흔들고 바쁘게 길을 빠져나가는 팀장.
부정, 그쪽을 보다가, 아란 쪽을 보는.

아란	타. 집으로 가는 거면 집에 내려줄게.

하고 안쪽 좌석으로 이동하는 아란.
잠시 그대로 서서 아란을 보다가, 차에 올라타는 부정.

36   아란의 차. 밤

2열에 나란히 앉은 부정과 아란.
서로 보지 않고 어색하게 앉은.

아란	(기사에게) 이 작가 집 등록돼 있지.
기사	아. 네.
아란	(부정에게) 혹시 이사했어?
부정	…분가했어요. 일 년 전에… 그냥 여기서 얘기하고 버스 타고 갈게요.
아란	타고 가지 왜.
부정	길게 나눌 얘기 없잖아요. (하고 보면)
아란	(잠시 보다가) 그래 그럼…
	(기사에게) 가까운 데 대주고… 잠깐 쉬었다 와. 전화할게.
기사	…네.

천천히 차를 움직여 주차 공간으로 이동하는.

어쩐지 긴장되는 부정, 아래를 보았다가 창밖을 보면
그런 부정을 보다가, 아란, 지쳤는지, 회유하기 위해서인지,
한풀 꺾여 조용히

아란   다 봤겠네. 그동안.

부정   ……

아란   현장 나가기 창피하다 진짜… 연기 연습하다 그랬대…
지나가는 개가 웃지… 언제까지 이 일을 해야 되니.

부정   ……좋아서 하시는 거잖아요…

아란   ……

부정   싫으면… 안 하고 망하게 두면 그만인데…

아란   (잠시 보다가) 맞아… 근데…

부정   (보면)

아란   ……입은 삐뚤어졌어도 말은 바로 하랬다고…
좋아서 하는 건 아니야. 필요해서 하는 거지.

쓸쓸한 표정의 아란, 창밖을 보는.
그런 아란을 보다가 창밖을 보는 부정.
적당한 공터로 들어가는 차.

37   공터. 아란의 차. 밤

운전석은 비어 있고, 주차된 차 안.
조금 편한 자세로 앉아 있는 아란과 이 공기가 어색한 부정.
좀 더 편해진 말투의 아란.

아란   몇 개월이나 됐다며. 지나네서 일한 지… 지나가 그러던데.

부정	……육 개월 좀 넘었어요.
아란	……악플 올라올 때부터네 그럼…
부정	악플 쓴 건 더 오래됐어요.
아란	(보면)
부정	일 년도 넘었어요… 원고 막바지 때부터 썼거든요.
	아직 못 보신 것도 많을 거예요.
아란	……
부정	그냥 하고 싶은 말 하세요. 괜히 대화하려고 하지 말고…
아란	……내가 하고 싶은 말이 뭔데.
부정	표절 얘기 하고 싶어서 태운 거잖아요.
아란	……진짜… 하나도 안 변했다… 넌…
부정	……
아란	뭐가 그렇게 잘났니?
부정	(보면)
아란	…그렇게 잘나서 표절을 했어? 그것도 지가 번역하던 책에서?

창밖으로 시선을 돌리는 부정.
아란, 잠시 부정 보다가,

아란	나는 니가… 니 책에다 그랬다는 게 믿기지가 않아서…
	처음에 회사에서 얘기할 때는 믿지도 않았어.
부정	(보면)
아란	너 나한테… 처음 찾아와서 책 내자고 할 때 뭐라 그랬니.
	넌 책이 좋아서 니 책 하고 싶어서 그것 때매 사는 애라고 그랬어.
부정	……
아란	이런 저런 치사한 일… 낮이고 밤이고 불러내도
	책 만드는 게 좋아서 그래서 견디는 거라고…

부정	……
아란	게시판에 니가 올렸니? (하다가) 하긴… 너든 아니든 무슨 상관이야.
	어차피 천 권도 안 팔린 책… 재고 전부 수거해서 폐기하고
	절판시켰어. 비슷한 생각은 할 수 있잖아. 번역이 똑같은 게 문제지.
부정	(보면)
아란	회사에서 너 고소한다는 거 내가 말렸어.

복잡한 얼굴로 아란을 보는 부정.
아란, 그런 부정을 보다가,

아란	지나네 일은 왜 나가니? 나 엿 먹일 거 뭐… 찾니?
부정	……네…
아란	……
부정	……
아란	그래서… 뭘 좀… 찾았어?
부정	……그걸 다 알려주면서 싸우는 사람도 있어요?
아란	니가 나를 어떻게 이기니?
부정	……꼭 이기려고 싸우는 건 아니잖아요.
아란	……
부정	못 이겨도… 상처는 얼마든지 낼 수 있어요.
	피도 흘리게 할 수 있고…
아란	……
부정	매일매일 기도했어요. 지금도 가끔 하구요.
	두 분이 그냥 죽어버렸으면 좋겠다고…
아란	……
부정	남이야 어떻게 되든 말든… 자기 살 궁리만 하는…
	쓰레기라고 생각하니까.

아란	……이 작가… 사람 그렇게 미워하면… 병드는 건 너야…
부정	(보면)
아란	지옥이 별거니? 사람 미워서 견딜 수 없으면 거기가 지옥이지.
부정	……
아란	…어차피 너 나 못 이겨…
	꿈 깨는 게 니 건강에도 좋을 거야. 충고는 아니지만.
부정	……
아란	(가만히 보다가) 나한테는 니께 없을 거 같니?
부정	……
아란	……너 그렇게 깨끗해?
부정	……
아란	……
부정	……

38   순규의 집. 근처 길. 밤

노란 가로등이 군데군데 켜진 밤길.
손목에 캔맥주 두 개가 들어 있는 비닐봉지를 들고
한 손으로는 핸드폰을 보며, 복잡한 얼굴로 걸어오는 강재.
부정과의 대화창이 아직 '읽음'이 되지 않은.
목발을 짚고 앞서 걷는 딱이, 돌아보면.
묘한 분위기의 강재가 복잡한 얼굴로 핸드폰을 보는.
그 얼굴을 걱정스럽게 보는데 핸드폰을 주머니에 넣고
고개를 드는 강재.

강재	왜…
딱이	다음 주면 고시원에 들어갈 수 있다니까. 민정씨.

그때까지 그냥 우리집에 있을래? 어차피 오늘 간 김에.

강재　　…됐어. 순규 너무 시끄럽고… 음식도 그저 그렇고. 사 먹는 게 나.

딱이　　(피식 웃고) 그건 그렇지.

나란히 걷는 두 사람.
강재, 딱이 속도에 맞춰 걸으며 깁스 한 번 보고는.

강재　　내가 너 민망할까봐… 민정이랑 있을 땐… 복층에서 이불 들고
　　　　내려오다가 굴렀단 말… 그냥 믿고 슬쩍 넘어갔는데…

딱이　　(보는)

강재　　너네 내 방에서 막 뭘 하다가 그런 건 아니지?

딱이　　……뭘 하는데…

강재　　……둘이 뭐… 한 이불을 덮고 잤다던가… 숟가락을 나눠 썼다던
　　　　가… 막… 나 잡아봐라… 하면서 그런 걸 했다던가…

딱이　　……우린… 둘이 있으면… 주로 니 얘기해…

강재　　둘이 있는데 왜 내 얘기를 해. 니들 얘기나 하지.

딱이　　……공통 화제가 아직 너밖에 없고… 니 얘기가 재밌으니까…

강재　　그래서 내 얘기 뭐 했는데.

딱이　　뭐 많이 했어. 너 처음 역할대행이 나 초등학교 4학년 때 왕따 당할 때
　　　　내 친구 대행이었다는 거… 너 십만 원 받아갔잖아.
　　　　두 달 동안 친구 하면서…

강재　　(수상하게 보는)

딱이　　왜?

강재　　……넌 여자만 만나면 그 얘기 하더라…

딱이　　내가 무슨 또 여자만 만나면 그 얘기를 해…

강재　　……너 동정심 자극한다고 자꾸 그 얘기 하는데…
　　　　생각보다 여자들이 그렇게 모두 다 동정심이 많은 건 아니야…

딱이	……민정이는 재밌어했어…
강재	민정이래… 미치겠다. 진짜…
딱이	……넌… 종훈이 형이랑 무슨 일 있었어?
강재	……일은 무슨 일이 있어.
딱이	딱 괴로워 보이던데…
강재	……
딱이	…응?
강재	모른 척해줘… 그냥…
딱이	……
강재	나중에… 기회 되면… 말할 날이 오겠지.
딱이	……
강재	나도… 처음 있는 일이라…
딱이	……
강재	……
딱이	……알았어… 기다릴게…
강재	……고마워…
딱이	너 되게… 매력 있다 지금…
강재	……
딱이	……

강재 보다가, 피식 웃으면, 같이 웃는 딱이.
어느새 순규 집이 보이는.
대문에서 밖으로 나오는 순규와 우남.

강재	어?
딱이	아… 둘이 같이… 또 무슨 사고를 치려고…
	(하더니, 큰 소리로) 어디 가?

이쪽을 돌아보는 순규와 우남.

순규, 염색한 머리가 어색한지 잠깐 만졌다가, 머리를 자른 강재를 보는.

우남   머리 잘랐네.

순규   뭐야. 허리까지 길러서 양쪽으로 땋고 다닐 거라고 그러더니.
        나 따라서 짤랐구나?

강재   뭐래… 이게 그냥 머리가 아니야…

순규   그냥 머리가 아니면 뭔데 그게.

강재   어차피 말해도 몰라.

딱이   아… 어디 가냐구.

순규   노래방.

딱이   갑자기 노래방을 왜 가.

순규   노래방을 왜 가긴… 노래하러 가지.

우남   노래하러 가지.

딱이   둘이?

순규   ……뭐… 같이 갈래?

딱이   강재… 갈래?

강재   너는 왜 이렇게 눈치가 없어. 요즘 노래방이 얼마나
        방음도 잘 되고… 프라이빗한데… 거길 왜 따라가…
        다리도 불편한 애가.

순규   그니까. 너는 왜 남의 귀한 애 다리를 이렇게 만들었어.

강재   내가?

순규   너네 집에서 집 옮기다가 이렇게 됐는데 너 때문이지.

강재   무슨 소리야. 이 집에서 이불 가져온 거 갖다놓다가 그랬다는데…

순규   이불? 무슨 이불.

동시에 서로를 바라보는 딱이와 우남.

강재, 딱이 보면, 딱이 고개를 가로젓는.
우남, 순규의 어깨를 한 팔로 안으며.

우남   둘이 잘 갔다 올 테니까. 둘은 집 잘 보고 있어.
순규   왜 이래. 애들 보는데…
딱이   어… 어.

순규, 못 이기는 척 우남과 함께 앞서가고.
우남, 딱이를 슬쩍 돌아보고, 들어가라는 제스처.
딱이, 손을 들어 인사하고 가는 두 사람을 보고 있는.
강재, 그런 딱이를 보는데, 울리는 핸드폰 진동.
보면, [전화대행] 예약문자. 자동완성으로 대답하고,
잠시 핸드폰 보다가, 강재, 부정과의 대화창을 또 한 번 확인해보는.
별 기대 없이 본 대화창의 메시지가 '읽음'으로 바뀌어 있는.
그대로 대화창에 시선을 고정하는 강재.
순규와 우남, 골목을 빠져나가면, 그제야 강재 쪽으로 오는 딱이.
다시 복잡한 얼굴이 된 강재가 핸드폰을 보고 있다.

39   지하철

사람이 제법 있는 흔들리는 지하철에 서 있는 부정.
핸드폰으로 강재의 메시지를 보고 있는.
[덕분에… 집으로 무사히 돌아왔습니다.
답장은 하지 않으셔도 좋습니다.]
가만히 글씨를 보는데 떠오르는 기억.

[인서트 / 4부 27씬 '답장은 하지 않으셔도 괜찮습니다'로 끝나는

부정의 장문의 메시지를 보는 강재.]
[인서트 / 4부 웨딩홀에서 돌아보는 부정과 풍선을 들고 서 있는
강재.]

강재e　　덕분에 집으로 무사히 돌아왔습니다.

[인서트 / 5부 흡연실로 데리고 들어가는 강재. 그런 강재를 바라보
는 부정.]

강재e　　답장은 하지 않으셔도 괜찮습니다…

화면 돌아오면,
메시지를 보고 있는 부정, 사람들에 밀려서
서 있을 자리가 마땅치 않아지면.
연결칸 안으로 들어가는.
이동하는데 도착하는 강재의 메시지.
잠시 망설이다가, 열어보는 부정.
[혹시… 아무 이유가 없어도… 볼 수 있을까요…]
가만히 메시지를 보는 부정.
보고 있는데 다시 도착하는 메시지.
[보고 싶습니다.]
메시지를 가만히 보다가 알 수 없는 괴로움에
눈을 감아버리는 부정.

40　　노래방

평범한 작은 옛날 노래방.

테이블 위에 비어 있는 병맥주 두 병. 강냉이 한 접시.
「잊어야 한다는 마음으로」를 부르고 있는 정수.
구두를 벗고 소파에 모로 누워 모니터를 가만히 보고 있는 경은.
소파 한쪽에 놓여 있는 정수가 선물한 화장품.
노래 부르다, 가끔 경은을 돌아보는 정수.
경은, 모니터를 보다가 정수를 보는.
노래를 부르다 경은의 곁으로 와서 앉는 정수.
옆방에서 들리는 노랫소리.

정수   괜찮아?
경은   …너무 피곤해…
정수   너무 피곤하면 들어가자.
경은   …너무 피곤한데… 잠이 안 와…
정수   ……
경은   우리 어디 가서 한숨 안 잘래?
정수   ……
경은   나 좀 재워줘라 정수야… 나 죽을 거 같애…
정수   ……
경은   내가 너무 질척대지. (하고 빤히 보는)
정수   ……무슨 그런 말을 해…

잠시 더 보다가, 일어나 앉는 경은, 리모컨의 플레이 버튼을 누르는.
적당히 조용한 발라드의 반주가 흘러나오는.

경은   이거만 부르고 집에 가야겠다.
정수   …괜찮겠어?
경은   뭐가…

정수   혼자… 갈 수 있겠냐구… 며칠 동안 잠도 못 잤다면서…

경은   혼잔데 혼자 가는 게 뭐…

정수   ……

경은   일어나서 부를까? 마지막 곡인데…

소파에 걸터앉아, 구두를 신으려는 경은, 허리를 숙여 구두를 세우는.
그 모습을 보다가, 바닥에 쪼그리고 앉아 경은의 구두를 신겨주는 정수.
그런 정수를 가만히 보는 경은.
정수의 어깨에 손을 얹어 가만히 토닥이면, 슬쩍 올려다보는 정수.

정수   뭐야… 재워달라며… 니가 나 재워주는 거야?

장난스럽게 올려다보는 정수를 울 것 같은 얼굴로 보는 경은.
가만히 정수의 얼굴을 보다가, 정수의 뺨에 손을 얹는 경은.
가만히 서로를 보는 두 사람.
경은, 금방이라도 눈물이 쏟아질 것 같은 슬픈 얼굴로 정수를 보다가,
천천히 다가가 입을 맞추는. 가까이 다가온 경은의 얼굴을
안쓰러운 표정으로 찬찬히 보다가, 다가서는 정수.
천천히, 조심스럽게, 조용히 키스하는 두 사람.

41   노래방 입구. 밤

안으로 들어오는 순규와 우남.
방을 잡으려 카운터에 대기하고 서 있는데.
안쪽 방에 문이 열리고 밖으로 나오는 정수와 경은.
문득 그쪽을 돌아보는 우남.
경은을 발견하고, 시선을 피해 순규 뒤로 자리를 옮기면.

순규, 우남의 낌새가 이상해 우남이 보았던 곳을 보는.
정수를 보는 순규. 갸웃하며 한참 생각하다가, 누군지 떠오르는.
이쪽으로 걸어오는 두 사람을 피해서 벽 쪽으로 동시에
이동하는 순규와 우남.
그사이 바깥으로 나가는 정수와 경은.
나가는 모습을 보려 다시 이동하는 둘. 서로를 보는.

순규   아는 여자구나.
우남   응…
순규   누군데…
우남   …병원에… 환자 보호자분…

좀 더 밖으로 따라 나가보는 순규.
길 안쪽 모텔 간판이 모여 있는 곳으로 사라지는 둘.
놀라서 보는 순규. 어느새 우남도 나와서 두 사람을 보는.

42   순규의 집. 딱이 방. 밤

딱이 방 침대에 누워 천장을 바라보고 있는 강재.
책상 언저리에 놓여 있는 핸드폰.
진동이 울리면, 한 번에 일어나 핸드폰을 보는.
보면, 부정의 메시지.
[어디로 가면 될까요.]

43   모텔. 엘리베이터. 밤

어두운 엘리베이터 안에 나란히 서 있는 정수와 경은.

한 손엔 경은이의 화장품 쇼핑백을 들고,
한 손은 긴장한 듯 카드키를 만지작거리는 정수.
카드키를 만지는 정수의 손을 보다가,
정수를 보지 않고, 천천히 정수의 손에서 카드키를 뺏어 드는 경은.
그 모습을 물끄러미 보는 정수.

44 순규의 집. 거실. 밤

2층에서 내려오는 강재.
거실을 지나 현관으로 가서 급하게 밖으로.
화장실에서 씻고 나오던 딱이, 놀라서 보다가,

딱이 어? 강재… 어디…

하는데 이미 나가고 없는 강재.

딱이 어디 가…

45 길. 밤

지하철역 출구로 뛰듯이 걸어 올라오는 부정.
도로로 나와 택시를 잡는 부정.

46 택시. 밤

택시에 앉아 있는 강재.
차창 밖으로 지나가는 화려한 도시의 불빛들.

가만히 그 모습을 보는 강재.

47   다른 택시. 밤

창밖으로 보이는 풍경을 보는 부정.

48   모텔. 복도

복도를 걸어오는 정수와 경은.
경은이 키를 들고 앞서 어느 방 앞에 멈추면,
어색한 듯 따라오다가 멈추는 정수.
경은, 문 앞에 서서 키를 만지작거리며 문을 열지 않는.
정수, 그 모습을 가만히 보고만 있는.

경은   …우리… 혹시 처음이니?
정수   …글쎄다… 너랑은 처음 맞는 거 같은데…

가만히 정수를 보는 경은.
보다가, 키패드에 키를 대고 문을 여는.
스르륵 열리는 문.

경은   ……그렇게 오래 만났는데… 우리 진짜… 신기하다…
정수   ……

잠시 안을 가만히 보다가, 들어가는 경은.
그런 경은을 보다가, 따라서 들어가는 정수.
문을 닫는.

알록달록 낡고 작은 모텔.
벽 쪽에 놓인 싸구려 긴 소파에 걸터앉아 있는 정수.
소리 없이 티비를 틀어놓은 실내. 티비 조명에 따라 색이 바뀌는 작은 방.
화장실에서 들리는 물소리. 물소리 멈추면 그쪽을 보는 정수.
밖으로 나오는 경은. 정수 옆에 앉아 정수의 가슴에 머리를 기대는.
정수, 편하게 기댈 수 있게 자리를 다시 잡는다.
편하게 눈을 감는 경은.

경은   옛날 생각난다.

정수   ……이런 데 둘이서 처음인데… 어떻게 옛날 생각이 나…

경은   이렇게 푹 기대고 있을 때는 많았잖아…

            카페에서도… 버스에서도 지하철에서도…

정수   ……

경은   이렇게 오래 있고 싶어서… 자는 척한 적도 많았는데…

            너 알았니?

정수   알았지…

경은   뭐라고 생각했어? 앙큼하네… 그랬어?

정수   ……뭘 뭐라고 생각해… 예쁘다고 생각했지…

경은   이러고 있는데 갑자기 니 심장이 막 빨리 뛰면…

            괜히… 기분이 좋았는데…

정수   별게 다 기분이 좋네…

경은   ……나 너 괴롭히고 싶었던 거 같애…

            나 때문에 속상하게 만들고 싶었어…

            무슨 감정인지는 모르겠지만…

정수   ……알아…

경은	그것도 알았니?
정수	알지…
경은	우리… 이렇게만 있다가… 갈 거 같애… 어쩐지…
정수	……편하게 생각해…
경은	……와이프 생각하니?
정수	……
경은	이 방에 들어와서 한 번도 안 했다고?
정수	……했지…
경은	나도… 우리 남편 생각했어…
정수	……그래…
경은	사람들이 우리를 보면 뭐라고 할까…
	변태들이라고 그러려나?
정수	……무슨 상관이야… 너만 편하면 되지…

문득 흘러내린 눈물을 닦는 경은.

경은	나… 운다…
정수	……
경은	무슨 감정인지 모르겠어… 근데…
정수	……
경은	오늘이 처음이자 마지막일 거 같애…
정수	……

흐느낌 없이 흘러내리는 눈물을 닦는 경은.
그런 경은을 보다가,

| 정수 | 조금이라도 자… |

경은   ······응···

계속 흘러내리는 눈물을 닦으며··· 눈을 감고 잠을 청하는 경은.
그런 경은을 한 팔로 폭 안는 정수.

50   호텔 쉼 근처. 길. 밤

택시에서 내리는 부정.
잠시 주변을 보다가, 길 건너편을 보면,
길 건너편에 서서 이쪽을 보고 있는 강재.
횡단보도 쪽으로 걷는 부정.
길 건너편에서 부정을 따라 걷는 강재.
신호가 바뀌기를 기다리는.
서로를 보았다 안 보았다 하는 두 사람.
신호가 바뀌고, 횡단보도를 건너는 부정.
강재, 기다리듯 서 있다가, 부정 반쯤 다가오면,
부정에게로 성큼성큼 걸어간다.
다가오는 강재를 보면서 앞으로 다가가는.
강재, 횡단보도 어디쯤에서 만난 부정의 왼손을
오른손으로 한 번에 꼭 잡는. 잠시 서서 서로를 보는 듯한 찰나.
방향을 바꿔 데리고 가듯이 성큼성큼 길을 건넌다.
부정 쪽 보지 않고, 그렇게 마저 걸어가는 두 사람.
걸으며 강재의 뒷모습을 보는 부정.
어느 골목길 앞까지 그대로 걸어오는 두 사람.
그제야 부정을 슬쩍 돌아보는 강재.
마치 눈으로 보고 싶었다는 말을 하듯이 보다가
어느 골목 안으로 함께 걸어 들어가는.

그런 강재를 보며, 따라 걷듯 걷는 부정.

51   아란의 차. 밤

달리는 차.
낮게 들리는 라디오 소리.
아란, 핸드폰으로 부정의 사진을 보고 있는.
부정과 강재가 호텔 쉼에서 나오는 사진들.
아란, 한 장 한 장 보다가, 사진들을 선택하는.
선택해서 '이부정'에게 전송하려는.
잠시 망설이다가, 그대로 전송하는 아란.

52   골목 길. 밤

그대로 골목길 안까지 걸어 들어온 강재와 부정.
건물과 건물 사이 가려진 적당히 어두운 인적이 없는 어느 좁은 골목 안.
닿을 듯 서서 서로를 보는 둘.

강재   다시 만났네요. 서울에서…

동시에 다가가 키스하는 강재.
이끌리듯 따라오는 부정.
입을 맞추고 잠시 서로를 보다가, 동시에 다가가는 두 사람.
골목 안 깊은 곳에서 키스하는 둘.
그런 서울의 밤.

f. o

15부

———

마침표

01   몽타주. 강재

어딘가에서 들려오는 「할렐루야」,
암전에서 시작되는.

강재e   어떡하죠. 아버지…

동시에 화면 밝아지면, 1부 1씬 모텔 키오스크 앞에 강재.

강재e   저는 여전히… 아직도… 하루에도 몇 번씩…

40대 여자와 함께 모텔 엘리베이터에 서 있던 강재.
모텔 방 안의 강재.

강재e   …돈이란 무엇일까 하는 그런 생각을 하게 됩니다.

5부 가라오케에서 누군가의 친구 대행을 하다가,
입금된 문자를 보던 강재.

강재e   그리고… 세상에서 저를 제일 사랑하는 사람은

5부 정우의 고시원 복도를 걷던 강재의 등.
고시원 민수의 글씨를 발견하고 눈물을 흘리던 강재.

강재e   제게 가장 많은 돈을 쓴 사람일 거란 오래된 생각을…
습관처럼… 또 하게 됩니다.

9부 정우의 물건들을 보다가, 방에 웅크리고 누워
미선씨의 입금문자를 받던 강재.

강재e 그런데 가끔… 그러다가 아주 가끔은…
그럼… 사랑이란 건 뭘까…라는…

11부 남양주 파출소 화장실에서 거울을 보는 강재.

강재e 살면서 단 한 번도 해본 적 없는 그런 생각 속으로…
깊게… 빠져들어 버리고 맙니다…

11부 파출소 안, 부정을 바라보며 안으로 들어오는 강재.
부정과 나란히 앉아 서류에 이름을 쓰는 강재.

강재e 누군가 나를 사랑하는 게 아닌…

11부 멀리 선로에 서 있는 부정을 발견하는 강재.
부정에게로 다가가는 강재.

강재e 내가 누군가를 사랑하는 것…

12부 텐트 안에서 부정을 바라보는 강재.
입술이 닿을 듯 가까워졌던 순간.
12부 천문대 바깥, 부정이 꼭 쥐었던 티셔츠를 내려다보는 강재.

강재e 내 안에 그 사람의 공간이 생겨나고… 자라나고…

12부 터미널에서 유실물을 바라보고 있는 부정을 바라보는 강재.
12부 서울로 떠나는 부정이 탄 버스의 뒷모습을
가만히 바라보고 있는 강재.

강재e   그러다가 결국⋯ 온통 한 사람으로 가득 차버리는⋯

13부 버스 차창으로 보이는 바다.
바다를 바라보고 서 있는 강재.

02   택시. 밤

14부 46씬, 강재가 타고 있는 택시 안.
화려한 도시의 불빛이 어른거리는 강재의 얼굴.
처음보다, 어딘가 어려진, 제 나이를 찾은 모습의 강재.

강재e   나른한 고통에 대해서⋯

03   호텔 쉼 근처. 길. 밤

택시에서 내리는 강재.
호텔이 있는 길 앞 어딘가에 서는.
강재를 스치고 지나가는 사람들. 연인들.

강재e   애써 혼자가 되려 해도 끝내 혼자가 될 수 없는⋯

한참을 그렇게 왔다갔다 부정을 기다리는 강재.

강재e   달콤한 근심에 대해서…

그러다 어느 순간, 고개를 돌려 길 건니편을 보면.
택시가 한 대 멈춰 서고, 지나가는 버스에 시선이 가렸다가,
겨우 다시 보이는 길 건너편에, 부정이 이쪽을 보고 서 있다.

강재e   나는 그 사람을 위해서… 무엇을 해줄 수 있을까요…

내내 부정을 보던 강재, 가만히 그쪽을 바라보면.
잠시 강재를 보던, 부정이 횡단보도 쪽으로 걷는다.
부정의 시선을 따라 걷는 강재.

강재e   그 사람에게… 무엇이 될 수 있을까요…

신호가 바뀌기를 기다리는 동안.
서로를 보았다 안 보았다 하는 두 사람.
신호가 바뀌고, 횡단보도를 건너는 부정.
강재, 기다리듯 서 있다가, 부정 반쯤 다가오면,
부정에게로 성큼성큼 걸어간다.

강재e   어쩌면… 아무것도 되지 않는 것이…

다가오는 강재를 보면서 앞으로 다가가는.
강재, 횡단보도 어디쯤에서 만난 부정의 왼손을
오른손으로 한 번에 꼭 잡는. 잠시 서서 서로를 보는 듯한 찰나.
방향을 바꿔 데리고 가듯이 성큼성큼 길을 건넌다.

강재e　끝내… 무엇이 되지 못한다 해도… 지금의 나에게 솔직한 것이…

부정 쪽을 보지 않고, 그렇게 마저 걸어가는 두 사람.
걸으며 강재의 뒷모습을 보는 부정.

강재e　내가 할 수 있는…

04　골목 길 . 밤

골목 안 깊은 곳에서 키스하는 둘.
너무 격렬하지도 너무 느리지도 않은…
서로를 가장 잘 아는 두 사람이 나누는 소중한 시간.

강재e　사랑…인지도… 모르겠습니다.

부정의 얼굴을 한 손으로 감싼 채 바라보는 강재.
알 수 없는 얼굴로 바라보는 부정.
멀리서 들리는 도시의 소음.
서로의 숨소리, 심장소리가 들리는 고요한 골목 안.
멀리서 다가오는 인기척. 30대의 직장인 무리가 골목 앞으로 지나가며
골목 안쪽을 보면, 부정, 소리를 의식하고 강재에게서 떨어지려는데,
강재, 부정을 당겨 품에 꼭 안고 사람들과 반대편으로 고개를 돌리는.
두 사람을 의식하는 사람, 또 애써 모른 척하는 사람들의
시선이 지나가고.
잠시 그대로 사람들이 지나가기를 기다리는 두 사람.
사람들의 목소리 멀어지면, 그제야 품속에 안겨 있는 부정을 보는 강재.
부정, 눈을 꼭 감고 서 있다가 눈을 뜨는.

품에 안긴 채로 어쩔 줄 모르는 부정을 보다가,

강재	아직… 사람들이… 좀 있으니까 움직이지 말아요.
부정	……
강재	아는 사람들일 수도 있잖아요. 동네니까…

그 말에 품에서 나오려는 부정을 다시 안는.

부정	……
강재	보고 싶었어요. 이부정씨…
부정	……
강재	……밥…
부정	(보면)
강재	……먹었어요?
부정	……

가만히 서로를 보는 둘.
또 골목 앞을 지나가는 사람들의 소리.
그 소리를 들으며 여전히 서로를 보는 두 사람.

05   오피스텔. 강재의 집. 복층. 밤

얌전히 깔린 새 이부자리. 켜져 있는 작은 수면등.
아까부터 빈 복층 위로 들리는 도란도란, 키득키득 통화하는 소리.

민정e	…유재석이요? (키득키득 웃다가) 온갖 치명적인 척을 다 하면서 별명이 유재석이었다구요?

06 순규의 집. 마당. 밤

마당에서 올려다보는 어두운 방에 보조등이 켜졌다 꺼졌다 하는
딱이의 방.

딱이e …신동엽이었나? 아무튼 제일 유명한 사회자 개그맨이었어요.

07 오피스텔. 강재의 집. 밤

딱이와 통화하며, 거울 앞에 서서
바닥에 쇼핑백을 깔고 구두를 신어보는 민정.
식탁 위에 골라놓은 몇 벌의 옷가지들. 구두들.
민정, 구두를 이리저리 보며, 간혹 웃으며, 듣고,
간혹 거울을 사진도 찍는.

딱이e 쉬는 시간에는 강재 근처로 다 모여서… 혼자 떠드는 게 아니라
주로 얘기를 시키고 들어요. 어떤 얘기를 해도 강재가 다
살려내거든요.
그러니까 좀 자신감이 생긴달까? 특히 방학 끝나거나 하면…
돌아가면서 하나씩 자기 얘기 하거든요. 토크박스같이…
민정 토크박스면 서세원이네…

08 순규의 집. 딱이 방. 밤

민정이 잠시 사용하던 스탠드를 침대 머리맡에 두고
켰다 껐다 하며, 키득키득 웃으며, 통화하는 딱이.
이미 맥주 두 캔은 모두 비었고, 분위기에 알코올에 기분 좋게

취한 상태.

딱이   토크박스 하면 서세원인지 어떻게 알아요.
        너무 어려서 보지도 못했을 텐데…
민정e 책으로 봤어요. 근데 왜 이래요 꼰대같이. 한 살 차이밖에 안 나면서.
딱이   (혼자 좋아서 웃고) 한 살 차이밖에 안 나죠.

09   오피스텔. 강재의 집. 밤

어느새 다른 구두로 갈아 신으며,

민정   술 마셨어요?
딱이e 아니요.
민정   마셨구만… 놓고 가랬더니 기어이 들고 가서는…
        내가 혼자 마셔봐야 얼마나 마신다고… 이강재랑 마셔요?
딱이e 아? 강재요?
민정   ……?

10   순규의 집. 딱이 방. 밤

스탠드를 켜놓은 채, 침대에 누워 있는 딱이.

딱이   강재는 들어오자마자 갑자기 나가더니 또 전화 안 받아요.
민정e 아… 그러다 또 들어오잖아요. 복덕방집 누렁이처럼.
딱이   (다시 혼자 웃고) 복덕방집 누렁이요?
민정e 우리 할머니가 저보고 항상 하시던 말이에요.
        휙 나갔다가, 동네를 뺑글뺑글 돌다가, 걱정될 만하면 들어온다고.

딱이　　할머니랑 살았어요?

11　　오피스텔. 강재의 집. 밤

다른 옷으로 갈아입어 보는 민정.

민정　　강재가 내 얘기는 정말 한마디도 안 했나 보네요. 아무것도 몰라.

갈아입으며, 꽤 복잡한 얘기를 많이 해본 사람처럼
덤덤하고 담백하게 해나가는.

민정　　어렸을 때부터 엄마 아빠 양쪽 다 공사가 다망해서 할머니랑 살았어요.
연습생 돼서 합숙소에서 살았고… 아…9년 전에 진짜 거의
데뷔를 할 뻔한 적이 있었는데… 그 뒤에도 몇 번 있었는데…
그때는 진짜 거의 데뷔였거든요. 암튼…

12　　순규의 집. 딱이 방. 밤

가만히 듣는 딱이.

민정e　　그때 저 정신없는 사이에 둘이 이혼하고, 따로따로 재혼하고
따로따로 이민 갔어요. 아빠가 남동생만 데리고.
딱이　　……
민정e　　여보세요? 들어요?
딱이　　네…

13　　오피스텔. 강재의 집. 밤

다 입은 옷을 거울에 비춰보는, 마음에 안 드는지 갸웃하다가,

민정 내가 월요일에 백년 만에 웹드라마 오디션이 있거든요.

딱이e 드라마요?

민정 아이돌 기획사 대표의 애인 역할인데. 딱이죠.
　　　요즘 아이돌 얘기가 많거든요. 국책산업이니까.

딱이e 아이돌도 국책산업이에요?

민정 아니… 사실이 그렇다는 게 아니라… 그만큼 핫하다는… 아무튼…
　　　뭐 입고 갈지 한번 봐줄래요? 뭐가 제일 예쁜지.

딱이e 제가요?

민정 끊어봐요.

끊고, 다시 거울을 보는 민정.

14　순규의 집. 딱이 방. 밤

침대에 걸터앉아 있는 딱이.
핸드폰으로 쏟아지는 민정의 사진 메시지.
열어보면, 옷을 갈아입으며, 거울을 찍은 민정의 사진들.
가만히 사진을 보는 딱이.

15　순규의 약국. 입구. 밤

셔터 자물쇠를 여는 우남.
캔맥주와 떡볶이를 들고 있는 순규.

순규 집으로 가자니까…

우남　노래방 간다고 나왔는데… 어떻게 그냥 들어가.

순규　그럼 그냥 노래방을 가던가…

우남　심장이 벌렁거려서… 노래가 잘 안 풀릴 거 같다매.

순규　……

자물쇠를 다 열고 셔터를 올리는 우남.

순규　뭐였을까? 그 두 사람…

우남　……

순규　세 사람도 아니고 네 사람도 아니고… 둘이서 노래방엘 간다는 건…

우남　……뭔 거 같은데?

순규　……

우남　……

순규　너는 뭔 거 같은데.

우남　(잠시 보다가, 건조하게) 불륜이지 뭐.

하고 약국 키패드를 누르는 우남.

문을 열고 기대서서 순규한테 먼저 들어가라는.

순규　(들어가며) 친구일 수도 있지. 우리도 둘이 노래방 갔다가 만난 거잖아.

우남　모텔 쪽으로 갔잖아.

그 말에 들어가다 멈춰 서 잠시 우남 보는 순규.

꽤 가깝게 서게 되는 둘.

우남　왜?

순규　아직도 그렇게 그런 걸 보면… 그래?

우남   ……

순규   ……

우남   무슨 말이야. 그렇게 그게 그런 게 뭐야.

순규   알면서…

우남   (잠시 보다가) 들어가.

잠시 더 보다가 들어가는 순규.

16   모텔. 룸. 밤

여전히 소리 없이 돌아가는 티비.
소파에 옆으로 누워 그대로 잠든 경은.
경은의 구두가 작은 소파 아래 얌전히 놓여 있고,
쿠션을 베개 삼아 잠들어 있다.
낮게 들리는 물소리. 화장실에서 나오는 정수.
창가 쪽 소파에 잠든 경은을 보다가, 침대에 걸터앉는 정수.
잠시 낯선 방 안을 둘러보다가, 벽시계를 보는.
10시가 훌쩍 넘은 시간.
정수, 조용히 주머니에서 핸드폰을 꺼내서 확인하면.
'엄마'의 부재중 전화 5통. 핸드폰을 보고 있는데,

경은   집이야?

정수   …깼어?

일어나지 않고 그대로.

경은   응… 집이야?

정수   …엄마…

경은   (괜히 웃고) 여전히 효자야…

정수   효자는… 아직도 맨날 이 새끼 저 새낀데 뭐.

경은   옛날에도 엄마 김밥 마는 거 도와드려야 된다고
       주말에 못 나오고 그랬잖아.

정수   내가 그랬어?

경은   …응.

정수   (괜히 옛날 생각에 어색해서 웃는데)

경은   사랑해 정수야…

정수   (보는)

경은   ……왜?

정수   뭐야 그게…

경은   왜…? 너무 플라토닉했어?

정수   뭐야 갑자기… 사람 심장 뛰게.

경은   ……옛날에 왜 이 말을 못 했나… 후회 많이 했어.

정수   ……

경은   농담처럼이라도 한번 해볼걸…

정수   ……

경은   (피식 웃고) 왜 그렇게 나를 지켜줬니?
       밤에 단둘이 같이 있었던 적도 많은데… (하다가) 널 지킨 건가?

정수   ……

경은   남편 죽기 전날… 물어봤거든.
       나… 어릴 때부터 좋아하는 사람이 있는데
       그 사람하고 만나도 되겠냐고.

정수   ……

경은   울더라고…

정수   ……

경은   안 된다는 거겠지? 다른 사람도 아니고… 너니까…

다시 울리는 정수의 전화, 보면, '엄마'
경은 그제야 몸을 일으키며,

경은   집이야?
정수   ……엄마…
경은   ……받아보. 급한 일이신 거 같은데…
정수   아니야… 그냥 하는 거야…
경은   ……어떻게 막들 만나는지 모르겠다.
정수   ……뭐가?
경은   사람들 말이야… 유부남 유부녀들 서로서로 많이 만나잖아.
정수   ……
경은   니가 전화만 쳐다봐도 심장이 쿵 내려앉는데…
        다들 어떻게 만나는 걸까?

괜히 핸드폰을 주머니에 넣는 정수.
경은, 그런 정수 보고, 희미하게 웃고는
소파에서 일어나 거울 쪽으로 가서 흐트러진 머리랑 옷차림을 살피는.

경은   난 너 제일 좋아했어 정수야. 지금도 그렇고…
정수   ……
경은   넌 할 말 없어? 마지막일지도 모르는데…
정수   (보면)
경은   아닐지도 모르지만… (하고 또 웃는)
정수   ……
경은   ……너는 나한테 해줄 말 없어?

정수	……
경은	……
정수	난 아직… 통장 비밀번호가 그대로야…
	니 생일… 대학 때부터… 한 번도 안 바꿨어.
경은	(보는)
정수	……
경은	……귀찮아서 안 바꾼 건 아니지?
정수	……반반이야…

그런 정수 보다가, 웃는 경은.

| 경은 | 쓸데없이 솔직해… 너는… |

침대 끝에 앉아 고개를 숙인 채 한숨을 길게 쉬고…
잠시 그대로 앉아 있다가
더 긴 한숨과 함께 자리에서 일어서는 정수.

정수	가자…
경은	응…

잠시 더 서서 방을 보다가, 먼저 나가는 정수.
그 등을 보다가, 핸드백과 쇼핑백을 챙겨서 따라 나가는 경은.
나가려다 뒤돌아 잠시 방을 둘러보는 경은.
잠시 보다가, 입구로 걸어간다.

17 부정의 아파트. 주방. 밤

식탁 위에다 보자기에 싸온 김치통을 풀러놓는 민자.
아무도 없는 집. 어두운 거실. 주방에만 불이 켜진.
민자의 주방에서 부정네 주방으로 옮겨온 김치.

민자   다… 어디 가고. (흘끔 시계 보고) 열한 시가 다 돼가는구만…
　　　 무슨 일을 하루 종일 해? 그리고… 회사도 짤렸는데…
　　　 대체 무슨 일을 하고 돌아다니는지…
　　　 하여튼… 좋게 볼려고 해도 맘에 안 들어서.

키친 페이퍼로 꼼꼼히 닦은 김치통을 들어서 냉장고가 있는
방으로 가며.

민자   남편은 주말에도 불려나가서 뼈 빠지게 일하고 있구만…
　　　 집에 있으면서 장아찌라도 좀 담그고… (집을 둘러보고)
　　　 집이라도 좀 예쁘게 꾸며놓든가…

김치통을 들고 냉장고가 있는 부정의 은신처 방 앞에 다다르는 민자.
문을 그냥 열려다가, 그래도 마음에 걸리는지, 빈방 문에 괜히 노크하고.

민자   부정아~ 나 여기 좀 들어간다.

하고 문을 여는 민자.
아무도 없는 창고방 한 켠에 이부자리. 한숨을 한 번 쉬고는.

민자   그래… 너도 답답한 게 있겠지…

하며, 냉장고를 열어 안에 흩어진 반찬통들을

한쪽으로 정리해 빈자리에 김치통을 넣으며 중얼거리는.

민자   방에 처박혀서 울고 잠만 자고 그러면서 정수도 못 나가게 하는
      것보단… 나가는 게 낫지… 나가는 게 나아.

      다시 주방으로 나오는 민자.
      아직 넣지 않은 김치통을 보고.

민자   사돈어른도 그냥 갖다드리나? (하다가) …너무 늦었나?
      (중얼중얼) 버스 타고 어쩌고 하면… 너무 늦지. 늦어.

18   오피스텔. 창숙의 집. 밤

      현관에 창숙이 늘 신는 신발이 그대로 있고.
      정수에게 선물 받은 구두 상자가 열려 있고 구두는 보이지 않는다.
      구두 상자 옆으로 보이는 비밀번호를 적은 종이.
      아마도 구두에 넣으려다가 깜빡하신 듯한.
      안으로 들어오면, 창숙은 보이지 않는 비어 있는 방 안.
      늘 입는 옷들은 벽에 걸려 있고. 꺼져 있는 티비,
      옷을 꺼낸 듯 열려 있는 비키니장.
      옷을 다렸는지 꺼내져 있는 다리미, 눕혀 있는 다림판,
      깨끗하게 정돈된 침구.
      그리고 티비 앞에 두고 가신 핸드폰.

19   길. 밤

      재킷 주머니에 티비 리모컨이 들어 있는 창숙.

지친 얼굴로 품에는 나눠 주다 만 노인 친목 사교댄스 광고 전단지
한 다발을 잃어버릴까 꼭 안고 한 방향으로 걷고 있는.
창숙을 스쳐 지나가는 사람들의 모습이 어지럽게 보이고.
창숙, 길 가장자리로 와서 잠시 벽을 잡고 선다.
길을 잃은 듯, 주변을 둘러보는. 보이는 건 네온 간판뿐.
어지럽고 혼돈스러워 잠시 숨을 몰아쉬시다가,
천천히, 다시 정신을 차려보는.
얼굴을 쓸어내리고, 잠시 눈을 감았다가, 다시 뜨면, 모르는 곳.

창숙   (숨처럼 읊조리는) 부정아… 아부지 괜찮다… 아부지 괜찮아…
         괜찮다… 아부지 괜찮아…

두려움이 밀려오는 얼굴로 잠시 주변을 보다가,
전화를 걸어야겠다고 생각하셨는지 주머니를 뒤지는.
재킷 주머니에 들어 있는 리모컨.
잠시 리모컨을 보다가, 주머니에 다시 넣고.
또 한 번 진정하려고 얼굴을 쓸어내리고.
주머니를 뒤져 동전을 찾아내는 창숙.
공중전화를 찾으려는지 주변을 두리번 보시는.
대로변이지만 쉽게 보이지 않는 공중전화.

20   택시. 밤

       뒷좌석에 나란히 앉은 정수와 경은.
       두 사람 사이에 놓여 있는 쇼핑백.
       정수, 창밖을 보고 있고, 경은이 눈을 감고 있는.

경은	와이프랑은… 어떻게 만났니?
정수	(돌아보고) 안 잤어? 좀 자는 줄 알았더니…
경은	어떻게 만났어?
정수	뭘 어떻게 만나… 그냥… 오다가다 만났지.
경은	나이트에서 만났니?
정수	(어이없이 보다가) 그래 나이트에서 만났다.
경은	도서관에서 만났으면서 왜 거짓말을 해.
정수	(보면)
경은	애들이 쓸데없이 이거저거 다 전해주잖아. 동창회만 따로 했지…
	너한테 들은 말 나한테 전하고… 나한테 들은 말은 또 너한테 전하고.
정수	……
경은	(잠시 보다가) 어떤 사람이야?
정수	……어떤 사람이 어딨어. 사람이 다 비슷하지.
경은	(보다가) 뭐가 다 비슷해…
정수	(보면)
경은	꾸밈없고… 생각은 깊고… 바른 말만 하는… 좋은 사람이잖아…
정수	애들이 그래?
경은	응… 그다음에 한 말 때문에… 하나도 안 잊어버리고 다 기억해.
정수	다음 말이 뭔데.
경은	……경은이 너랑은 정반대래.
정수	……
경은	그래서 정수… 결혼할 거 같애.
정수	……
경은	……
정수	꾸밈없고… 생각도 깊고 좋은 사람 맞는데…
경은	……
정수	너랑 정반대라고… 그렇게 말한 적 없어… 생각한 적도 없고.

368

오히려…

경은 ……

정수 전혀 다르지만… 어딘가가… 너랑 비슷하다고 해야 되나…
닮았다고 생각했던 거 같애.

경은 그게 뭔데…

정수 글쎄… 겉으로 보이는 거랑은 다른… 쓸쓸하고 슬픈 기분 같은 거…

경은 ……

정수 가까이 있는데도 한참 멀리 있는 것처럼… 섬처럼…
그걸 그냥… 그대로 지켜주고 싶다는 생각이 들었어…
그렇게 살도록…
너도 그렇고… 그 사람도 그렇고… 마음처럼은 하나도 안 됐지만…

경은 ……

정수 나야말로…

경은 (보면)

정수 다… 망친 거 같다…

경은 ……

정수 ……

21 실내 포차. 밤

젊은 손님들로 가득한 유행하는 포장마차.
가게 안으로 먼저 들어오는 강재, 잠시 안을 보다가 빈자리를 발견하고,
뒤쪽에 서 있는 부정을 돌아보면.
바깥으로 늘어선 들뜬 테이블들 너머에 잔뜩 움츠러든 기분인 부정,
주변과 섞이지 못하고 서 있는.
그런 부정을 잠시 보다가, 부정 쪽으로 가는 강재.
부정, 다가오는 강재를 보면, 강재, 다가가며,

강재　　자리가… 없네요.

하는데, 부정 뒤로 부딪힐 듯 취객 한 무리가 지나가는.
부정 알아채지 못한 사이 무리를 먼저 본 강재,
부정의 어깨를 살짝 안아 끌어당기는.
그대로 잠시 서로를 보는 둘.
잠시 보다가, 팔을 내리고 앞서 걷는 강재.

강재　　어디 아는 집 있어요?
부정　　(따라 걷는)
강재　　회사 다니면서 알던 단골집이라든지…
　　　　아님… 평소에 가보고 싶었던 데라든지…
부정　　……글쎄요…
강재　　뭐 좋아해요? (하고 돌아보는)
부정　　……

부정을 기다렸다가 같이 걷는.

강재　　맞다. 좋아하는 거 없다 그랬지. 참.
부정　　……
강재　　……
부정　　다 좋아요.
강재　　(보면)
부정　　……다… 좋아해요.

하고 앞서 걷는 부정.
잠시 보다가, 따라 걷는 강재.

22   국수 포장마차. 밤

작은 국수 포장마차.
나란히 앉아서 국수를 먹는 강재와 부정.
말없이 긴 머리가 국수에 빠지지 않게 먹는 부정을 보는 강재.
머리를 귀 뒤로 넘기면 보이는 진주 귀걸이.
잠시 그런 부정을 보다가,

강재   …한잔 안 할래요?
부정   (보면)

잠시 부정 보다가, 손에 닿는 곳에 있는 얼음이 채워진 아이스박스에서
소주 한 병을 꺼내는 강재.
옆에 놓인 잔을 두 개 가져와 국수 그릇 옆에 나란히 놓고
두 잔 가득 따르는.
그 모습을 가만히 보고 있는 부정.

강재   두 잔씩만 해요. 갈 길이 머니까…
부정   ……
강재   ……사적으로 술 따르는 건 처음이에요.
부정   ……
강재   (잔 하나 건네며) 진짜예요.
부정   ……알았어요… 영광이에요.
강재   ……

이상한 타이밍에 대화가 끊겨, 강재를 보는 부정.
가만히 부정을 보다가, 잔을 들고 술을 마시는 강재.

강재	왜… 아까 그 길에서 보자고 했어요?
	아버지 집도 가깝고… 아는 사람도 마주칠 수 있고…
부정	…그냥 생각나는 데가 거기였어요. 그 모텔…

[인서트 / 6부, 밤 호텔 쉼에 들어가기 전의 부정,
옷매무새를 자꾸 신경 쓰며, 횡단보도 앞에 서 있는.
신호가 바뀌고, 사람들이 건너면, 한 걸음 뗐다가, 돌아서는.]

부정e	거기 가던 날… 거기서 내렸던 기억이 나서요…
	계속 못 건너고… 내내 망설였거든요… 그 횡단보도에서…
강재e	왜요?

다시 포장마차, 부정을 보는 강재.
부정, 강재를 보지 않고, 말없이 국수를 먹다가,

부정	……모르겠어요.
강재	……
부정	……
강재	배 많이 고팠네요.
부정	…오늘 한 끼도 못 먹었거든요.
강재	왜요?
부정	…그냥… 좀… 바빴거든요. 오늘…
강재	어떻게 바빴는데요.
부정	(보면)
강재	나도 상상을 하려면… 구체적으로 아는 게 좀 있어야… 좋잖아요.
	옷은… 지금 이거 입었을 거고… 신발은… (내려다보고)
	이거 신었고… 무슨 일 했어요?

부정	…지금 입은 그대로에 앞치마 하고…
강재	(보면)
부정	과일 깎았어요. 그릇도 치우고.
강재	……
부정	병원에서…
강재	병원…
부정	…원래는… 집으로 가서 청소도 해주고 가끔 밥도 해주고 그러는데 저 고용하신 분이 아파서… 병원에서 일했어요. 며칠 더 갈 거 같고.
강재	아…
부정	근데 왜 저렇게 입고 다니나… 그런 생각하죠. 일하기 불편하게…
강재	…이상할 건 없지만… 이유가 있어요?
부정	아무한테도 말 안 했거든요. 아부지한테도 집에도… 옛날에 출근할 때랑… 똑같이 입고… 똑같이 말하고… 그래요. ……근데 다들 아는 것 같아요.
강재	……
부정	예전에는 눈만 마주치면… 회사 얘기 아니면 책 얘기… 근데 이제는 제 앞에서 그런 얘기 안 하거든요. 아무도.
강재	우연일 수도 있잖아요.
부정	얼마 전에 회사 앞에서 마주쳤어요.
강재	……누구를요.
부정	……
강재	……
부정	남편이요…
강재	……

강재에게 떠오르는 기억.

[인서트 / 9부 복도에서 마주친 세 사람.

이어서 엘리베이터에 함께 탄 세 사람. 강재, 부정, 정수.]

다시 포장마차, 말없이 다시 국수를 먹는 강재.

부정   호박 마차 얘기… 했었잖아요.
        환상에서… 현실로 돌아오는 얘기…
강재   …했었죠.
부정   사실… 얼마 전까지… 한… 일 년 전부터 쭉…
        그런 비슷한 생각을 했거든요.
        비슷하지만… 완전히… 다른 얘기예요.
        여기 있다고 생각했던 모든 게… 다 환상이었구나…
강재   (보면)
부정   …그런 생각이요…

부정을 보는 강재.
강재를 보는 부정.

부정   살다 보면…

시작되는 부정의 회상들.

23   몽타주. 부정

8부 50씬 응급실, 피를 흘리며 응급실로 실려 들어오는 부정.
9부 2씬. 아키라 복도에서 웃는 얼굴로 허 작가와 아란을
에스코트하는 부정.

부정e 현실이라는 말이… 제일 나쁜 말이 돼버리는 순간이 있어요.

[아란의 차 / 1년 전 어느 새벽]
아란의 집 주차장에 세워진 아란의 차 조수석에서
에디터스 백에 노트북을 놓고, 나오는 하품을 참는 부정,
일하며 아란을 기다리고 있는. 2열의 문은 열려 있고,
기사의 자리는 비어 있는.
주차장 입구로 나오는 아란을 만취한 진섭이 끌고 들어가는.
소란스러워 돌아보는 부정, 끌려 들어가는 아란을 보고 뛰어가서
진섭을 말리는 부정, 부정 덕분에 진섭의 손에서 빠져나오는 아란,
황급히 건물 안으로 도망치고.
부정, 진섭에게 붙들린 채로 아란의 차까지 끌려가
진섭에 의해 문이 열린 2열 바닥에 그대로 처박히는.
그 상태로 부정의 목을 조르는 진섭.
목이 졸린 채로 고통스럽게 버티는 부정.
손에 힘이 빠져나갈 즈음, 자리를 비웠던 기사, 서둘러 진섭을 떼어내는.
그제야 숨을 뱉으며, 눈을 감는 부정, 흘러내리는 눈물.

부정e 그때까지의 삶은 아무것도 아니었고…
노력도… 진심도… 다 물거품이 되는 순간이요…
그나마 좋았던 것… 그래도 이 정도면 남보다 낫다고…
괜찮다고 생각했던 모든 게… 다 환상이었구나 싶은…
그런… 순간이요.

2부 36씬 출판사 인서트.
마케팅 회의 도중에 아란에게 맞고 쓰러지는 부정. 얼굴과 무릎에 상처.
같은 장면에서 연결된 출판사 화장실.

변기 칸 안에 부정, 피가 나는 무릎에 덤덤히 반창고를 붙이는.

부정e　아무리 좋은 걸 상상하려고 해도…
　　　　작은 일에… 희망을 가져보려고 해도…
　　　　눈앞에 아무것도… 그려지지 않았어요.

2부 35씬 대형 서점, 아란을 뒤로하고 사람들 사이를
빠르게 빠져나오는 부정.
2부 37씬 대형 서점 화장실의 부정.
2부 39씬 사인 받은 책을 쓰레기통에 던져버리는 부정.

부정e　너무 괴로워서… 하루라도 빨리 이 악몽에서 벗어나고 싶은데…
　　　　어떻게 해도 깨지지가 않았어요… 이전으로…
　　　　돌아가지지가 않았어요…

1부 37씬 마을버스 정류장,
심리상담실 광고판을 복잡한 얼굴로 보고 있는 부정.
휴대폰으로 광고판의 사진을 찍는 부정.
1부 38씬 마을버스 안에서 악플을 쓰고 있는 부정.

부정e　그때… 알게 됐어요…
　　　　이전이 꿈이었고… 지금이 현실이라는 걸…

2부 21씬 경찰서. 자신이 쓴 악플을 듣는 부정의 얼굴.
2부 22씬 경찰서를 빠르게 빠져나오다가 길에 주저앉는 부정.

부정e　환상이 없는 현실은… 삶이라기보다 죽음에 더 가까워요.

6부 엔딩의 저수지.
1부 16씬. 손목에 스카프를 두른 물속의 정우와 희선. 물속의 부정.

24　다시 포장마차. 밤. 비

나란히 놓인 비워진 국수 그릇. 비워진 소주잔 두 개.
포장마차 앞에 포장마차를 등지고 서 있는 부정.
어느 곳을 조용히 응시하는 복잡한 얼굴.
툭 툭 떨어지기 시작하는 빗방울.
손으로 물방울을 받았다가 하늘을 보는 부정.
계산을 하고 뒤를 돌아보는 강재, 작은 병맥주 두 개를 들고 있는.
그런 부정의 모습을 보는.
핸드백 안에서 무음 램프가 반짝이는 부정의 핸드폰.
부정은 비 오는 하늘을 보느라 보지 못하고,
강재, 반짝이는 핸드폰을 보다가, 부정에게로.

강재	어디로… 갈까요?
부정	……
강재	환상 속에 사는 게… 진짜 삶이라면서요…
부정	(보는)
강재	(가만히 보다가 피식 웃는)
부정	(같이 피식 웃고) …괜히 말했어요.
	이렇게 놀릴 거라고 예상했던 거 같은데…

하고 앞서 걷는 부정.
따라 걷는 강재.

강재	어디 가는 거예요?
부정	……아무 데도 안 가는 거예요.
강재	……

나란히 걷는 두 사람.
툭툭 굵어지기 시작하는 빗방울.

25 아키라. 복도에서 아란의 룸. 밤

늘 이용하는 뒷문 복도를 걸어오는 아란.
기사도 종훈도 없이 혼자인, 복잡한 얼굴.
어깨에 묻은 빗물을 털어내며, 복도 끝의 늘 이용하는 방으로
들어가려 문을 여는.
열면, 보이는 종훈, 테이블에 가습기를 설치하는.
그 모습을 가만히 보고 있는 아란.
종훈, 아란이 앉는 곳을 향해 가습기의 위치를 이리저리 옮기다가
시선에 돌아보는. 보면, 서 있는 아란.

종훈	어우 누님. 일찍… 오셨네요… 댁에 들렀다가 오신다고 해서…
	이제 준비하는데… (하다가) 밖에 비 와요?
아란	어… 막 오기 시작했어…
종훈	…전화를 주시지…

하면서 손수건을 꺼내, 아란에게 다가가는.
닦아주려다, 아란과 눈이 마주치면, 잠시 서로를 보는.
종훈, 아란을 보다가, 손수건을 아란에게 건넨다.
잠시 보다가, 받아 들고 들어와 앉으며,

378

아란	집으로 가려다가… 그냥 왔어. 진섭 쌤 와 있대서…
	(하다가) 정말… 이 습관부터 고쳐야지. 빌어먹을 놈한테 쌤은 무슨…
종훈	……
아란	아무튼 서진섭 그 자식이 집에 와서 나 기다리고 있대서…
	그냥 이리로 바로 왔어.
종훈	네…
아란	두통약 있니?
종훈	아 네…

하고, 주머니에서 두통약을 꺼내놓고 물을 따르는.
그런 종훈을 보다가, 가습기를 슬쩍 보고는

아란	항상 이렇게 준비하니?
종훈	…네?
아란	내가 전화하면… 일하다 말고 와서 여기 세팅해?
종훈	아… 뭐… 별로 하는 건 없지만… 촬영 중이시니까…
아란	대기실 와서 보고 하는 거니? …나 목 다칠까봐?
종훈	예… 뭐… 더 빨리 해드렸어야 됐는데…
	생각을 못 했습니다. 건조하고 답답하셨을 텐데…

그런 종훈을 잠시 보다가, 두통약을 집어 드는 아란.
그럼 바로 물을 주는 종훈.

아란	(약을 삼키며) 너 이 일 그만두고… 결혼이라도 하면… 난 어떡하니.
종훈	제가… 결혼을 어떻게 해요.
아란	니가 왜 못하니? 서진섭 같은 인간도 했는데…
종훈	……

아란	아, 니가 준 이 작가 그 사진… 그거 보내버렸다. 걔한테.
종훈	(보다가) …얘기가 잘 안 되셨어요?
아란	잘 되고 안 되고 그럴 게 어딨니 끝난 일인데… 근데…
	끝까지 잘난 척하는 게… 얄미워서… 그냥 보내버렸어.
	현실이 어떤 건지 봐야지… 또 정신을 차리지.
종훈	……
아란	죽어버렸으면 좋겠다고 매일 기도한대.
종훈	……

종훈에게 떠오르는 기억.
[인서트 / 14부 강재의 오피스텔 복층에서 본 정우의 핸드폰.
아란의 책, 초고, 사진, 유서.]

다시 아키라의 종훈.
가만히 종훈을 보고 있는 아란.

아란	무슨 생각하니?
종훈	……아… 아니요. 아무 생각도 안 합니다.
아란	(가만히 보다가) 너 내가 같이 죽자고 했던 거 기억나니?
종훈	……네… 기억납니다.
아란	(잠시 더 보다가) 니가 싫다고 한 것도… 기억해?
종훈	……네…
아란	가늘고 길게 사는 게… 인생의 목표라고 했어 너.
종훈	……
아란	넌 아직도 그러니?
종훈	……네.
아란	……그렇구나… 좀… 섭섭하네… 같이 죽어준다고 했으면…

더 멋있어 보였을 텐데…

종훈 …같이…

아란 (보면)

종훈 같이… 살아야죠. 가늘고 길게…

가만히 종훈을 보는 아란.
아란을 보는 종훈.

26 순규의 약국. 밤. 비

조제실에 우남, 순규의 사진이 나란히 붙어 있는 곳을 보고 있는.
지연과의 결혼사진이 붙어 있던 곳이 비어 있는.

[인서트 8부 15씬 / 벽에 붙어 있는 결혼사진을 보는 우남.]

빈 곳을 보다가, 책상을 보는, 서랍을 열어보면,
그 안에 들어 있는 빈자리에 붙어 있던 결혼사진.
잠시 보는데, 눈에 들어오는 거울, 가만히 거울을 보는데
딸랑딸랑 도어벨 소리.
얼른 서랍을 닫고, 그쪽을 보는 우남.
손에 비닐봉투, 소주 몇 병을 사 들고 빗물을 털며 안으로
들어오는 순규.

순규 갑자기 비가 오고 난리야…

우남 (밖으로 나오며) 비가 와?

순규 어. 한 방울씩 톡톡 떨어지더니… 갑자기 쏟아지네.

우남 편의점에서 오면서 우산 하나 사서 쓰고 오지 너는…

순규   우산 하나면 소주가 몇 병인데…

우남   (털어주며) 이게 뭐야. 감기 걸리게. 수건 없어?

순규   수건 없어. (하다가) 왜 갑자기 오바하고 그래.

         우박을 처맞고 들어와도 눈도 깜짝 안 하더니.

우남   언제 우박을 맞았는데.

순규   말이 그렇다는 거지.

         가만히 순규 보는 우남.

         시선이 어색한지.

순규   왜…?

우남   …뭐가.

순규   왜 그렇게 봐… 젖어 있으니까 막 너무 섹시해?

우남   그게 아니라… 내가… 너한테 그랬네.

순규   ……

우남   비 올 때 우산 한 번 갖고 나온 적이 없네…

         반년이나 같이 살면서…

순규   …뭐… 그동안 비가 몇 번이나 왔다구…

우남   ……

순규   나 우산 많아. 접는 것도 있고… 안 접는 것도 있고…

우남   ……

순규   왜. 지연이한테는 막 그렇게 해줬나봐…?

우남   ……

순규   ……

우남   ……안에서 잔 가져올게.

         하고 조제실 쪽으로 가는 우남.

순규, 그 모습을 가만히 보다가.

순규	해줬구나?
우남	……
순규	그런데 왜 차였니? 이 멍청아…
우남	……
순규	……
우남	결혼은 또… 그런 게 다가 아니니까…
순규	……결혼이… 뭔데?
우남	……
순규	뭐냐구 결혼이…
우남	……한 사람하고 계속… 같이 사는 거지…
순규	……
우남	그게… 못 견디게… 답답한 사람도 있는 거고…
순규	알고 한 거잖아. 평생… 같이 있고 싶어서 하는 거 아니야?
우남	그렇지… 근데…
순규	……
우남	막상 살아보니까… 나도 잘 몰랐더라고… 죽을 때까지 한 사람하고만 같이 산다는 게 뭔지…
순규	……그게… 다야?
우남	……그게… 다야.

순규, 더 할 말이 없이 답답한 기분이 되어 우남을 보면.
우남도 여러 가지 생각에 복잡한 기분으로 순규를 보는.
잠시 그렇게 보는데, 비를 쫄딱 맞고 안으로 뛰어 들어오는 민자.
두 사람, 놀라서 보면, 황급한 얼굴로.

민자	우산 있지? 나… 우산 좀…
순규	예… 사장님… 이 시간에…
민자	그리고… 청심환… 그게 본론인데…
순규	…청심환이요?
민자	아이고… 큰일 났다. 큰일 났어…
	아우 이 일을 어떡하지… 큰일 났네…

민자, 숨을 돌리며 혼잣말을 하는 동안,
황당한 얼굴로 서로를 보는 순규와 우남.

민자	나… 차로… 어디 좀 같이 가주면 안 될까?
	며느리는… 연락이 안 되고… 아들 새끼는… 핸드폰을 꺼놨는지…
	신호가 가다 안 가다…

아들…이라는 말에 순규와 우남 서로 잠시 보다가,

순규	(우남에게) 집에 가서 차 좀…
우남	어…

하고 밖으로 나가는 우남.

순규	사장님… 일단 앉아서… 무슨 일이신지… 천천히 말씀을 좀…
민자	아… 그게… 내가 집 전화로 전화를 한 통 받았는데…
순규	집 전화요?
민자	응. 집 전화… 아들네 갔다가… 집에 들어갔는데…
	집에 들어가자마자… 백년 만에 집 전화가 울리잖아.

하는데, 울리는 민자의 핸드폰.
괜히 깜짝 놀라는 순규와 민자.

민자   아이고 정수 아버지.
순규   (동시에) 깜짝이야.

민자, 놀랐다가, 핸드폰 보면, '아들'에게서 걸려오는 전화.

순규   아드님…
민자   아이고. 우리 아들… 집에 왔나 보네.
      (하고 한쪽으로 가서 받으며) 정수니?
순규   (들릴 듯 말 듯) 집은 아니실 건데…

아이고 정수야에서 다시 집 전화가 왔을 때로 도돌이표.

민자   왜 이렇게 전화가 안 돼… 몇 번을 전화했는데…
      그니까… 내가 아까 집 전화로 전화를 한 통 받았거든?

27   어느 복권방

비에 젖은 전단지를 안고,
한 손에 티비 리모컨을 꼭 쥐고 간이 의자에 앉아 있는 창숙.
회사원들과 노인들이 복권을 사러 들락거리는 모습을 보고 있는.
비를 쫄딱 맞았는지, 머리에 수건을 쓰고, 신발은 젖어 있다.
초조한 얼굴로 잠시 비 내리는 밖을 보다가, 나가려면,
불러 세우는 복권방 사장님.

사장	어르신. 안 돼요. (주변의 손님에게) 그 어르신 좀 잡아요.
손님	누군데 아까부터 저기 앉아 계셔요?
사장	공중전화 찾는다고 비를 쫄딱 맞고 오셨길래…
	전화 빌려주고… (하다가, 작게) 약간… 그게 오신 분 같애.
손님	아… (하고 보면)

그사이 회사원으로 보이는 남자 손님이
창숙의 어깨를 붙들어 안으로 다시 원래 자리로 데려오는.

28   복권방. 앞. 비

투명한 비닐우산을 쓰고, 간판을 보며 복권방을 찾는 정수.
복권방 간판을 확인하고, 유리문으로 안을 들여다보는.

29   복권방. 비

바깥에서 유리문으로 안을 들여다보는 정수,
사람들 사이에 엉거주춤 앉는 창숙을 발견하고, 안으로 들어오는.
정수 들어오면, 돌아보는 창숙.

정수	아부지…
창숙	……
정수	어떻게… 아유… 많이 젖으셨네…
창숙	……

손님과 사장이 정수 보면, 그쪽으로 구부정 인사하는.
정수를 한눈에 알아보지는 못했지만 가까운 마음이 드는지

열심히 얼굴을 보며, 생각하는 창숙.

정수   아부지… 어떻게 여기까지 오셨어요…
창숙   ······
사장   걸어서 오셨다는데… 아까 들어보니까.
정수   ······아부지…
창숙   ······

정수, 무슨 말을 더 해야 할지 몰라서, 창숙을 찬찬히 보는.
안고 있는 노인 사교댄스 전단지, 낯설고 낡은 정장,
글씨가 벗겨진 티비 리모컨,
그리고 비에 젖은 구두.
가만히 구두를 내려다보던 정수.

정수   ······집에 가요. 아부지.
창숙   ······
정수   ······부정이가 기다려요···
창숙   ······
정수   ······네?
창숙   ······ (한참을 보다가 고개를 끄덕하는)
정수   일어나요.

창숙, 짐을 들고 일어서 출입구로 앞장서면,
정수, 뒤쪽의 사장을 향해,

정수   수건은…
사장   그냥 가져가세요.

정수   제가… 곧 인사드리러… 오겠습니다. 너무 감사합니다.
사장   아유… 인사는… 괜찮아요.
손님   아버지 가시네.
정수   예. 그럼 감사합니다.

하며 서둘러 아버지를 따라나서는 정수.

30   복 권 방 . 앞 에 서 부 터 이 어 진 길 . 비

앞서 걷는 창숙.
얼른 우산을 펴서 아버지에게 씌워드리는.

정수   아부지. 요기서 택시 타고 가요. 얼마 안 나와.
창숙   (싫다는 듯 손을 내젓는)
정수   …걸어서 못 가요. 아부지… 10키로도 더 걸어오셨어…
창숙   ……

정수, 더 이상 말없이, 보폭을 맞추며, 우산을 더 창숙 쪽으로.
말없이 한참을 그렇게 걷다가,

창숙   니가… 정수야… 그러니까…
정수   ……네. 정수예요.
창숙   (고개를 주억거리고) 정수야. 정수…

완전히 기억이 난 건지 어쩐지 알 수 없는 말간 얼굴로
정수를 보는 창숙.
정수도 그런 창숙을 보는. 정수 보면, 창숙, 햇살처럼 웃고.

| 창숙 | …정수. |
| 정수 | 네. 정수예요. |

걷는 두 사람.
아버지를 보다가, 아버지의 구두를 보는. 그리고 앞을 보는 정수.
잠시 걷다가, 주머니에서 핸드폰을 꺼내 보는.
'엄마'에게만 와 있는 부재중 전화 1통.
아버지를 살피며, 부정과의 대화창을 여는 정수.
걸으며, 한 손으로 문자를 적는 정수.
[문자 보면 연락 줘. 급한 일이야.]
내내 알 수 없는 해맑은 얼굴로 걸어오는 창숙.
어딘가에서 아부지를 떠올리는 부정의 목소리가 겹쳐 들리는.

| 부정e | 우리… 아부지요? |

걷다가 어느 가로등 밑에 조용히 멈춰 서는 창숙의 발.

| 부정e | 아부지 마음속에는 모든 게 다 있어요… |
| | 법도… 철학도… 문학도… 다… 아부지 마음속에 있어요. |

문자를 하며 걷느라 멈춘 창숙을 잠시 놓치는 정수.
잠시 가로등을 보는 듯하다가, 창숙, 그 자리에 그대로
스러지듯 쓰러지는.

| 부정e | 누가 가르쳐준 적도… 배운 적도 없는데… |
| | 차곡차곡 쌓여 있어요. |

몇 걸음 걷다가 창숙의 빈자리를 아는 정수.
돌아보면, 바닥에 웅크린 모습으로 쓰러져 있는 창숙.

부정e 세상에 하나밖에 없는 시집이에요. 우리 아부지가…

놀라서 우산을 내팽개친 채 그리로 뛰어가는 정수.
핸드폰을 아무렇게나 내려놓고 바닥에 쓰러져 있는 창숙을 일으키는.
눈을 감고 정신을 잃은 창숙. 창숙을 안아 올리는 정수.

부정e 아부지한테는… 아부지 마음속에는…
말보다 생각이 훨씬 많거든요…

정수, 주변 사람에게 도움을 청하면.
지나가던 사람 중 하나가 핸드폰으로 신고하며 다가온다.
사람들 하나둘 모여들고, 정수, 아버지를 꼭 안고 부르는.

부정e 오랫동안 생각한 수많은 생각 중에… 고르고 고른 몇 개만
말이 돼서 나와요.

고요하게 눈을 감은 창숙의 얼굴.

31 포장마차 근처. 밤. 비

멀리 북적이는 번화가가 보이는 어느 곳.
셔터가 내려진 어느 상점 처마에 좀 떨어져 서 있는 부정과 강재.
강재는 작은 병맥주를 들고 있고, 부정은 빈손.

부정	대학원 졸업하고… 어렵게 어렵게 취직을 했는데…
	다니던 3년 동안 내내 많이 아팠어요.
강재	……
부정	결국… 그만두게 됐다고 아부지한테 전화를 드렸더니…
	한 말씀도 안 하시다가… 아무렇지도 않게 부정아 괜찮다…
	그러셨어요.
강재	……
부정	서울에 집을 사면… 아부지가 내 걱정을 좀 덜 하실까 싶어서…
	오피스텔을 무리해서 샀는데… 그 쪼끄만 집을 한 시간도 넘게
	꼼꼼히 보고 또 보시면서… 또 아무렇지도 않게 예쁘다… 그러셨어요.
강재	…예쁘다…
부정	아부지가 하시는 괜찮다는 걱정이고… 예쁘다는… 근심이에요.
강재	……

하늘을 올려다보는 부정.
부정의 핸드백에서 다시 깜빡거리는 핸드폰 무음 램프.
강재, 잠시 부정을 보다가,

강재	잠깐만 있어요. 우산 사가지고 올게요.
부정	……?
강재	집에… 갑시다.
부정	……

부정, 강재를 보는데,
강재, 재킷을 머리에 쓰고 빗속을 뛰어 멀리 불빛이 보이는 어디로 가는.
가만히 그 뒷모습을 보는 부정.
뛰다가… 이쪽을 돌아보는 강재, 부정도 강재를 보는.

강재	핸드폰이요.
부정	……네?
강재	가방에… 전화 와요.
부정	……

하고 가방 보면, 깜빡이는 램프.
핸드폰을 꺼내면 끊어지는 전화, 부정, 다시 강재 쪽 보면,
강재, 괜히 슬쩍 웃고는 다시 불빛이 있는 곳으로 뛰어가는.
강재가 사라질 때까지 보는 부정, 핸드폰을 보면.
'정수'에게 와 있는 수십 통의 부재중 전화.
가슴이 철렁하는 부정. 떨리기 시작하는 손으로 통화 버튼을 누르는.

32   응급실

수납을 마치고 응급실로 가는 정수.
손에 아버지가 들고 계시던 전단지와 리모컨을 들고.
주머니에서 핸드폰 진동이 울리면, 부정임을 확인하고 얼른 받는.

정수	어디야… 전화를 얼마나 했는데…
부정e	잠깐… 정신이 없어서… 못 봤어… 무슨 일인데…

통화 금지라는 안내문을 보고, 발을 돌려 입구 쪽으로 나오는 정수.

33   포장마차 근처. 밤. 비

바닥에 떨어지는 빗물을 보고 있는 부정.

정수e   아버지 큰일 나셨단 말이야…

34   응급실

통화하며, 어느 복도에 멈춰 서는 정수.
안으로 들어오는 민자.
소리를 죽여서 작게 "아이고"를 연발하며 호들갑스럽게
정수에게 달려와 안기는 엄마를 보다가
뒤에 서 있는 순규를 보는.

민자   어떻게… 어떻게 되셨어.
정수   어떻게 되시긴… 아직 잘 계시지…
민자   안에 상황이 어때…
정수   아직 침상을 못 잡아서… 이제 잡을 거예요.

그사이, 정수를 가만히 보는 순규.
정수, 순규에게 끄덕 인사하는.
순규가 정수의 인사를 받는.

35   편의점 . 밤 . 비

비닐우산 두 개를 계산하고 있는 강재.
주머니에서 울리는 핸드폰, 보면 '이부정'의 메시지.
강재, 역시 뭔지 안 좋은 예감에 비 오는 밖을 보았다가
메시지를 여는.
[급한 일이 있어서 먼저 가요.]
그 자리에 서서 한참을 메시지를 보다가, 뒷손님에게 밀려

우산 두 개를 들고 밖으로 나오는 강재.

36   길. 밤. 비

비가 내리는 길, 우산을 쓴 사람들 속을
뛰듯이 걷는 걸음으로 빠져나가는 부정.
한참을 빠져나가면 겨우 마주하는 대로.
사람이 내리는 택시에 올라타는 부정.

37   포장마차 근처. 밤. 비

비닐우산을 쓰고, 비닐우산 하나를 들고
떠났던 자리로 돌아온 강재.
둘이 서 있던 자리에 다 마신 병 하나 열지 않은 병 하나가
나란히 서 있는.

38   우남의 차. 밤. 비

운전석에 우남, 조수석에 순규.
덤덤히 대화하는 두 사람.

순규   전단지 돌리는 아르바이트 하시다가… 길을 잃으신 거 같애.
         아까 보니까… 사장님 아들이 다 젖은 전단지를 꼭 안고 있더라고…
우남   치매셨나…?
순규   그런 것 같더라…
우남   상태는 어떠신데…
순규   몰라… 그냥… 분위기가 너무 심각해서… 못 물어봤어.

우남	사장님은 어떻게… 좀 괜찮으셔? 많이 놀라신 거 같던데…
순규	아드님 보자마자 달려가시고… 나는 남이지 뭐.
	대충 서 있다가 나왔어. 괜히 며느리까지 오면 심경 복잡할 거 같아서.
우남	……
순규	아… 맞다. 그 아드님 부부 말이야. 전에는 사장님네서 같이
	살았었거든.
	일 년 정도 됐나… 며느리가 우울증이라 너무 힘들다고 노래를 부르
	셨어… 그때 나도 쫌 사장님이랑 사이가 별로였거든…
	너무 일방적으로 그러시니까.
우남	……근데…
순규	어?
우남	아… 맞다… 그랬잖아.
순규	아… 아까 사장님이 집 전화로 전화가 왔다고 그러셨잖아…
우남	응.
순규	그…사장님 사돈 어르신이 딱 그 번호를 기적적으로 기억하고 계셨대.
	집으로 한 번도 전화를 하신 적은 없었다는데…
	그 번호도 잊어버리셨으면… 못 찾을 수도 있었던 거야…
우남	……슬프네…
순규	(보면)
우남	그 번호만 기억하고 계신 게…
순규	……왜…
우남	딸이 궁금할 때마다… 계속… 눌러보신 거잖아…
	막상 시댁이니까… 걸지는 못하셨어도…
순규	……
우남	……
순규	엄마 보고 싶다…
우남	……나도…

비에 젖은 부정이 뛰어 들어오는,
대기 의자에 앉아 있던 정수, 들어오는 부정을 보고 일어서는.
정신이 반쯤 나간 부정도 정수를 발견하고 그쪽으로.

부정   어디 계셔?…왜 나와 있어.

정수   …조금 진정되셔서… 엄마랑 교대로 나왔어.

        무슨 일을 했길래… 전화를 안 받아… 전화는 받아야지…

부정   ……그냥… 얘기하다 보니까… 길어졌어…

정수   ……술 마셨어?

부정   ……

잠시 시선을 피했다가,

부정   아부지는…?

정수   (잠깐 못마땅하게 보다가) 처음엔 안 좋았는데 지금은 의식은 있으셔…

        근데…

부정   ……?

정수   검사 더 해봐야 아는데… 종양이 있을 수도 있대…

부정   ……종양이… 어디에…

정수   ……대장이랑… 여기저기…

부정   ……

마침, 눈물을 훔치며 밖으로 나오는 민자.
민자 역시 많이 진정된 모습.
정수 쪽으로 오다가, 부정을 발견하는.

민자, 잔뜩 속상한 얼굴로 부정에게 다가와 주먹으로 가슴을 치듯
부정의 어깨를 치며 속상함을 토로하는.

민자　　너는… 딸이 돼가지고… 아부지 저러고 계신데 뭐 한다고 이제 와.
　　　　전화도 안 받고…

부정　　……

정수　　(말리며) 왜 이래 엄마. 제일 속상한 건 이 사람인데…

부정　　……어떻게 하고 계세요.

민자　　잠깐 깨셨다가… 병원비 걱정하다가… 다시 주무신다.

부정　　……

정수　　이거 줘 얼른. 이 사람 들어가게.

민자의 목에서 출입증을 빼서, 부정에게 건네는.
건네면서 얼른 들어가라는 제스처, 받아 들고 응급실 입구를 보는 부정.
그쪽으로 천천히 걸어가는데.

민자　　니 아부지도 다 아셔.

부정　　(돌아보는) ……

정수　　엄마 또 무슨 소리야…

민자　　니 아부지도… 다 아신다고…

부정　　……

민자　　……

민자를 보다가, 정수를 보는 부정.
서로 가만히 보는 두 사람.
정수, 애써 시선을 외면하고, 민자에게,

정수	다가 뭐야 대체… (부정에게) 들어가 얼른. 신경 쓰지 말고.
부정	……

정수에게 안겨서 우는 민자.
부정, 잠시 민자와 정수를 보다가, 문을 열고 안으로.

40 응급실 안

환자들 사이를 지나, 침상들을 살피며 아버지를 찾는 부정.
아픈 애, 어른이 차례로 지나고, 제일 안쪽 커튼이
반쯤 가려진 침상 아래
나란하지 않은 아버지의 구두에 시선이 멈추는 부정.
부정, 잠시 걸음도 멈췄다가, 그쪽으로 다가간다.
환자복으로 갈아입은 아버지가 몸을 작게 웅크리고 옆으로 누워 있는.
주렁주렁 달린 링거에, 산소호흡기.
침상 위에 젖고 구겨진 전단지와 리모컨. 가만히 리모컨을 보다가,
부정, 다시 창숙을 보면, 넘어지면서 생긴 이마의 상처.
가만히 다가가서 이마의 상처를 만져보는 부정.

부정	……아부지……
창숙	……
부정	……부정이 왔어요……
창숙	……
부정	……부정이 왔어… 아부지……

움직이는 손. 부정, 가만히 아버지 손을 잡는.
천천히 눈을 뜨는 창숙.

부정	……나 보여요?
창숙	응…
부정	누군데…
창숙	(한참 보다가, 들릴 듯 말 듯 힘없는 소리로) 부정이지…
부정	……맞아요… 부정이야……

하고 아버지와 시선을 맞춰 쪼그리고 앉는.

창숙	……어디 갔다 왔어…
부정	……그냥… 어디 갔었어…
창숙	……
부정	미안해요… 아부지…
창숙	……비 맞았어?
부정	……응.
창숙	……왜… 비를 맞고 다녀…
부정	……
창숙	……감기 걸리면… 힘들어…
부정	……응…
창숙	나… 괜찮은 거 같은데…
부정	……
창숙	오늘… 집에 갈 수 있나…?
부정	……

졸린 듯 천천히 눈을 감는.

창숙	자꾸… 잠이 와… 사부인… 앞에서도… 잠이 와서…

하고 눈을 감고 잠이 든 창숙.

가만히 아버지를 보는 부정.

아버지가 완전히 잠이 들면, 참았던 울음이 터져 나오는.

아버지의 손을 잡고 소리 없이 흐느끼는 부정.

41　　응급실. 입구

밖으로 나오는 부정, 그칠 것 같지 않은 눈물.

밖에서 정수, 서류를 들고 담당 선생님과 얘기 중인.

나오는 부정을 보는 정수.

선생님과 마침 이야기가 끝나면, 부정에게로 오는.

대기실 의자에 앉아, 조금씩 소리를 내서 우는 부정.

가만히 다가가 그 모습을 보는 정수.

부정의 머리를 안아 다리에 기대주는.

그대로 정수의 다리에 기대서 숨죽여 오열하는 부정.

정수　　괜찮아…

부정　　……

정수　　아부지 딸 두고 못 가셔…

부정　　……

정수　　일반 병실로 올라가실 거야… 거기가 더 편하실 테니까…

부정　　……

정수　　검사하고… 고치면 되지… 왜 울어… 기운 없게…

부정　　……

정수　　일어나실 거야…

부정　　……

가만히 부정의 정수리를 내려다보다가
잠시 망설이다가, 부정의 머리를 가만히 쓰다듬는 정수.
그런 두 사람의 모습.

42   미선의 반지하. 주방 겸 거실. 밤. 비

깨끗하게 켜져 있는 형광등.
현관에 놓여 있는 새 우산과 젖은 우산. 비에 젖은 강재의 신발.
강재의 재킷을 탁탁 털어서 옷걸이에 걸어 다용도실
높은 곳에 거는 미선.
식탁에 놓여 있는 빈 병과 새 맥주병. 잠시 보다가, 안방을 보는.
입구를 등지고 옆으로 웅크리고 누워 있는 강재.

미선   옷을 갈아입고 자야지… 그냥 자면 감기 들지. 아무리 젊어도.
강재   ……응…
미선   이거 엄마 꺼 맞어?
강재   응…
미선   근데 왜 우유 안 사고… 맥주야.
강재   그냥…

잠시 강재의 등 보다가, 맥주병 뚜껑을 여는 미선.

43   미선의 반지하. 안방. 밤. 비

옆으로 누워 있는 강재.
핸드폰으로 부정과 모텔에서 나오는 사진을 보고 있는
복잡한 얼굴의 강재.

강재　　형은?

맥주를 마시며 안으로 들어오는 미선.

미선　　아는 형네서 자고 온다고.
강재　　나 땜에? 그럴 거 없는데…
미선　　뭐가 너 때문이야… 가게 선밴데 기술 배운다고 가끔 자고 와.
강재　　……엄마…
미선　　왜.
강재　　엄마는 꿈에서 깨봤어?
미선　　……엄마는 별로 꿈 잘 안 꾸니까…
강재　　그런 꿈 말고… 누가 그러는데…
미선　　(보면)
강재　　꿈이 없는 인생은 사는 게 아니래… 뭐… 좀… 달라지긴 했지만…
　　　　(미선을 돌아보고) 엄마 수준에 맞춰서 내가 고친 거야.

하면서 천장을 향해 눕는.

미선　　원래 말이 뭔데…
강재　　(잠시 보다가) 원래? 원래는…

미선, 강재의 옆에 팔베개를 세우고 옆으로 눕는.

강재　　환상이 사라진 삶은 죽음에 더 가깝다…
미선　　……
강재　　……모르겠지.
미선　　……잘은 모르겠는데… 환상이 뭔진 알겠다…

402

강재	(가만히 보다가) 뭔데…
미선	……너.
강재	……
미선	……

잠시 미선을 보다가, 어색한지, 어이없는 소리를 들었다는 듯
다시 돌아눕는 강재.

강재	귀 씻어야겠다. 귀 씻어야겠어.
미선	영감같이 그런 말은 어디서 배웠어.
강재	……엄마한테 배웠겠지.
미선	……

미선, 등을 돌린 강재의 등을 가만히 보는데

강재	엄마…
미선	…왜.
강재	이제 양육비 안 줘도 돼…
미선	……
강재	……
미선	……왜…
강재	……왜가 어딨어. 내가 그렇게 정하면 그런 거지…
미선	……
강재	……
미선	……그래… 고맙다.

그 말에 다시 돌아보는.

미선	뭐?
강재	빈말이라도 거절은 절대 안 하지…
미선	……거절을 왜 해… 아들이 주는 선물인데…
강재	……
미선	……
강재	아유… 말을 말자. (다시 돌아누우며) 나중에 용돈 받을 생각은 꿈에도 하지 마.
미선	안 해. 너나 잘 먹고 살어.
강재	……나 가끔 와서 자도 돼?
미선	……되지 그럼. 매일 와도 돼…
강재	……

미선이 천장을 향해 눕는.
가만히 천장을 보는 미선.
강재, 엄마에게서 등을 돌리고 다시 핸드폰을 보는.
부정과의 대화창을 보는.
[네. 조심하고… 연락 주세요.]라는 강재가 보낸 메시지를
아직 읽지 않은 부정.
가만히 화면을 보는 강재.

f. o

44   엔터테인먼트 사무실

단체 오디션을 보기 위해 대기하고 있는 민정 또래의 여자들.
민정, 거울에 비춰봤던 옷 중에 하나를 입고,
쪽대본 한 장을 들고 구석에 서서 연습 중.

안쪽에서 들리는 민정을 부르는 소리. "강민정님."
그쪽을 돌아보는 민정, 숨을 길게 쉬고 그쪽으로 향하는.

45   순규의 집 . 주방

감자를 볶는 순규.
목발 없이 발목에 깁스만 하고 주방으로 깨금발로 들어오는 딱이.

순규   내 다리 내놔도 아니고… 정말 꿈에 나올까 무섭다.
딱이   또 감자야? 딱 맛있게 하지도 못하면서 자꾸 그걸 하네.
순규   …저게 진짜. 먹지 마 넌.
딱이   나 오늘 중요한 날이니까… 나한테 좋은 말만 해.
순규   무슨 중요한 날인데.
딱이   있어 그런 게…
순규   저건 요즘에 왜 저렇게 기분이 좋아. 기분 나쁘게.

거실에서 주방으로 들어오는 우남.

우남   또 감자야?
순규   그래… 또 감자다. 또 감자야!
우남   아… 왜 화를 내고 그래. 그냥… 물어본 건데…

하고 밖으로 나가는 우남.
한숨을 한 번 쉬고 다시 감자로 돌아가는 순규.

46   병원 . 병실 . 1인실

블라인드를 닫아 조도를 낮추는 부정.
침대에서 미음으로 식사를 하고 있는 창숙, 기력이 많이 쇠약해진 모습.

부정 먹여드린다니까… 꼭 이러지…

창숙 ……뭘 먹여줘… 움직여야 나아…

가만히 창숙을 보는 부정.
창숙, 헛손질을 몇 번 하고 다시 미음을 고쳐 뜨는.
그 모습에서 시선을 피해 바깥을 보는 부정.
창밖에서 들려오는 꺄~꺄~ 뛰어노는 아이들 소리.

부정 아부지…

창숙 ……왜…

부정 ……아부지…

창숙 ……또 저런다… 아부지 어디 안 가고 여기 있어…

부정 아부지는 나 하나밖에 없는데… 내가 모자라서…
       손주도 못 보시네… 아기도 좋아하시는데…

창숙 ……또 쓸데없는 소리를 해… 아부지 애 싫어해…

부정 ……거짓말…

창숙 아부지가 어디 남에 애 만지는 거 봤냐?

부정 아까워서 안 만지는 거 다 알아요…

창숙 ……

부정 그러니 아버지 손주면 얼마나 예뻤겠어…
       전에… 아부지 나 집 앞에서 기다리실 때… 유모차 타고 애기
       지나가니까… 막 웃으면서 좋아하시던데…

[인서트 / 8부 17씬 유모차를 탄 동네 아이를 바라보는 창숙.

그런 창숙을 보는 부정.]

창숙	……그게… 속상했어?
부정	……속상했지… 아부지가 속상해하니까…
창숙	……
부정	……
창숙	나는… 빈말이 아니라…
부정	(보면)
창숙	길에서고 어디서고… 어린 애기들을 보면… 손주 보고 싶다… 그 생각보다… 니 생각이 나… 너 예뻤던 생각…
부정	……나?
창숙	응… 너 어렸을 때… 아부지가 하도 너를 혼자 두고 다니니까… 아부지만 만나면… 업어달라고 그랬던 생각… 너 맡기러 여기저기 다녔던 생각… 그런 생각…
부정	……
창숙	한날은 왜 그랬는지 기억도 안 나는데… 한동안 아부지가 일이 없어서… 돈도 없고 하니까 너를 어디다 길게 맡기려고 업고 다녔어.
부정	……나를 왜 맡겨. 아부지 딸인데…
창숙	그때는… 그랬어… 힘들었으니까… 너 맡기고… 그냥… 죽어버릴 까… (부정 보는)
부정	……
창숙	잠깐… 근데 니가… 어디서 빵 냄새를 맡았는지… 자다가 깬 거야… 그래서 큰일 났다… 다시 재워야지… 하는데… 니가 내 귓불을 이러고 이러고 만지면서 그래.
부정	……
창숙	아부지… 돈 많이 벌면… 나 저거 사줄 거지…

부정   ……

창숙   ……니가 그런 애야… 세 살밖에 안 됐는데… 아부지 사정을 아니까
        사달라고 떼는 못 쓰고… 어린 게 맛있는 냄새는 나니까 먹고 싶고…

부정   ……

창숙   아… 얘를 두고는 못 죽겠구나…

부정   ……

창숙   니가… 그런 애야…

부정   ……

부정, 창숙을 보고 있는데.
그날이 떠오르는지 알 수 없는 미소를 지으며,
멈췄던 식사를 다시 시작하는.

화면 바뀌면,
이미 식기도 치우고, 깨끗해진 침대에 누워 있는 창숙.
부정, 블라인드를 완전히 닫으면.

창숙   열어… 답답하게 왜…

부정   주무실 거잖아…

창숙   열어… 답답해…

부정   …집에 다녀올 건데… 뭐 필요하신 거 없어?

창숙   없어… (하다가) 냉동실에 파란 김치통에…

부정   (보면)

창숙   거기… 통장이랑… 돈 쪼끔 있어.

부정   ……

창숙   비밀번호는 니 생일이니까… 알 거고…

부정   지금 그걸 가져와서 뭐해요… 다 카드로 계산하는데…

창숙	그냥… 알아두라는 거지…
부정	나중에 집에 가서 다시 알려줘요…
창숙	그래 그럼…
부정	갔다 올게…
창숙	응…

부정, 소지품을 챙겨 나가는데 그 모습을 빤히 보고 있는 아버지.

부정	왜?
창숙	예쁘네…
부정	……
창숙	예뻐…
부정	……
창숙	……
부정	금방 올게. 아부지.
창숙	응.

입구로 나가는 부정이를 빤히 보는.
잠시 걸음을 멈춰서 침대의 아버지를 돌아보는 부정.
가만히 서로를 보는 둘.
창숙이 먼저 햇살처럼 환하게 웃으며 손을 흔드는.
부정도 잠시 보다가 희미하게 웃으며 손을 흔든다.
문을 닫는 부정, 닫히는 문 사이로 서로를 보는 아버지와 딸.

47 병 원 . 복 도

닫힌 문을 잠시 보다가, 복도를 빠져나가는 부정.

48   병원.병실.1인실

부정이 나간 자리를 보다가, 창문을 돌아보는 창숙.
창밖에서 들려오는 아이들의 소리에 몸을 일으키는.
천천히 창으로 다가가 창밖에서 노는 아이들의 모습을 보는 창숙.

49   회상.시장길

세 살 아이를 포대기로 업은 젊은 창숙이
한참을 걷다가 어느 찐빵집 앞에 서는.
김이 솔솔 나는 찜솥을 보며 서 있는데…
포대기 안에 아이가, 젊은 창숙의 귓불을 만지작거리기 시작한다.
한참 만지작거리다가, 귓속말을 하는 아이.
아이의 말을 듣다가, 눈물을 흘리는 젊은 창숙.
한참을 빵집 앞에 서 있다가, 다시 길 안쪽으로 걸어가는 부녀의 뒷모습.

50   병원.병실.1인실

창문을 바라보고 침대에 걸터앉아
마치 회상의 그 광경을 보듯 허공을 보고 있는 창숙.
가만히 빛으로 손을 뻗는 창숙.
멀리서 바라본 창문으로 손을 뻗은 창숙의 등.
그대로, 스러지듯 침대 위로 쓰러지는 창숙.
햇살을 바라보고 쓰러진 창숙의 마지막 모습.

f.o

16부

별이 빛나는 한낮

01   오피스텔. 엘리베이터

통화하는 부정.

부정   식사하시는 거 보고⋯ 짐 좀 가지러.
정수e 짐?
부정   아부지 핸드폰이랑 뭐 이런 거 저런 거.

계기판을 올려다보는 부정.
10층을 향해 움직이고 있는 숫자.

02   백화점. 식품매장. 비상구

비상구에서 앞치마를 입고 벽에 기대서서 통화하는 정수.

정수   컨디션은 어떠신데. 어제 보니까⋯ 좀⋯ 그러시던데⋯

마음이 병원에 가 있는 사람처럼 의욕이 없는.
안으로 정수를 찾으러 들어오는 준혁.

준혁   (작게) 팀장님.
정수   (돌아보며) 기력이 돌아오셔야 수술도 하실 텐데⋯
        (하고 무슨 일이냐는 제스처)
부정e 좋았다 안 좋았다 그러시다가⋯ 좀 괜찮으신 거 같아서⋯ 잠깐 나왔어.
        오늘은 나랑 얘기도 좀 길게 하셨고⋯
        병원에서도 괜찮으신 것 같다고 하고⋯

부정, 대답하는 사이. 정수와 준혁의 대화.

준혁   (손톱 보여주며, 작게) 팀장님 찾으세요. 손톱 어르신.
정수   (소리 없이 입 모양으로만) 나?
준혁   (끄덕하고) 근데… 키 큰 놈 아니고… 안경 쓴 놈 찾으세요.
정수   안경?

03   오피스텔. 엘리베이터

"안경?"이라는 정수의 말에. 잠시 수화기를 보았다가,

부정   바쁘면 나중에 통화해. 나도 다 왔어.
정수e   어. 그래… 이따 봐. 그럼.
부정   ……알았어.

정수 대답 듣고, 대답하는 동안,
벽에 붙은 떼다 만 스티커를 발견하는 부정.

정수e   연락해.
부정   …응…

통화를 마치는 부정, 스티커 쪽을 가만히 보다가 떠올리는.

[인서트 / 8부 16씬, 스티커를 떼어내는 강재. 보는 부정.]

부정, 강재 생각에 떠오르는 지난밤.
들고 있던 핸드폰을 만지작만지작 복잡한 얼굴로 내려다보는 부정.

04 회 상 . 응 급 실 입 구 . 대 기 실 . 밤 . 비

15부 41씬 이후, 시간이 많이 지난 새벽.
핸드폰을 만지작거리며 기다리는 부정,
가까운 의자에 앉아 졸고 있는 민자.
부정의 핸드폰 진동이 울리고, '끝집' 강재에게 도착한 2개의 메시지.
진동 소리에 뒤척이는 민자, 부정, 핸드폰을 들고 밖으로.

05 회 상 . 응 급 실 입 구 . 밤 . 비

밖으로 나오는 부정, 오는 비에 더 나가지는 못하고
응급실 처마 밑에 서서 메시지를 확인하는.
부정이 보낸 [급한 일이 있어서 먼저 가요.]
아래로 도착한 메시지. 함께 서 있던 처마 밑에 맥주병 2개를
찍은 사진과 [네. 조심하고⋯ 연락 주세요.]
잠시 메시지를 보다가, 대화창을 닫는데 보이는
아란과의 대화창에 떠 있는 읽지 않은 메시지들.
부정, 잠시 망설이다가, 입구에서 좀 더 멀어지면서 열어보는.
모텔에서 나와 오피스텔로 들어가는 강재와 부정의 사진들.
생각지도 못한 사진들에 모든 게 정지된 듯한 부정.
동시에 떠오르는 아란.

[인서트 / 14부 37씬, 부정에게 말하는 아란.
"나한테는 니께 없을 거 같니? 너 그렇게 깨끗해?"]

천천히 사진들을 보는 부정.
복잡한 얼굴로 사진을 한 장씩 보는데,

정수e   왜 나와 있어.

그대로 돌아보는 부정, 어느새 가까이 다가와 있는 정수.
가만히 부정을 바라보고 있는.

부정   ⋯⋯
정수   ⋯⋯왜⋯ 무슨 일인데⋯
부정   ⋯⋯
정수   무슨 일 있어?
부정   ⋯⋯어⋯ 아니⋯
정수   (부정 손에 핸드폰 보았다가 부정 보면)
부정   (핸드폰을 내리며) ⋯아부지는?
정수   ⋯⋯주무셔.
부정   ⋯⋯
정수   들어가자.
부정   ⋯⋯응.

잠시 부정 보다가, 먼저 들어가는 정수.
그런 정수를 보다가, 핸드폰 만지작거리며 따라가는 부정.

06   다시 오피스텔. 엘리베이터

핸드폰을 만지작거리며 생각에 잠긴 부정.
어느새 10층에 도착하고, 문이 열리는.
문이 열리면 보이는 빈 복도. 잠시 보다가, 내리는 부정.
상재 집 쪽을 보면서 복도를 걸어오는 부정.
1003호 아버지 집을 조금 지나쳐 걷다가 잠시⋯

복도에 멈춰 섰다가, 돌아오는,
잠시 한숨, 키패드를 열고 누르는 부정.

07   오피스텔. 강재의 집

햇살이 길게 들어온 비어 있는 집.
깨끗하게 정돈된 주방, 강재의 그릇과 분리되어 놓여 있는
민정의 그릇들.
복층에 잘 정리된 침구, 그리고 보이지 않는 정우의 상자.

08   이태원. 고급 빌라 입구

3부, 정우 누나의 집.
선글라스에 상자를 들고 입구에 서 있는 강재.
밖으로 나오는 정우 누나.
선글라스를 벗고 보는 강재.

강재	문자 주셨길래.
누나	……
강재	정우 형 유품… 받고 싶으시다고…
누나	……네…
강재	(잠시 보다가) 왜요?
누나	……
강재	……
누나	아무튼… 동생이니까요…
강재	……
누나	……어릴 땐 사이가 괜찮았거든요.

강재	……
누나	그날… 왔다 가고 나서… 이상하게 계속 생각이 나더라구요. 생각하고 싶지 않았는데…
강재	……
누나	……
강재	그럼… 뭐… 어떡할까요. 저쪽 주차장으로 가 있을까요?
누나	……들어와요.
강재	……

잠시 보다가, 문을 열어놓고 안으로 들어가는 정우 누나.
강재, 그런 누나와 집을 번갈아 보다가 안으로 들어가는.

09 　오피스텔. 창숙의 집

현관에 창숙이 늘 신는 신발이 그대로 있고.
정수에게 선물 받은 구두 상자가 열려 있는.
구두 상자 옆으로 보이는 현관 비밀번호를 적은 종이.
아버지가 나가신 그대로의 집.
현관에 선 채로 멀리 방 안을 보는 부정.
눕혀 있는 다림판, 깨끗하게 정돈된 침구, 티비.
그리고 티비 앞에 두고 가신 핸드폰.
안으로 들어가려는데, 구두 상자 옆으로 보이는
현관 비밀번호를 적은 종이.
종이를 잠시 보다가, 그 자리에 아버지처럼 앉아보는.
답답한 현관문을 잠시 보다가, 주변을 둘러보는.
쌓여 있는 폐지들을 보다가, 바닥의 비밀번호 종이를 주워서,
구두 상자에 넣고, 자리에서 일어선다.

10   백화점. 식품매장

이전과 같은 곳에 모여서,
손톱 할아버지를 응대하는 직원들.
'먹을 거 가지고 사람 속이면 지옥 간다'는
저번에도 하신 말씀을 또 반복하시는.
정수 대신, 정수처럼 다른 직원들과 서서 손톱 할아버지를 응대하는
정수의 안경을 쓴 준혁.

손톱   잘나빠진 간판 하나 믿고 비싼 돈 내고 오는 건데…
        먹는 장사하면서 사람 속이고 그러면 니들 싹 다 지옥 간다.
준혁   예. 지옥 안 갑니다. 저희는. (다른 직원에게) 그죠?
직원   예… 뭐…
손톱   (그제야 준혁을 가만히 보다가) 근데 왜 이렇게 쬐그맣게 줄었어.
        사람이 그새.
준혁   …저요?
손톱   키가 줄었네. (하고 가만히 보다가) 맞는데.
준혁   (잠시 정수 쪽 돌아보았다가) 아… 제가 요즘 무거운 걸 많이 들어서…
        (하고, 바구니를 대신 들어 직원에게 건네며) 계산대 좀…
직원   네. 이쪽으로 오세요 어르신.
손톱   그래… (준혁을 잠시 돌아보며) 근데… 뭘 얼마나 무거운 걸 들었길래.

다른 직원과 계산대 쪽으로 가는 손톱 어르신을 보다가,
안경을 벗으며, 비상구 쪽으로 향하는 준혁.

11   백화점. 비상구

벽에 기대서서, 안경 없이 핸드폰을 보고 있는 정수.

대장암 전이, 치매 노인 암 수술 위험도 등을 검색해보고 있는 정수.

그러다 문득, '이빨 빠지는 꿈' '돌아가신 부모님 꿈'을 검색하는.

안경을 벗으며 안으로 들어오는 준혁.

정수에게 안경 건네면, 준혁 쪽 보지도 않고 받아 쓰는 정수.

정수   가셨어?

준혁   네. (핸드폰 넘겨보고) 무소식이 희소식이에요.

정수   ······알아··· 그냥··· 보는 거야. 꿈자리가 하도 뒤숭숭해서···

준혁   꿈이요? 아··· 이럴 때 꿈 그런 게 되게 중요한데···

정수   그지··· 내가··· 이상한 꿈을 꿨는데··· 생각해보니까···

           내가 꿨다기보다는 엄마가 꾼 꿈을 그대로 또 꾼 거더라고.

           하도 얘기를 들어서.

준혁   그럴 수 있죠. 어머니 꿈이 뭐였는데요.

정수   그게 어떤 미친년이···

준혁   미친년이요?

정수   (또 생각에 빠졌다가) 아니야. 관두자··· 말해봐야 기분만 나빠.

준혁   (고개를 주억거리며) 진짜···

정수   ···진짜 뭐.

12   오피스텔. 창숙의 집

           현관 앞에 짐을 챙겨놓은, 핸드폰과 수건과 속옷 등이 담긴,

           구두 쇼핑백.

           부정, 싱크대에 밀린 설거지를 하는.

준혁e   사모님은 진짜 복 받으셨네···

세상에 어느 사위가 장인어른 아프시다고 이렇게 식음을 전폐해요.

화면 바뀌면, 건조대에 빨래를 너는 부정.

준혁e   점심도 먹는 둥 마는 둥 하고… 일도 하는 둥 마는 둥 하고…

13   백화점 . 비상구

어느새, 정수 옆에 나란히 서서 정수처럼 핸드폰을 꺼내 드는 준혁.

정수   내가 언제 일을 하는 둥 마는 둥 해…
        오늘만 잠깐… 그런 거지…
준혁   암튼 이제 키 큰 놈 안 찾으실 거예요. 저 어르신.
정수   왜?
준혁   이제 세상에 없거든요. 키 큰 놈은.
정수   뭐야 그게.
준혁   그런 게 있어요. (하다가) 이거 좀 한번 보실래요?
정수   (보고) 이게 누구야. (하다가) 이게 뭐야.
준혁   채팅어플이요.
정수   채팅… (잠시 생각하다가) 그… 예쁜 여자친구는?
준혁   누구 (하다가) 아… 그 친구 연락 끊긴 지가 언젠데요.
정수   왜?
준혁   글쎄요. 뭐… 진정한 사랑이라도 하나 보죠.
정수   ……그게 뭐야… 너랑은 아니구?
준혁   ……
정수   (되묻는) …어?
준혁   아… 몰라요. 여자 마음을 어떻게 알겠어요.

420

그것도 그렇게 예쁜 여자 마음을…

정수   뭐야…

준혁   …여자는 정말 너무 어려워요.

         (하다가) 생각하면 머리 아프고 울렁거려요.

정수   …허… 너… 진짜… 많이 겸손해졌다…

         왜. 뭐. 상처라도 받았어?

준혁   ……몰라요.

정수   ……어 진짠가부네.

준혁   선물 받은 거 돌려주냐고 문자 왔길래. 가지라고 했어요.

         물건 보면 더 생각만 날 거 같고…

정수   (뭐라고 위로를 해야 할지 몰라 말을 찾는 사이)

준혁   (씩 웃고, 핸드폰 보여주며) 한번 보실래요?

정수   뭘?

준혁   요즘… 만나는 친구들.

정수   …들?

준혁   …네. 인생 어떻게 될지 모르니까요…

준혁을 신기한 듯 보다가, 준혁이 보여주는 핸드폰 속 사진을 보는 정수.
평범하고 다양한 여자…들.

14   오피스텔. 엘리베이터

교통카드로 떼다 만 스티커를 떼면서, 딱이와 통화 중인 민정.
오디션에서 돌아오는 길.

민정   전반적으로는… 내 기준에서는 그냥 잘한 거 같은데…

         내가 좀 그새… 올드해졌다고 해야 되나… 요즘 애들이 너무…

(하다가 한숨 한 번 쉬고) 뭔가… 있는 집 애들처럼 예쁘더라구요…

15   순규의 집. 주방

설거지하며 어깨에 핸드폰을 끼고 통화하는 딱이.

민정e   생활고가 없다고 해야 되나… 암튼… 그래서 기분이 좀 그래요…
　　　　너무 우울해…

딱이   ……

어깨에 끼고 통화하는 게 불편한지, 돌아보는데.
마침, 먹은 과일 접시를 들고 들어오는 우남.
딱이, 우남에게 식탁 위에 있는 이어폰 좀 달라는 제스처.

민정e   왠지 나랑은 출신성분이 다른 거 같고… 고급스러운 거 같고…

우남, 못 알아듣고,

우남   뭐?
딱이   (손을 흔들며, 조용히 하라는)
우남   왜? 뭐 줘?

답답한 딱이, 가지러 가려는데.

민정e   (버럭) 듣고 있어요?
딱이   네?

16 오피스텔. 엘리베이터에서 복도

버럭 소리를 지르는 동시에, 10층에 도착하고 열리는 문.

민정 사람이 무슨 얘기를 하면… 그렇다든가 아니라든가…
니가 더 예쁘다든가…
뭐 반응이 있어야 될 거 아니에요. 안 그래도 오다가 진흙탕에 빠져서
구두도 다 망쳤단 말이에요.

소리를 지르며, 복도를 지나가는 민정.
지나가다가, 살짝 열려 있는 1003호 창숙의 집 문을 보고, 놀라 조용히.

민정 무슨 반응이… 있어야죠…

하면서, 지나가며 안을 슬쩍 들여다보는 민정.
쇼핑백에 챙긴 물건을 들고 밖으로 나오는 부정.
잠시 마주치는 두 사람.
민정, 죄송하다는 듯 꾸벅 인사하면,
부정, 낯익기도 하고 낯설기도 한 민정을 보다가, 같이 끄덕 인사하는.

민정 (소곤소곤 통화하는) 이제 와서… 뭘 내가 고급스러워서 좋아했대…
그 말을 믿을 거 같아요?

엘리베이터로 향하다가, 민정을 돌아보는 부정.
민정, 강재의 집 쪽으로 사라지는.
가려다가, 잠시 서서 그쪽을 보는 부정.
얼마 안 있어서, 소곤거리며, 키패드를 누르는 소리.

잠시 망설이다가, 복도를 거슬러 가보는 부정.

민정e　하여간… 누가 이강재 친구 아니랠까봐… 아… 몰라요.
　　　긴 얘기는 나중에 강재 통해 하시고… 끊어요.

티격태격하는 동안 벽 쪽으로 붙어 서서 강재의 집 쪽을 흘깃 보는.
부정의 시야에 강재의 집이 들어오는 순간.
스르르 닫히는 현관문. 철컹 닫히는 소리. 자동 잠금이 잠기는 소리.
닫힌 문의 번호를 확인하는 부정, 1012호 강재의 집.
잠시 서서 복도를 보는데, 다시 열리는 문.
서둘러 복도 안으로 몸을 숨기는 부정.
민정, 빈 복도를 한 번 휙 보고는, 신었던 구두를 탁탁 터는.
소리 들리면, 다시 강재 집을 보는 부정, 구두를 터는 민정을 보는.
그때, 울리는 민정의 핸드폰.
그 소리에 다시 몸을 숨기는 부정. 벽에 기댄 채로 듣는.

민정e　어. 강재…

하고, 안으로 들어가는 민정.
문이 잠기는 소리가 들리고, 부정, 벽에 기대 잠시 있다가,
강재의 집 쪽을 바라보는.

17　　오피스텔. 강재의 집

통화하며, 안으로 들어오는 민정.
구두를 신발장에 얌전히 놓는.

민정   어쩐 일이야. 먼저 전화를 다 하고.
어머… 너 혹시 나 오디션 본 얘기 들었니?

18   이태원. 어느 길

통화하며, 민정, 딱이와 걸어 올라간 길을 내려가는 강재.
아란의 책과 부정의 유서가 든 출판사 서류 봉투를 들고 내려오는.

강재   뭔 소리야… 또 무슨 상처를 받을려고 오디션을 갔어.
배짱도 좋다 너는.
민정e   야… 무슨 뜻이야? 무조건 떨어진다는 거야 뭐야.
강재   확률에 대한 얘기야. 확률에 대한 얘기…

하다가, 손에 든 봉투를 보고.

강재   그건 그렇고… 너… 복층에 계속 있던 상자 알지.

19   오피스텔. 강재의 집

옷을 갈아입으려다가, 복층을 올려다보는 민정.

민정   상자…?

[인서트 / 10부, 상자를 보는 민정.]

뽀로통 다시 복층의 상자 쪽을 보는 민정.

민정   어… 알지. 뭐 들어 있는지도 다 알지.

20   이태원. 어느 길

어느 곳에 서서 통화하는 강재.

강재   새삼스럽게 놀랍지도 않다.
민정e   근데 왜? 알고 싶은 게 뭔데.

21   오피스텔. 강재의 집

복층으로 올라가는 민정.

강재e   종훈이 형 말이야. 서 실장… 그날 서 실장이 복층에도 올라갔었어?
민정   아마도… 왜. 뭐가 없어졌구나. 혹시 핸드폰?

22   오피스텔. 복도

복도 벽에 기대서 있는 부정.
잠시 강재 집 쪽을 보았다가, 핸드폰을 꺼내 보는 부정.
강재와의 대화창을 열어보는.
강재가 보낸 메시지에 답은 없는 채로 있는.
맥주병을 찍은 사진을 보다가, 떠오르는 기억.

[인서트 / 15부 31씬, 비를 맞으며 편의점 쪽으로 뛰어가다 돌아보는
강재. 바라보는 부정. 쓸쓸하게 씩 웃고 돌아서 뛰어가는 강재.]

메시지를 쓸까 망설이는 부정.
창을 열어 뭔가 적으려다가 그만두는.
부정, 그냥 잠시 대화창을 더 보다가, 핸드폰을 내려놓는데.
손목에 걸려 있는 아버지의 쇼핑백이 눈에 들어오는 부정.
짧게 한숨 한 번 쉬고, 엘리베이터 쪽으로 이동하는.

23   이태원 . 어느 길

한쪽에 서서 핸드폰을 보고 있는.
'읽음' 표시는 떠 있는데, 답이 없는 부정과의 대화창을 보는 강재.

[인서트 / 15부 4씬, 골목길에서의 키스.
키스 후 부정의 얼굴을 한 손에 감싼 채 바라보는 강재.
서로를 바라보던 복잡한 얼굴의 두 사람.]

선글라스를 다시 쓰고, 한 방향으로 걷는 강재.

[인서트 / 15부 22씬, 한 손으로 머리를 넘기고 국수를 먹는 부정을
바라보는 강재. 부정의 옆얼굴, 귀걸이, 목의 선들을 바라보는 강재.]

어느 길에서 나와 대로변을 걷는 강재.

[인서트 / 15부 31씬, 빗속을 뛰어가다가 돌아본 곳.
처마 아래 서서 이쪽을 보고 있는 부정.]

택시에 올라타는 강재.

24   오피스텔. 엘리베이터

내려가는 엘리베이터.
가만히 서서 어딘가를 보고 있는 부정.
보는 곳에 스티커가 떼어내지고 없는.
민정이 떼어낸 자국을 가만히 보는데 울리는 핸드폰 진동.
보면, '정수'의 메시지. [출발했어? 엄마가 병원에 도착하셨다는데.]
[응 지금.]이라고 빠르게 답장하는 부정.
답장하고 핸드폰 다시 가방에 넣는데, 핸드백 안에 보이는
내내 아버지가 들고 계시던 티비 리모컨을 발견하는.
'아…' 하고, 잠시 생각하다가 다시 10층 버튼을 누르는 부정.

25   병원. 복도

보따리에 잔뜩 싸서 들고 복도를 걸어오는 민자.
창숙의 병실을 확인하고 살짝 열린 문을 조용히 밀어 안으로 들어가는.

26   병원. 병실. 1인실

침대 위에 잠든 것처럼 옆으로 누워 있는 창숙.
조용히 들어오는 민자.

민자   (작게) 사돈어른… 아이고 주무시네…

하고 나가려는데, 카트를 밀고 들어오는 간호사.

간호사   어르신 약 좀 바꾸고 혈압 좀 한 번 더 재실게요.

428

문 앞에 서서 목소리가 큰 간호사를 못마땅하게 보는 민자.

민자   (중얼중얼) 화통을 삶아 먹었나. 주무시는데 좀 다정하게 좀 하지…

하고 복도로 다시 나오는데,
안에서 들리는 간호사의 다급한 목소리.

간호사   어르신. 이창숙님. 어르신.

그 소리에 복도로 나왔다가 다시 병실 쪽을 보는 민자.
창숙의 방으로 뛰어가는 간호사들.
민자도 방으로 뛰어가는.

27   오피스텔. 엘리베이터에서 복도

계기판을 올려다보고 있는 엘리베이터의 부정.
다시 울리는 부정의 핸드폰.
가방을 열어 핸드폰을 꺼내는 부정, 이상한 기분. '강북**병원'.
알 수 없는 두려움에 선뜻 받지 못하고 보는 부정,
동시에 10층에 도착해서 열리는 문.
부정, 전화를 받는 동시에 소리가 사라져버린 공간.
부정, 전화 받으며, 멍한 얼굴로 열린 문 너머를 보면.

[인서트 / 9부 78씬, 복도에 앉아 있는 창숙.]

마치 그 창숙을 바라보듯 복도를 바라보는 부정.

[인서트 / 9부 78씬. 겁먹은 얼굴로 쪼그리고 앉아 있다가
부정을 돌아보는 창숙.]

슬픔과 고통으로 일그러지는 부정의 얼굴.

28　백화점. 식품매장

앞치마를 풀면서, 울면서, 걸어오는 정수.
그 옆에 정수의 재킷을 들고 따라오는 준혁.
직원들이 정수를 안타까워하면, 아는 척하지 말라는 제스처 하는 준혁.
준혁, 티슈를 건네는 직원에게 받아서 정수에게 티슈 건네는.

준혁　심정지 오신 거예요?

정수　어…

준혁　심폐소생술 하셨대요?

정수　어… 일단…

준혁　인공호흡기는요.

정수　…몰라… 그냥… 위독하시다고… 빨리 오라는데… 아… 진짜…

준혁　저도 잘은 모르지만… 인공호흡기는 달면 안 된다는데…

　　　고생하신다고…

정수　(어이없이 보다가) …무슨… 너는… 이런 상황에 그런 말을 해…

준혁　아니 뭐… 주변에서들… 마음 단단히 먹어야 된다고…

정수　(보는)

준혁　……

정수　……무슨… 마음을 단단히 먹어…

준혁　그러니까…

정수　(버럭) 단단히 먹어서… 그래서 어쩌라고?! 그냥… 두라고?!

그게 고생 안 하는 거야?!!

준혁   ······

주변에 이목이 집중되면, 준혁, 손님들에게 사과하는.
그사이, 준혁에게 앞치마 건네고 준혁 손에서 재킷을 뺏어서
들고 가는 정수.

준혁   택시 타고 가세요. 팀장님.
정수   ······

대꾸 없이 가버리는 정수.
그 모습을 보다가, 일로 돌아가는 준혁.

29   아키라. 복도

시작 전의 아키라 복도를 걷는 강재.
한 손에는 아까부터 들고 있는 서류 봉투.
걷는 드문드문 열린 문으로 보이는 청소하려고 테이블에
의자를 올려놓은 주변을 보며,
핸드폰으로 종훈에게 전화하며, 대기실 앞까지.
살짝 열려 있는 대기실 문 안.
안쪽 간이침대에 잠들어 있는 종훈.
안에서 들려오는 핸드폰 진동.
강재, 잠시 안쪽을 보다가, 핸드폰을 끄고 안으로 들어가는.

30   아키라. 대기실

안으로 들어오는 강재.
들어와서 잠시 종훈을 보다가, 문을 살며시 닫는.
안으로 들어와 테이블 위에 종훈의 핸드폰을 보는 강재.

강재   (허리를 숙여 가까이 와서는, 작게) 형…
종훈   ……

미동도 없는 종훈을 가만히 보다가, 테이블에 걸터앉는 강재.
다시 종훈 보다가, 대기실 안 둘러보는데,
멀티탭과 콘센트들이 복잡하게 연결된 바닥 구석에
충전기에 연결된 정우의 핸드폰.
핸드폰을 보고, 잠시 종훈을 보다가, 핸드폰을 집어 드는.
전원이 켜져 있는 정우의 핸드폰을 보다가,
서류 봉투를 종훈의 침대 위로 툭 내려놓는 강재.
그 바람에 놀라서 눈을 뜨는 종훈.
눈이 마주치는 둘.

강재   나야.
종훈   어? 어… 강재? 너… 뭐야… 왜.

하다가, 침대 위에 던져진 서류 봉투를 발견하는 종훈.
침대에 걸터앉는 강재, 손에 든 정우의 핸드폰.

강재   이거 왜 여깄어.
종훈   뭐가…
강재   이거 내 집에 있던 내 껀데… 이 형 그냥… 제빈 줄 알았더니…
        알고 보니 도둑놈이네.

종훈	아… 제비는 뭐고… 도둑놈은 또 뭐야…
	그리고 그게 왜 니 꺼야… 정우 꺼지. (하다가) 이것 때문에 온 거야?
강재	여자 사람 등쳐먹고 살면 제비고…
	말을 안 하고 가져가면 그게 도둑놈이야.
종훈	아… 왜 또 예민해가지고 이래. 다 지워놔서 아무것도 없드만…
강재	알면서 왜 가져가. 나 헷갈리게.
종훈	……얼씨구.
강재	(보면)
종훈	너… 나한테 이래봤자… 그 여자랑은 벌써 끝났어.
강재	……
종훈	사진도 다 넘어가고… 내가 너한테 여기서 일 준 얘기…
	그리고 정우 얘기도… 아마… 곧 다 알게 될걸?
강재	……
종훈	내가 넘길 수 있는 건 다 넘어갔어. 이미.
강재	……
종훈	연락 안 오지?
강재	(보면)
종훈	기다려도 연락 안 와… 강재야.
강재	……
종훈	그 여자 유부녀잖아…
강재	……
종훈	자기 주변 망가지는 일은 절대 안 해… 그게 유부녀야…
강재	……

가만히 서로를 보는 종훈과 강재.

31　병원 . 복도

복도를 걸어가는 부정.

손에 꼭 쥔 쇼핑백.

창숙의 병실이 보이는 곳.

잠시 서서 그쪽을 보는, 간호사가 밖으로 나오면

문이 열린 잠깐 동안 병실에서 터져 나오는 민자의 울음소리.

부정, 그 소리를 듣고, 바쁜 걸음을 멈췄다가 다시 걷는.

어느덧 다다른 병실 앞.

반쯤 열린 문 앞에 가서 서는 부정.

문틈으로 보이는 안에, 벽에 기대선 채로 하염없이 울고 있는 정수.

안쪽으로 보이는, 침대에 편안하게 누우신 아버지.

부정, 복받쳐 오르는 무언가를 한 번 삼키고 문을 열고 안으로.

32 병 원 . 병 실 . 1 인 실

안으로 들어오는 부정.

들어오며, 울고 있는 정수와 눈이 마주치면.

서로 보다가, 두 사람 동시에 한꺼번에 쏟아져 나오는 눈물.

의자에 앉아서 울던 민자가 부정을 보고 다시 흐느끼기 시작하는.

부정, 편안한 얼굴로 눈을 감고 계신 아버지에게로.

쇼핑백을 침대 옆에 소중히 내려놓고 천천히 아버지의 얼굴을
쓰다듬는.

그 모습을 보다가, 다시 흐느끼기 시작하는 정수.

다른 아무 말 없이 '아부지'를 부르며, 아버지를 천천히
쓰다듬기 시작하는.

아버지 얼굴을 두 손으로 감싸 안는 부정.

흐느끼는 부정에게 다가오는 정수.

아버지를 안고 그대로 무너지는 부정을 안아 올리는 정수.

부정을 꼭 안고, 같이 흐느끼는.
후회와 감사와 죄책감이 순서 없이 밀려오는 부정의 감정.
그런 부정을 함께 흐느끼며 지탱하는 정수.
한참을 그렇게 우는 병실 안.

f. o

부정e   사랑하는 아부지…

33   장례식장. 밤

화면 밝아지면,
검은 옷을 입은 사람들이 가득한 어느 장례식장의 입구에서 복도.

부정e   아마도 나는… 언젠가 마흔이 넘으면…

끊임없이 배달되어 복도에 놓이는 대형 화환들.
천천히 걸어 들어가는 시선, 부정, 부정의 얼굴.
상복을 갖춰 입고, 머리에 하얀 핀을 꽂은 비교적 담담한 얼굴로
걷는 부정,

부정e   서울이 아닌 어느 곳에 작은 내 집이 있고…
빨래를 널어 말릴 마당이나… 그게 아니면 작은 서재가 있고…

각 호실 입구에 모여 떠드는 사람들. 각종 상조회사의
유니폼을 입은 직원들.
슬픈 사람들, 슬픔이 없는 사람들, 뛰어다니는 아이들.

부정e   아이는 하나… 아니면 둘?

         멀리서 결혼식에 왔던 혼주, 쥬리네, 순규 등이
         둘러앉은 자리에서 깔깔깔 웃고 있는 민자.

부정e   그리고 운이 좋으면… 내 이름의 책이 있는…
         그런 사람이 되어 있을 거라고…

34   장례식장. 빈소

         어느 방 앞에 사람들이 사라지면, 보이는 창숙의 영정.
         상주석에 혼자 앉아서 손님과 맞절을 하는 정수.
         울다 지친 얼굴로 웃으며 나이 드신 손님과 이야기하는 정수.

부정e   그게 실패하지 않은 삶이라고…
         그게 아부지를 행복하게 하는 길이라고…

         민자의 부름에 음식을 쟁반에 들고 부정 앞으로 지나가는
         앞치마를 입은 도우미에게서 쟁반을 받아 드는 부정.

부정   제가 할게요.
도우미   아니요. 저희가…
부정   어머님 자리니까요…
도우미   아… 예예…

         쟁반을 들고 민자가 있는 테이블로 가는 부정.

부정e   그냥… 그렇게 믿고 있었던 것 같아요…

         인사를 마친 정수, 그런 부정의 모습을 보는.
         한참 수다를 떨다가 부정이가 오면 부정에게로 반갑게 다가오는 민자.

민자   어머 이 작… (하다가 살짝 부정의 눈치 보는)
부정   ……
민자   우리… 며느리야… 여기 우리 친구.
         (일행에게) 알지? 결혼식에서 다 인사했잖아.
쥬리네   알죠 그럼. 아드님 결혼식 때도 보고 몇 번 봤는데요.
민자   (부정에게) 인사드려…
부정   …바쁘신…

         하는데, 어느새 부정의 뒤에 와서 어깨를 살며시 안듯이 잡는 정수,

정수   바쁘신데… 어떻게… 이렇게 일찍들 오셨어요.
         진짜 감사합니다. (부정에게) 그지?
부정   ……어…
민자   우리 사돈 어르신이 사위 사랑이 각별하신 분이라…
         (하다가 언제 웃었냐는 듯 다시 울먹이는) 정수 보고 가신다고…
         내 손을 꼭 잡고…
부정   ……
정수   (부정 살피며) 엄마… 그만… 응? 그만하세요.
민자   아이고… 우리 사돈 어르신… 우리 부정이를 두고…
         어떻게 눈을 감으셨을지…
         식구라고… 달랑… 우리 넷뿐인데…
부정   ……

정수   엄마…

앉아 있던 순규, 자리에서 일어나 민자 쪽으로 와서 부축하며,

순규   …사장님… 이쪽으로 앉으세요.
정수   …고맙습니다.
순규   예…

부정, 순규와 눈이 마주치면 서로 알아보고 인사하는.
민자를 데리고 자리에 앉는 순규.

부정e   어디서부터 잘못됐었던 걸까요…

부정의 어깨를 잡은 채로, 함께 그 자리를 빠져나가는 정수.

정수   쉬지. 왜 나와. 잠깐씩 정신 잃고 그러는 거 우습게 보면 안 돼.
부정   …나도 입 있어.
정수   어?
부정   나도 인사할 수 있다고. 아부지 손님이잖아…
정수   …누가 뭐랬나. 그냥… 좀 쉬라는 거지.
부정   …알아…
정수   ……
부정   ……고마워…
정수   ……

정수, 부정 보는 사이, 부정 도우미들 쪽으로 가서 다시 쟁반을 채우는.

부정e   어디서부터… 다시 시작해야 하는 걸까요…

그때, 안으로 들어오는 정수의 동창들.

친구1   정수야…

정수   (그리로 가며) 어… 왔어?

친구2   어떻게 갑자기… 지병이 있으셨어?

정수   어… 좀… 편찮으시긴 했어…

하고 친구들 무리 중에 경은을 찾듯이 보는 정수.
경은, 보이지 않으면.

친구2   경은인 좀 늦는다고…

정수   어? 어…

친구1   인사부터 올리고…

정수   어… 그래그래…

상주 완장을 괜히 한 번 고쳐 만지고 정수, 상주석으로 가는.
가면서 부정 쪽을 한 번 돌아보고.
부정, 음식을 담다가, 정수의 친구들을 보는.
아버지의 영정에 향을 피우고 꽃을 올리는 친구들.

부정e   아부지 나는… 이제…

35   택시. 밤

검은 원피스에 재킷을 입은 경은, 거울을 보는 경은.

거울을 보다가, 핸드백에서 티슈를 꺼내, 좀 진해 보이는
입술을 닦아내는.

부정e   ···죽음이 뭔지···

핸드백을 뒤지다가, 문득 정수가 선물한 립밤을 꺼내 보는 경은.
잠시 들어서 가만히 보다가, 그냥 다시 핸드백에 넣는.

부정e   산다는 건··· 또 어떤 건지···

창밖으로 스쳐가는 도시의 풍경.
문득 바깥을 보다가, 가방에서 핸드폰을 꺼내는.

부정e   조금은 알 것도 같은··· 그런 기분이 들어요.

36   장례식장. 빈소

빈소 상주석에 앉아 있는 정수.
준혁과 백화점 직원 여러 명이 차례로 향을 올리고 있는 빈소.
정수, 향을 올리는 모습을 보는데, 주머니에서 울리는 핸드폰 진동.
잠시 망설이다가 준혁과 눈이 마주치면,
준혁, 오래 걸리니까 봐도 된다는 듯한 제스처.
정수, 살짝 뒤돌아서 보면, '경은'의 메시지.
[일이 있어서 못 갈 것 같아. 미안.]

부정e   결국··· 죽는 일도 사는 일의 일부라는 걸···

멀리 모여서 떠들며 술을 마시는 친구들.
가만히 메시지를 읽는 정수.
[삼가 고인의 명복을 빕니다.]

37   택시. 밤

핸드폰을 내려놓고 짧게 한숨을 쉬는 경은.

경은   기사님. 죄송하지만… 그냥 돌아갈 수 있을까요?
기사   출발하신 곳으로요?
경은   네.

38   길. 밤

유턴하는 택시.

부정e   그땐… 왜 알지 못했을까요.

39   장례식장. 가족 휴게실

반쯤 열린 문으로 보이는 잠시 비어 있는 빈소.
휴게실 안에 쪼그리고 앉아 핸드폰을 보고 있는 부정.

부정e   아버지가 없는 세상에서 하루도 살아본 적 없는 내가…

대화창을 꺼내놓고 상조회사에서 만들어 보내준 부고장을 보내고 있는.
'도서출판 기린 진아 대리'와의 대화창 열어 부고장을 보내는 부정.

부정e   어떻게 남은 날들을 살아가야 좋을지… 알 수 없지만…

강재와의 대화창을 가만히 보고 있는 부정.
잠시 보다가, 닫아버리는.

40   오피스텔 . 엘리베이터

계기판을 올려다보는 강재.
손에 들려 있는 원고와 부정의 유서가 든 서류 봉투.

부정e   아부지… 나는 이제야… 아부지가 제게…

문득 스티커가 떼어진 자리에 시선이 가는 강재.

부정e   세상에 태어나… 무엇이 되는 것보다…

[인서트 / 5부 33씬, 엘리베이터 벽에 스티커를 떼는 창숙.
그런 창숙을 물끄러미 보는 강재.]

그 자리를 보고 있는 사이, 10층에 도착해서 열리는 문.

부정e   무엇을 하는지가 더 중요하다고…

41   오피스텔 . 복도

엘리베이터에서 내려 복도로 나오는 강재.
불이 꺼진 1003호를 보며, 복도를 걸어가는.

부정e 내내 눈으로… 몸으로… 삶으로…
      얘기해왔었다는 걸…

      복도 끝에 다다랐을 때쯤 강재의 집에서 문을 열고 나오는
      딱이와 민정.

강재   너네 뭔데 또 같이 있어. 내 집에서 기분 나쁘게.
민정   어우… 하여간 질투… (하고 들어가면)
강재   아… 먹여주고 재워줬더니 뭐래.
딱이   (웃으며) 난 방금 왔어. 저녁은.
강재   저녁을 어디서 먹어. 근데 어떻게 딱 나왔어.
딱이   발소리가 딱 너여서 나와봤지.
강재   뭐야… 근데 뭐 맛있는 냄새 나는데.
딱이   집에서 카레 가져왔어.
강재   카레?

      하며, 안으로 들어가는 딱이와 강재.
      강재, 들어가려다 다시 복도 쪽을 돌아보는.
      무슨 기분인지, 고개를 내밀어 엘리베이터까지 뻗은 긴 복도를 보는
      강재.

부정e 아주 조금씩… 천천히… 깨달아가고 있어요…

      아무도 없는 긴 복도.

부정e 사랑하는 아부지…

강재가 들어오지 않자 밖으로 나와보는 딱이.

딱이 왜? 뭐가 있어?

강재 어? 아니… 그냥.

강재, 잠시 더 보다가, 집으로 돌아가는.
딱이, 강재가 다시 올 때까지 문을 잡고 서 있다가
강재가 들어오면 활짝 열어주는.
안으로 들어가는 강재.
닫히는 문.

f. o

부정e …사랑하는… 아부지…

42 장례식장. 입관실

화면 밝아지면, 커튼이 열리면서 보이는
입관실을 바라보고 있는 정수와 부정. 뒤쪽으로 민자.
입관실 유리창에 비치는
장례지도사에 의해 수의가 입혀지고 있는 아버지의 실루엣.
마치 병실에서처럼 흐느끼는 정수, 민자, 그리고 부정.

부정e 사랑하는… 아부지…

f. o

43　회상. 1부 53씬. 골목길. 밤

화면 밝아지면,
노란 가로등이 켜 있는 골목길.
골목길을 따라 걸어오는 부녀.

부정　아 글쎄 그냥 어머니라고 부르기 싫단 말이야.

창숙　왜 싫어. 그게.

부정　우리 엄마는 죽고 없는데… 내가 정수 어머니한테
　　　어머니 어머니 그러면 듣는 우리 엄마가 가엾잖아.

창숙　그게 왜 가엾냐 너는. 엄마는 엄마고 시어머니는 어머닌데.

부정　엄마도 어머니도 다 우리 엄마 꺼야.

창숙　정수는 나한테 아부지 아부지 하잖어.

부정　걔는 온종일 아무나 붙잡고 아버지 어머니 하는 게 직업인 애고.

창숙　남편한테 걔란다. 또. 혼날라고.

이미 벽 가득 정리해서 쌓아놓은 폐지들.
막 도착해서 끌차를 내려놓는 부정, 숨을 몰아쉬다가.

부정　내가 다섯 살이나 많은데 뭐. 걔 6학년 때 내가 고2였어 아부지.

창숙　그래도 걔 걔 그러는 거 아니야.

부정　걔는 나한테 꼬박꼬박 반말해. 아부지 남존여비야?!

창숙　뭐래… 너네 또 싸웠냐?

부정　요즘엔 싸움도 잘 안 해.

창숙　왜?

부정　(피식 웃고) 이상하게 둘이 있으면 되게 쫌 어색하다.
　　　아부지도 그랬어?

부정이보다 몇 배나 숨을 몰아쉬는 창숙.
다리가 아픈지 잠시 끌차를 잡고 서 있는,
그 모습을 보다가,

부정   아부지. 이 박스 좀 이제 그만 주우러 다니면 안 돼?

소리도 모습도 천천히 멀어지는 두 사람의 뒷모습.

부정e   사랑하는 아부지···

f. o

부정e   부디··· 편히··· 쉬세요···

44   오피스텔. 강재의 집. 밤

화면 밝아지면,
강재 혼자 남은 집. 매트리스에 모로 누워 있는 강재.
누운 채로 핸드폰을 만지작거리는.
누워 있다가 몸을 일으키는, 걸터앉아, '이부정'과의 대화창을 열어보는.
아무 변화도 없는 대화창을 보다가, 닫는.

화면 바뀌면, 냉장고를 여는 강재.
냉장고 안에 생수병을 꺼내고 닫았다가, 다시 여는.
보면, 계란 칸에 놓여 있는 케이크 장식.

[인서트 / 4부, 국대접에 케이크를 담아 건네는 창숙.

현관에 서서 그 국대접에 담긴 케이크를 하염없이 내려다보던 강재.]

장식을 꺼내서 보는 강재. 시계를 보면 8시 30분경을 지나는.
보다가 내려놓고, 주방으로 가는.
그릇이 쌓여 있는 곳에서 창숙에게 케이크를 받은
스테인리스 국대접을 찾아내는 강재.
가지고 나가려다가, 냄비에 담긴 카레에 시선이 가는.

45   오피스텔. 창숙의 집. 밤

초인종 소리만 들리는, 텅 빈 방.

46   오피스텔. 복도

조악한 쟁반에, 카레가 담긴 그릇과 즉석밥 하나가 놓여 있는.
벨을 눌러도 대답이 없는 내부.
강재, 잠시 걱정스럽게 보다가, 다시 벨을 누르는.
여전히 인기척이 없는 내부.
강재, 어쩔 수 없이 포기하고 돌아가려는데,
마침 엘리베이터에서 내리는 관리인.
1003호로 가서 마스터키로 문을 여는.
집으로 돌아가려다 서서 보는 강재.
문을 열고 안으로 들어가는 관리인.
강재, 관리인이 반쯤 열어두고 간 문으로 안을 들여다보는.
관리인, 두꺼비집과 가스밸브 등을 확인하고, 밖으로 나오는.

강재   여기 어르신 혹시 어디 편찮으세요?

관리인   ······돌아가셨어요. 이틀 전에 병원에서.

강재   ······

[인서트 / 15부 편의점, [급한 일이 있어서 먼저 가요.] 문자를 보는
강재. 15부 포장마차 근처로 돌아왔을 때 가고 없는 부정.]

47   부정의 아파트. 안방. 밤

침대에 모로 누워 잠들어 있는 부정.
아직 머리에서 하얀 나비 핀을 뽑지도 않은.
어디선가 멀리 들리는 핸드폰 진동.

48   부정의 아파트. 거실. 밤

어두운 실내.
소파 테이블에 올려놓은, 보자기에 싼 아버지의 영정 위패.
방명록, 남은 일회용 그릇들과 음식들이 보자기와 쇼핑백에 담겨 있는.
보자기에 싼 옷가지와 구두, 장례가 끝나고
집으로 옮겨온 짐을 정리하지 못하고 둔 모양.
소파 위에 부정의 옷, 핸드백, 핸드폰.
부정이 챙겨간 아버지의 쇼핑백 안에서 울리는 아버지의 핸드폰.
옅은 불빛이 새어 나오는 주방 쪽.

49   부정의 아파트. 은신처. 밤

상주 완장만 떼어낸 상복 그대로
냉장고에서 조용히 캔맥주를 꺼내는 정수.

448

캔을 꺼내고 냉장고 문을 닫으려다가, 문득. 멈추고 보면.
냉장고 아래, 바닥으로 귀퉁이가 나와 있는 명함.
떠오르는 기억.

[인서트 / 7부 57씬, 냉장고 바닥에 나와 있는 역할대행 명함을 보는
정수. 보다가, 도로 냉장고 아래로 넣는.]

잠시 안방 쪽 보았다가 명함을 다시 꺼내는 정수.
보면, '역할대행 강재'.
맥주 캔을 따서 한 모금 마시며, 명함을 보고 뭔가 떠올려보려는데,
잠시 멈췄다가 다시 울리는 핸드폰 진동 소리.
명함을 들고, 거실로 나오는 정수.

50   부정의 아파트 . 거실 . 밤

쇼핑백 안에서 울리는
저녁 파트타임 시간에 맞춰놓은 창숙의 핸드폰 알람.
정수, '전단지 저녁타임'이라는 글씨를 잠시 보다가, 알람을 끄는.
알람을 끄고 핸드폰을 다시 제자리에 돌려놓고 돌아서는데,
다시 울리는 진동.
창숙의 핸드폰 쪽을 보는 정수. 울리지 않는 창숙의 핸드폰.
정수, 주변을 잠시 보다가, 소파에서 울리는 부정의 핸드폰을 보는.
다시 또 잠시, 안방을 보았다가, 핸드폰을 집어 드는.
보면, 파란 바다가 프로필 사진으로 되어 있는 '끝집'에게서 온 메시지.
[어떤 말씀을 드려야 할지… 아버님 일은… 지금 알게 됐습니다.]로
시작되는 메시지. 정수, 가만히 '끝집'이라는 글자를 보다가,
떠오르는 기억.

[인서트 / 9부 69씬, 강재를 향해 끝집 총각이라고 말하는 창숙. 어색하게 서 있는 부정.]

다시 보는 역할대행 명함.

[인서트 / 5부 24씬, 결혼식장에서 명함을 받는 정수. 멀리 강재를 보는 정수.]
[인서트 / 9부 69씬, 엘리베이터에서 버튼을 누르다 손이 닿을 뻔하는 부정과 강재. 9부 72씬, 강재를 어디서 본 것 같다고 말하는 정수.]
[인서트 / 9부 77씬, 정수의 차에서 택시를 잡는 강재를 보는 정수.]

소파에 앉는 정수, 주머니에서 핸드폰을 꺼내
명함에 적힌 번호를 자신의 핸드폰에 입력하는.
입력하고, 아무 대화창이나 열어보는 정수.
보면, '역할대행 이강재'라는 이름 옆에 파란 바다 사진의 프로필.
가만히 사진을 보는 정수, 상황을 정리해보려고
여러모로 고민 중인 복잡한 얼굴.
그때, 도착하는 '경은'의 메시지. [발인은 잘 마쳤어? 못 가봐서 미안해.]
더 복잡해지는 정수의 표정. 정수, 답장을 해야 하나 고민하고 있는데
누군가 보고 있다는 생각에 고개를 들면,
안방 앞에 서서 이쪽을 보고 있는 부정.
정수, 가까이 보고 있던 역할대행 명함을 슬쩍 숨기고
부정을 보는. 부정도 정수를 보고 있는.

정수   깼어?
부정   ……응. 안 잤네.
정수   어… 아직 초저녁인데 뭐… 맥주 사놓은 것도 생각나고…

부정   ……

정수   왜 나왔어. 더 자지.

부정   응… 핸드폰 진동 소리가 계속 들려서.

정수   ……

부정   …문자 했어?

정수   아니… 아버지… 핸드폰 알람…

부정   ……

정수   전단지 말이야… 저녁에 시간 맞춰서 돌리러 나가셨나봐.

부정   ……

정수   몰랐지?

부정   …응… 요즘에… 정신이 없어서… 잘… 가보지도 못했어…

정수   ……

부정   ……

정수   먼저… 자. 나 이거만 마시고… 들어갈게.

부정   ……무슨 일 있어?

정수   ……아니… 왜?

부정   ……옷도 안 갈아입고… 그러고 있으니까… 할 말 있는 사람 같잖아.

정수   ……아니야… 그런 거 아니야…

부정   ……나한테… 혹시 무슨 할 말 있어?

정수   …… 없어.

부정   ……

정수   ……고생했다구…

부정   ……

정수   ……고생했어.

부정   ……당신두…

서로 보는 두 사람.

정수가 먼저 시선을 피하면,
부정도 시선을 피하고 다시 방으로.

51   순규의 집. 거실. 밤

짜장면을 먹으며, 저녁 연속극을 보는 순규와 우남.
순규는 드라마에 심취해 있고, 우남은 그런 순규를 보고 있는.

순규	어머어머어머… 와 사장님 말이 맞았네. 자매네.
우남	누가.
순규	저 싸가지 없게 생긴 애랑. 요 재수 없게 생긴 애.
우남	예쁘게만 생겼구만… 말 좀 예쁘게 하지.
순규	……뭐가. 이 드라마는 이렇게 보는 거야. 원래.
우남	어머어머어머 이렇게?
순규	뭐… 왜 또. 뭐가 또 할 말이 있는데?
우남	나… 담 주에 이사해.
순규	……응?
우남	담 주에… 이사한다고. 역 근처로.
순규	……왜… 역이 멀어서?
우남	……미안해서.
순규	……
우남	내내 생각했는데… 너랑 같이 있고 싶어서 결심을 못 했어.
순규	……
우남	그냥… 이렇게… 서로 약속 없이 같이 사는 건…
	내가 너무 뻔뻔하니까…
순규	……그래서… 나간다구?
우남	응… 나가서… 다시… 더 천천히… 더 길게… 너랑 보고 싶어.

순규	……
우남	그래야 내가… 나중에 너한테 덜 미안할 거 같애.
순규	……
우남	이제 퇴근하면 밖에서 데이트하고… 그러는 거야.
	극장도 가고… 식당에서 밥도 먹고… 평범하게…
순규	……
우남	니가 나한테… 진짜로 반해서…
	다시 돌아올 수 있는… 그런 사람이면 좋겠다. 내가…
순규	……
우남	섭섭해도 나 잡으면 안 돼… 정말 어렵게 한 결심이란 말이야…
순규	……걱정 마 안 잡아.
우남	……
순규	나도 나가라고 할려고 그랬어. 진짜야…
	내가 먼저 할려고 했는데 니가 먼저 한 거야…
우남	……
순규	……
우남	그래… 미안해…

자기도 모르게 그렁그렁해진 눈물을 손바닥으로 슥슥 닦고
짜장면을 다시 먹는 순규. 그런 순규를 또 보는 우남.

순규	어물쩍 허락 없이 들어올 생각은 하지도 마…
우남	……최선을 다할게…
순규	……
우남	……

52 대로변. 밤

민정의 이삿짐을 잔뜩 들고 걷는 딱이.
민정이도 큰 상자 하나를 들고 걷는.

민정   면허 없죠.

딱이   네?

민정   운전면허.

딱이   있죠. 나이가 몇인데.

민정   면허랑 나이랑 무슨 상관이에요.

딱이   운전병이었어요.

민정   아… 그럼 돈이 없는 거구나.

딱이   ……?

민정   상처받을 거 없어요. 그냥 있는 사실을 말하는 거뿐이니까.

딱이   ……네.

민정   어떻게 해야 돈을 벌 수 있을까요?

딱이   ……취직해서… 월급 받으면… 모아서… 그런 거죠 뭐.

민정   ……같이 써도 돼요?

딱이   ……

민정   월급 받으면… 같이 써도 되냐구요.

딱이   ……그럼요.

민정   얼마나요.

딱이   난 쪼끔만 쓰면 되니까… 나머지 다 쓰면 되죠.
       얼마긴 얼마예요.

민정   ……약속해요 그럼.

딱이   ……

민정   대신에 나도 많이 벌면 같이 쓸게요.

딱이   아… 진짜요?

민정   뭘 그렇게 좋아해요. 매력 없게.

딱이 ······어떻게 해야 매력이 있을까요.

민정 나만 봐요. 나만. 나한테만 잘하고.

딱이 ······

민정 돈도 나하고만 나눠 쓰고. 이런 말도··· 나한테만 하고···

딱이 ······

어느새 여성 전용 고시원 건물 앞에 다다른 두 사람.

민정 다 왔네.

딱이 ······한 바퀴만 더 돌면 안 돼요?

하고, 민정이 가방도 뺏어 드는.

딱이 한 바퀴만.

민정 (앞서 걸으며) 어쩔 수 없지 뭐. 한 바퀴예요.

고시원을 지나쳐서, 길로 걸어가는 두 사람.

53 부정의 아파트. 안방. 밤

어두운 방, 여전히 머리에 하얀 나비 핀을 꽂은 채,
침대 한쪽에 모로 누워 바깥을 물끄러미 보고 있는 부정.
안으로 들어오는 정수. 한 손에 부정의 핸드폰을 들고 있는.
부정의 머리맡 어느 곳에 핸드폰을 가만히 놓아주는 정수.
옷도 갈아입지 않은 채, 남은 편 끄트머리에 걸터앉았다가,
천장을 보고 눕는.

정수	……자?
부정	……아니…
정수	이런 말이 어떨지 모르겠지만… 아버지는 참…
부정	……
정수	아버지답게 가셨어… 아무도 성가시게 안 하고…
	누구한테도 조금도 짐이 안 되게… 무게가 하나도 없으셔…
	나비같이…
부정	……응…
정수	부러워…
부정	……뭐가…
정수	아버지 딸인 게…
부정	당신도 아부지 사위잖아…
정수	……난 자격이 없지…
부정	……
정수	자격이 없어… 난…
부정	……
정수	……
부정	내가 비밀 하나 말해줄까?
정수	(보면)
부정	어머니랑 다들 아는 거 말고…
정수	……
부정	나… 죽으려고 했었어.
정수	(보면)
부정	알고 있었나?
정수	……
부정	인터넷 자살 카페에서 사람들하고 같이…
정수	(보면)

부정	(희미하게 웃고) 이건 몰랐지…
정수	……
부정	돈도 모았어… 오만 원씩… 이거저거 필요한 게 많대서…
	결국엔 못 죽고… 아픈 아이 치료비에 썼지만…
	현장 답사도 가고… 그랬어… 만나기도 하고…
정수	……다행이네…
부정	뭐가?
정수	안 죽고 살아 있으니까… 다행이라는 거지… 뭐가가 어딨어…
부정	……몇 달밖에 안 됐는데… 되게 오래된 일 같애…
정수	……나 그거 알아… 전생 같은 거…
부정	응… 전생 같애…
정수	……
부정	일 년 전에…
정수	(보면)
부정	나한테 고백했었잖아… 옛날에 좋아하던 사람… 다시 만난다고…
	나… 유산했을 무렵에…
정수	……
부정	그때… 그 얘기 나한테… 왜 했어?
정수	……
부정	내가 물어본 것도 아니고… 들킨 것도 아닌데…
	갑자기… 작업방에 들어와서… 얘기했잖아…
정수	……
부정	왜 그랬어?
정수	미안해… 그때… 나 때문에 다 너무 힘들었어…
	내가 죽일 놈이야…
부정	아니… 그런 게 아니야… 그런 얘기를 하려는 게 아니야…
정수	……

부정	지나간 얘기를 하려는 게 아니라…
정수	……
부정	나… 나도… 좋아하는 사람 생긴 거 같애…
정수	(보는)

정수, 가만히 부정 보는데
조금의 미동도 없이 고요한 부정의 등.

부정	좋아하는 사람이 생겼어…
정수	……

부정의 핸드폰을 보았다가, 부정의 등을 바라보는 정수.

부정	그냥… 아무한테도… 말할 사람이 없어서…
	난 친구도 없고… 아무도 없잖아…
정수	……
부정	그때는… 일 년 전엔… 왜 이런 말을 하나… 바보같이…
	그렇게 생각했는데… 이젠 당신이 왜 그랬는지 알 거 같애…
정수	…… (보면)
부정	너무… 말하고 싶었던 거지…?
정수	……
부정	좋아하면… 말해야 되니까… 좋아한다고… 누구한테든…
정수	……
부정	……
정수	어떻게… 하고 싶은데…
부정	……모르겠어… 그냥 지금은… 좋아한다고 말하고 싶어…
정수	……

부정	……
정수	그 사람한테도… 말했어? 그렇다고?
부정	……좋아한다고?
정수	……응.
부정	……말 안 했어… 말 안 할 거고…
정수	……
부정	당신도… 말 안 했잖아. 일 년 전에…
	그래서 나한테 말한 거잖아… 말할 수 없으니까…
정수	……
부정	말하면… 다 망가지니까… 우리 둘이서 해결할 수 있는 일이
	아니게 되니까…
정수	……그게… 그런 걸까?
부정	그때… 그 사람한테 좋아한다고 말했어…?
정수	……아니…
부정	……
정수	나… 당신 사랑해… 당신한텐… 다 줄 수 있어…
부정	……응.
정수	……진짜야… 눈도 줄 수 있고… 심장도 줄 수 있고…
	다 줄 수 있어…
부정	……나도 그래…
정수	(보면)
부정	우린… 서로… 희생은 할 수 있지만…
	좋아할 수 없는 거야… 이제…
정수	……
부정	……
정수	어떻게 하면 좋을까…
부정	……모르겠어…

정수	천천히… 생각하자…
부정	……
정수	……

한참을 그대로 있는 둘.

54 부정 의 아파트. 화장실. 밤

거울을 보고 있는 정수.
가만히 거울을 보다가, 세수를 하는.
잠시 멈추고 다시 거울을 봤다가, 다시 세수하는 정수.

55 부정 의 아파트. 안방. 밤

침대에 걸터앉아 있는 부정.
'끝집' 강재와의 대화창을 보는.
강재가 보낸 문자를 끝으로 멈춰진 대화.
가만히 대화창을 보고 있는 부정.
끊임없이 머리를 스쳐가는 강재와의 시간들.

[인서트 / 결혼식장에서의 재회, 흡연실, 호텔 쉼에서의 시간.]
[인서트 / 옥상에서 함께 빵을 나누어 먹고, 텐트에서 입술이 닿았던 순간.]
[인서트 / 텐트에서 티셔츠를 꼭 쥐고 밀어내었다가, 함께 일출을 보고]
[인서트 / 터미널에서 이별하고, 버스에서 오열했던.]
[인서트 / 횡단보도에서 다시 만나, 키스를 하고, 비를 맞으며 돌아보던 강재.]

대화창에서 나와버리는 부정.
나와서 '끝집'을 연락처에서 삭제하는.

56   오피스텔 . 옥상 . 밤

계절이 바뀌어버린 옥상에 서 있는 강재.
서울의 밤을 내려다보는데 주머니에서 울리는 진동.
보면, 역할대행 예약문자. 잠시 보다가, 수락하고
자동완성 답장을 보내는.
그리고 부정과의 대화창을 열어보는 강재.
상대가 (알 수 없음)이 되어 있는 대화창.
잠시 보는데 떠오르는 기억.

[인서트 / 2부 마을버스, 톡 뭐 쓰는지 물어보는 두 사람.]
[인서트 / 3부 옥상, 다시 어딘가에서 만나면 연락처 교환하자는 두
사람.]

부정이 사라져버린 대화창을 보다가, 대화창을 닫는.
강재의 얼굴.

f. o

57   민자의 빌라

화면 밝아지면, 민자 집 거실.
티비에서는 아란과 진섭이 나왔던 연속극의 재방송이 한창이고
선풍기가 돌아가고 그 앞에 앉아 수박에서 씨를 발라내고 있는 민자.

화장실에서 발을 씻고 나오는 정수.

정수   에어컨 틀어 엄마 제발.

민자   내일 틀 거야. 내일. 내일이 더 덥대.

정수   맨날 내일 내일. 그러다 가을 되겠네. 그냥 틀어.
       리모컨 어딨어.

민자   이 새끼가 보태주지도 않으면서. 또 이래.

정수   보태드릴께. 보태드려. 전기세가 얼만데?

민자   월급이라고 쥐꼬리만큼 받는 게… 지 집 살림이나 잘 하지…
       너네는 애는 어떡할 거야…

정수   엄마는 뜬금이 없어도 너무 없어… 갑자기 수박 먹다가…
       무슨… 애 얘기를 해. 무슨 생각… (하다가) 뭐 씨 없는 수박…
       그런 생각했어…

민자   …이 새끼가 그걸 말이라고… 니가 왜 씨가 없어… 어?
       씨가 이렇게 많은데…

정수   아니… 생각을 해봐요. 내가 그런 말을 안 하게 생겼나…

민자   ……아휴… 또 일 년이 간다. 또 가…

하다가, 티비로 시선이 향하는 민자.

민자   저건 지긋지긋하게 틀기만 하면 나오네…

정수   안 보면 되지… 성격 참…

민자   ……말을 말자… 말을 말어…

58   가구매장

한쪽에서 잡지 인터뷰 촬영이 한창인 가구매장.

462

전면에 걸린 정아란이 모델인 포스터.

멀리 떨어진 곳에서 그곳을 보고 있는 부정.

촬영을 진행 중이던 출판사 진아가 이쪽을 돌아보는.

부정을 향해 반갑게 인사하고, 이쪽으로 오는.

화면 바뀌면, 좀 더 떨어진 곳에서

테이크아웃 잔에 커피를 마시며 서 있는 진아와 부정.

부정   좋아 보이네…

진아   독립하니까 눈치 안 봐서 좋긴 좋은데… 일이 너무 많아요.

부정   …그런 거지 뭐…

진아   아… 잊어버리기 전에 일 얘기부터…

        (서류 봉투에 든 책을 꺼내며) 단편소설집인데요… 페이는 적은데…

        선배가 문학 번역하고 싶어 하셨으니까…

부정   …이렇게 경쟁 없이 그냥 일을 받아도 돼?

진아   일 다시 시작하시면… 경쟁은 이제 끝임없이 하실 건데요 뭐…

        이건… 제 마음 빚 정도로 생각해주세요…

부정   그래…

정아란의 포스터를 보다가,

진아   참… 아란 쌤 소문 들으셨어요?

부정   무슨 소문…

진아   이혼한대요. 드디어…

부정   ……

진아   캐나다에 애가 있대나… 그것 때문에… 지금까지 쉬쉬했는데…

        요즘 세상은 또… 그런 게 아니니까… 이때다 싶어서…

솔직하게 발표하고… 활동하시겠다고…

부정   ……여전하네…

진아   저보고 자기 일 계속 해달라는데 안 하고 독립하겠다니까…

저보고 뭐라고 한 줄 아세요?

부정   뭐라고 하는데…

진아   ……니가 그래서 가난한 거야…

부정   …… (웃는)

진아   ……어이가 없어서…

부정   나도 옛날에 들었어… 회사 나가겠다고 했을 때…

진아   ……뭐라고 하셨어요…

부정   ……부자 되세요… 그랬지 뭐…

진아   ……대박…

부정   옛날엔 유행어였잖아…

진아   ……혹시 가끔 연락하세요?

부정   연락은 무슨… 벌써 나 같은 사람은 잊어버리고 살 사람인데…

진아   …악플은요.

부정   …가끔 써…

진아   저도요.

잠시 보이는 허공 보다가, 웃는 부정.

59   오피스텔. 복도

1003호에 들어오는 이삿짐.

60   오피스텔. 1003호

내부를 보면, 신혼집처럼 새로 도배를 한 창숙의 집에
부정이 구석구석을 확인하고 있는.
앞치마를 하고 짐을 나르던 신혼부부.

여자   다 보셨어요?
부정   …네… 딴 집 같네요. 고생하셨어요.
여자   저희 취향대로 했는데… 다행이네요.
부정   관리는 주로 남편이 하고… 와보는 게 두 달 만이라서…
          꼭 보고 싶었거든요…
여자   아… 더 구석구석 보세요.
부정   충분히 봤어요.

밖으로 나오는 부정.

61   오피스텔. 복도

복도로 나와 잠시 1012호 쪽을 보는 부정.
걸어서 그쪽으로 가보는.
문에 붙은 간판. 강재의 명함을 간판처럼 붙여놓은.
잠시 문을 보다가, 돌아서 나오는.

62   프랜차이즈 커피숍

유니폼을 입고 못마땅한 얼굴로 주문을 받고 있는 민정.
주문을 하고 있는 건 딱이와 강재.
딱이는 민정의 눈치를 보며, 어떻게든 도와주려는 모양이고,
전혀 그럴 생각이 없는 강재.

강재   아이스 쌍화차에… 버블… 시럽하고… 휘핑… 되죠.
       아이스는 넘치지 않을 정도로…
       일회용 컵이랑 빨대는 사양할게요.
민정   아이스 쌍화차에… 버블 시럽 휘핑 하시고
       아이스는 넘치지 않게… 일회용은 사양하신다는 말씀이시죠?
강재   네… 아… 그냥 쌍화차에도 휘핑 가능해요?
민정   …네?
강재   생강차나…
딱이   …그만해…
강재   아이스도 있네… 아… 안 되는 게 없네…
민정   …다른 손님한테 방해가 되니까… 적당히 하시죠.
강재   제가요? 그럼 이따 와서 시킬까요?
민정   아이스인지… 핫인이지만 정하세요.
강재   …아이스… 아이스 쌍화차에 버블. 시럽. 휘핑.
민정   ……네… 오천칠백 원입니다.
강재   (딱이에게) 계산해.
민정   야… 너…
딱이   (계산하며) 같은 걸로 하나 더요.

강재 웃으며, 한쪽으로 비켜서는데 보이는 포스터.
주문대 옆 벽에 붙은 천체관람실의 포스터.
가만히 포스터를 보는 강재.

63   버스정류장

버스를 기다리다가 문득 뒤를 돌아보는 부정.
천체관람실 포스터가 광고판이 되어 붙어 있는.

다가가서 포스터를 보는 부정.

[인서트 / 은하수가 쏟아지는 천문대에서 별을 바라보는 부정.
부정을 바라보는 강재.]

64   천체관람실. 매표소

매표소로 다가가는 부정.
관람 시간을 확인한 후 가까운 티켓을 사는.

부정   네 시 반 시작하는 거… 주세요…
티켓   몇 분이세요?
부정   한 장이요…

티켓을 받아서 돌아서는 부정.
잠시 관람실 입구를 찾아서 두리번거리다가 한쪽으로 가는.

65   천체관람실

소규모의 관람실.
안으로 들어오는 부정.
적당한 자리에 자리를 잡는.
자리를 잡고, 핸드폰을 열어 무음으로 바꾸고
다시 핸드백에 넣는다.
핸드백에 넣고, 주변을 둘러보다가 멈추는 부정.
부정이 보는 곳에, 티켓을 들고 이쪽을 보고 서 있는 강재.
몇 좌석 떨어진 곳에서 서로를 보는 둘.

상영이 시작되니 착석 바란다는 안내 멘트가 나오고.

강재, 가까운 자리에 앉는다.

앉아서도 서로를 바라보는 두 사람.

점점 어두워지는 내부.

빛이 사라질 때까지 서로를 보는 두 사람.

마지막 빛이 사라질 때, 서로를 향해 웃는.

부정. 그리고 강재.

웃는 얼굴에서 천천히 밤이 찾아오고.

별이 뜨면서.

f. o

「인간실격」 마침

작가의 말

내 안에 있던 '무엇'이
당신의 '그것'이 될 때까지…

몇 해 전 12월의 어느 날, 무척 재능 있고 너무도 젊은 어떤 아름다운 한 사람이 스스로 더 살기를 멈추고 이 세상을 떠나버린 일이 있었습니다. 그이와 직접적인 친분이나 특별한 인연은 없었지만, 마음에 남는 퍽 아름다운 노래를 쓰는 이였기에 소식을 들은 저녁 내내 쿵 내려앉은 심장이 일어설 줄을 몰랐습니다. 그리고 곧 그이의 유서와도 같은 글이 공개되었고, 그 안에 담긴 세상을 향한 자조적이나 절박하고 적확한 질문들에서, 하나하나 이름을 붙여 타인에게 설명할 수는 없지만 절망에 가까운 깊은 고통을 느꼈습니다.

"그래요. 모든 것은 내 탓입니다. 선생님 이 말이 듣고 싶으셨나요."

마치 그 글에 적힌 선생님이 나인 양, 한 번도 만난 적 없는 이의 떠남이 제게 괴로움으로 또 막중한 책임감으로 다가왔습니다. 대답하고 싶었고, 대답하기 위해 노력해 온 시간들이 드라마 「인간실격」으로 남았습니다. 그이가 대답을 들었는지, 이걸로 대답이 되었을지 알 수 없지만 마지막의 마지막까지 치열하게 생각했고 치열하게 사랑했습니다. 아이러니하게도 이 이야기와 함께하는 동안 내내 어둡고 축축하게만 느껴졌던 제 집 한구석에서 저 역시 죽음을 생각한 적도 있었습니다. 부족하지만 부끄럽지는 않고 아쉽지만 여한은 없습니다.

어쩌면 우리들 대부분은 남과 쉽게 나눌 수 없는, 명명할 수 없는 각자의 고통 속에 살고 있는지도 모릅니다. 너무 자질구레해서 내세우기는커녕 내보이기도 애매한 이름 없는 아픔들이 '다 그러고 살아'라는 말로 일갈하고 또 일갈되어 마음속 가장 약한 곳에 슬픔으로 쌓여갑니다. 이미 돈벌이가 되어버린 치유와 공감의 말들은 무력한 공식처럼 내 마음속 어느 하나 풀어내지 못하고 허공에 흩어집니다. 그렇게 미처 치우지 못한 슬픔은 어느 순간 화가 되어 내게서 뛰쳐나와 남을 몰아세우고 또 딱 그만큼 나 자신을 몰아세웁니다. 이름 없는 고통 속에서 그렇게 우리는 또 사는 일이 창피해집니다.

이 과정을 어떻게 친절하게 설명해야 할지, 어떻게 또 하나의 나이면서 철저하게 남인 당신에게 설득해야 할지 안전한 성공의 공식 안에서는 찾을 길이 없었습니다. 공식에 대어서 이 이야기를 바라보면 이미 그것은 같은 것이 아니게 되어버렸습니다. 저에게 이야기란 내가 머리를 굴려 만드는 것이 아니라 이미 그러한 모양으로 나를 찾아와주는 것이고, 작가인 저는 그저 그 모양을 전달하는 사람인지라 다른 선택지는 없었습니다. 여전히 딱딱하고 종종 불편하기까지 한 세상이 어떻게 반응할지 어떤 말들을 해올지 어떤 지적을 받을지 예상해가면서, 지금 이 이야기가 가장 필요한 사람에게 가장 그대로의 모습으로 닿을 수 있도록 모양을 유지하고자 노력했습니다. 그것이 실패하지 않는 길이고 다른 모양의 성공의 길이라고도 믿었습니다. 어릴 적 변변한 책 한 권 읽지 못했던 나에게 문학을 경험하고 느끼게 해주었던 베스트극장이나 TV문학관처럼, 화면 너머의 누군가에게 불쑥 찾아가 말을 걸고 결국 그 사람이 되어 함께 살아가는 그런 모양의 성공. 저의 이런 믿음을 어리고 어리석다고 여기는 사람들도 많겠지만, 얼굴도 본 적 없는 그이와도 같은 당신에게 가서 닿았다면 그게 무엇과도 바꿀 수 없는 가장 중요한 성취입니다.

이미 드라마로 방영된 글을 대본집으로 출판하는 것을 결정할 때까지 참 많은 고민이 있었습니다. 이야기는 시청자와 관객을 향하나, 시나리오라는 것은 감독 배우 스태프 등 나와 일하는 동료들께 보내는 글이지 독자에게 보내는 목적의 글이 아니기에 무엇보다 글의 완성도에 너무나 자신이 없었습니다. 그럼에도 불구하고 「인간실격」이 더는 제 것이 아니기에 처음에 저만의 것이었던 이 대본을 내어드립니다. 아주 오랜 시간 제 마음속에 있던 '무엇'이 지난 일 년간은 함께 일한 여러 동료 또 선후배님들의 것이 되었었고, 이제는 '그것'이 온전히 나보다 더 사랑하는 당신들의 것이 되었기에.

글을 세상에 내놓는 것은 신에게 고백을 하는 일이고, 그 고백을 통해 신에게 용서를 받는 것이 아니라 신에게 벌을 받는 것이라는 다자이 오사무의 말이 떠오릅니다. 이렇게 또 하나의 큰 부끄러움이 큰 벌이 되어 저에게 쌓여갑니다.

문득, 무엇이 되는 것보다 무엇을 하는지가 더 중요했던 창숙의 삶이 떠오릅니다. 나는 무엇을 하는 사람일까요. 멈춰서 생각할 시간이 없는 당신을 대신해 멈춰서 오래 생각하는 일, 그래서 당신이 누군가 잘 모르는 사람이 세운 어리석은 룰에 쉽게 길들여지지 않도록 당신의 뾰족함을 보호하는 일, 그리하여 복잡한 세상에서 간단히 마음을 잃고 무리를 잃지 않도록 당신을 지켜보는 일, 그런 당신에게 금방 사라질지 모를 연약한 불빛 하나를 무심히 던져주는 일, 그런 일이 저의 일이라는 생각이 듭니다. 작가가 되는 것보다 그 일을 계속 하는 것이 더 중요하다고, 그것을 약속처럼 믿고 지키며 살아가겠습니다. 오늘 이후 누군가 당신에게 푸념처럼 건네게 될, 또 누군가에게 당신이 한숨처럼 내뱉을 '다 그러고 살아'가 평범한 고통의 일갈이 아닌 평범한 공감과 위로이기를 기도합니다. 살다가 사람이 없는 마을버스를 탈 때, 길에서 폐지수레를 끄는 어르신을 뵐 때, 삼각형의 커피 우유나 크림빵을 만날 때, 별이 많은 하늘을 볼 때 그리고 달고 작은 귤을 먹을 때 이 이야기 속의 모두와 우리를 지켜보았던 당신들을 기억하겠습니다.

한 권의 시집 같았던 내 어머니와 한 권의 시집 같은 당신들에게 이 이야기를 드립니다. 더 좋은 것을 드리지 못해 죄송합니다.

「인간실격」은 고립과 고립감, 실격과 실격감을 다룬 이야기입니다. 그러한 이유로 인간의 고립감을 다룬 아주 훌륭한 소설에서 대담하게 제목을 빌려왔습니다. 전혀 다른 뉘앙스의 이야기지만 맥락적으로 요소요소에 닿아 있기도 합니다.

두 주인공을 마흔이 넘은 여자와 스물일곱의 남자로 세워놓은 것은 다자이 오사무의 『인간실격』 마지막 문장 "올해 나는 스물일곱이 되었지만 하얗게 변해버린 머리카락 때문인지 세상에게는 종종 마흔이 넘은 것으로 보이기도 합니다."에서 인용되었습니다.

　　제 마음속에서 강재와 부정은 어쩌면 내내 같은 사람이었는지도 모르겠습니다.

2021년 10월의 어느 날 김지혜 드림

「인간실격」타임라인

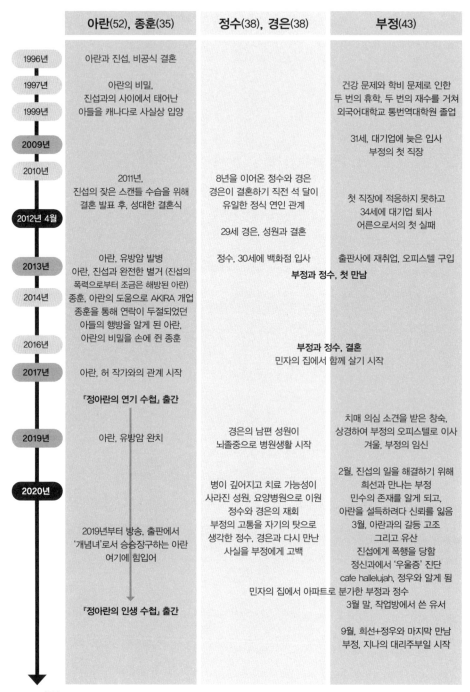

아란(52), 종훈(35)	정수(38), 경은(38)	부정(43)
1996년 아란과 진섭, 비공식 결혼		
1997년 아란의 비밀, 진섭과의 사이에서 태어난		건강 문제와 학비 문제로 인한 두 번의 휴학, 두 번의 재수를 거쳐
1999년 아들을 캐나다로 사실상 입양		외국어대학교 통번역대학원 졸업
2009년		31세, 대기업에 늦은 입사 부정의 첫 직장
2010년 2011년,	8년을 이어온 정수와 경은 경은이 결혼하기 직전 석 달이	
진섭의 잦은 스캔들 수습을 위해 결혼 발표 후, 성대한 결혼식	유일한 정식 연인 관계	첫 직장에 적응하지 못하고 34세에 대기업 퇴사
2012년 4월	29세 경은, 성원과 결혼	어른으로서의 첫 실패
2013년 아란, 유방암 발병 아란, 진섭과 완전한 별거 (진섭의	정수, 30세에 백화점 입사	출판사에 재취업, 오피스텔 구입
폭력으로부터 조금은 해방된 아란)		**부정과 정수, 첫 만남**
2014년 종훈, 아란의 도움으로 AKIRA 개업 종훈을 통해 연락이 두절되었던 아들의 행방을 알게 된 아란, 아란의 비밀을 손에 쥔 종훈		
2016년	**부정과 정수, 결혼** 민자의 집에서 함께 살기 시작	
2017년 아란, 허 작가와의 관계 시작		
『정아란의 연기 수첩』 출간		치매 의심 소견을 받은 창숙, 상경하여 부정의 오피스텔로 이사
2019년 아란, 유방암 완치	경은의 남편 성원이 뇌졸중으로 병원생활 시작	겨울, 부정의 임신
	병이 깊어지고 치료 가능성이 사라진 성원, 요양병원으로 이원 정수와 경은의 재회	2월, 진섭의 일을 해결하기 위해 희선과 만나는 부정 민수의 존재를 알게 되고, 아란을 설득하려다 신뢰를 잃음 3월, 아란과의 갈등 고조
2020년	부정의 고통을 자기의 탓으로 생각한 정수, 경은과 다시 만난 사실을 부정에게 고백	그리고 유산 진섭에게 폭행을 당함 정신과에서 '우울증' 진단 cafe hallelujah, 정우와 알게 됨
2019년부터 방송, 출판에서 '개념녀'로서 승승장구하는 아란 여기에 힘입어		민자의 집에서 아파트로 분가한 부정과 정수 3월 말, 작업방에서 쓴 유서
『정아란의 인생 수첩』 출간		9월, 희선+정우와 마지막 만남 부정, 지나의 대리주부일 시작

강재(27)	딱이(26), 민정(25)	순규(36), 우남(36)	정우(32)
	딱이와 순규의 부모님이 돌아가심		
16세 강재, 아버지가 암으로 돌아가시고 얼마 후, 자퇴			
	16세의 민정, 아이돌 연습생 생활 시작		
미선과 장규 동거, 20세 강재 혼자 살기 시작	첫 데뷔조에 들어간 민정 동시에 부모님의 이혼, 가족의 붕괴로 혼자가 됨		
2014년~2016년 사회복무요원			
	딱이, 2016년~2018년 현역 복무	순규, 약국 개업 우남, 지연과 결혼	정우, 희선과 첫 만남 종훈에게 '아란의 비밀과 관련된 일'을 받는 정우 (부정과 관련된 일 이전)
6년간 주유소, 노래방 삐끼 등 할 수 있는 일은 닥치는 대로 하다가 종훈의 업소에서 일하게 됨	지방대에 다니던 딱이, 서울의 4년제 대학에 3학년으로 편입		정우의 일로, 지나의 집에서 대리주부일을 시작하는 희선 1월, 지나의 집에서 진섭에게 추행과 폭행을 당하는 희선
역할대행업 시작 오피스텔로 이사	긴 연습생 생활을 어쩔 수 없이 마치게 된 민정, 마지막 기회를 놓침으로써 돌아갈 곳이 없어짐		
	정우가 검색하던 아란과 부정의 이름을 알게 된 딱이		여기저기에서 돈을 빌리기 시작한 정우 종훈에게 '부정의 일'을 의뢰받는 정우
		10월, 우남의 이혼 다시 만난 우남과 순규 우남, 순규의 집으로 이사	정우의 연락두절 **12월 22일, 민수의 죽음**
11월, 정우에게 돈을 빌려준 강재와 딱이			

이부정에 대하여

부정이 깊은 어둠 속으로 들어오기까지

1. 아란과 부정

아란과 부정은 아란의 첫 번째 책 『정아란의 연기 수첩』이 나오기 전, 대필작가(이면서 출판사 편집인)와 암 투병 중인 그저 그런 중년 탤런트로 만났습니다. 현재로부터 대략 4~5년 전쯤의 이야기입니다.

아마도 책이 나오기 전까지 부정은 매니저가 없이 활동하는 아란의 자질구레한 일을 해결해주면서, 아란의 여러 가지 치부에 대해 알게 됩니다. 아란의 비밀 중에 첫 번째로 알게 되는 일이 진섭의 가정폭력 부분이라고 생각됩니다. 항암치료를 받던 병원에서 폭행을 당해 거의 정신을 잃은 아란을 구해준 것이 부정이라고 생각됩니다.

이후 첫 번째 책이 나오고, 흥행을 하고, 아란이 제2의 전성기의 시작을 맞게 된 그 과정에서 진섭의 여성 편력 등으로 인해 아란이 남모르게 해결해야 했던 일이 끊임없이 일어났던 것으로 보입니다.

부정은 아란의 편에 서서 지금의 종훈처럼 많은 일들을 해결했던 것으로 보입니다. 종훈이 자기 동생들을 이용해 일하는 것과 방법은 달랐지만, 변호사를 대동해 피해자들을 찾아가 회유하고 각서를 작성하고 위로금에 합의하게 하는 등의 일들이었습니다.

진섭의 스캔들이 터지지 않게 기자들을 만나고, 허 작가와 연애를 시작한 아란을 위해 아키라를 시작으로 호텔이나 여행지 등 여러 곳을 동반하기도 했습니다.

아란은 이기적이고 계산적이고 거짓말투성이지만, 직설적이고 아름답고 매력적인 사람이어서 부정은 자신과 상반된 아란을 동경하기도 하고, 측은하게 여기기도 했던 것 같습니다. 아무튼 부정은 아란의 마음에 들고 싶었습니다. 지금 종훈에게 하는 "내가 왜 법으로 하니 나는 니가 있는데…"라는 말을 부정도 아란에게 들어왔을 것 같습니다. 그 말이 두렵기도 달콤하기도 했던 것 같습니다.

부정이 하는 편법이나 회유나 거짓말은 자신을 위해서가 아닌 아란을 위한 것이었기 때문에 부정은 그런 일들이 조금씩 자기 자신을 상처 내고 있다는 사실도 알아차리지 못했습니다. 마음이 괴롭거나 불편할 때 '다들 이렇게 산다'라고 생각해버렸습니다.

'원하는 직장에서 원하는 일을 하는 대가(代價)' 혹은 '어른의 세상에서 자기 이름을 내놓고 밥벌이를 한 인간의 삶'이 이런 것일 거라고 수긍하고 때론 공감하며 한 겹 한 겹 쌓여가는 죄책감과 상처를 못 본 체하며 살아왔던 것 같습니다.

작가가 되거나 그게 안 돼도 좋은 편집인이 되고 싶었던 부정에게 출판사에서 일을 하며 베스트셀러를 만드는 일에 기여한다는 것은 지켜내고 싶었던 자존심이었는지도 모릅니다. 최소한 내 가족, 그리고 지인, 또 가족의 지인들에게 나는 성공은 아니어도 실패는 하지 않은 사람이니까요. 아버지에게는 자랑스러운 딸, 남편에게는 똑똑한 인생의 선배로 살아갈 수 있었습니다. 어쩌면 주변 사람의 실망이 내 실패보다 훨씬 두려웠을지도 모릅니다. 기대하는 사람에게 실망을 안겨주는 일은 내 인생에서 가장 일어나서는 안 될 일입니다. 나는 그 얼굴을 견뎌낼 자신이 없습니다.

밖에서 보기에 편집인으로 작은 성공을 한 부정의 에디터스 백에는 지금 자료나 원고보다 지금의 이 성공을 지켜내기 위해 부정이 관여했던 크고 작은 잘못들의 증거들이 더 많이 들어 있습니다. '쉴드 해제'를 할 수도 있는 좋은 자료들이기도 하지만, 고스란히 내 잘못이기도 합니다. 눈앞에 작은 것을 지키려고 '어쩔 수 없이' 해왔던 내 잘못이기도 합니다.

2. 희선과 부정

그 잘못들 안에 지나의 집에서 도우미로 일하던 희선의 일도 있었습니다. 지나의 집에서 진섭의 추행을 거부하다가 전치 3주의 폭행을 당한 희선의 사건입니다.

부정은 희선을 회유해 합의금을 주고 무마하는 과정에서 희선의 아픈 아들 민수의 존재를 알게 됩니다. 희선이 폭행으로 입원해 있는 동안 민수의 병원에서 희선을 대신해 간병을 했던 것이 부정입니다.

희선은 싱글맘으로 세상 사람들은 인정하지도 않고 인정받을 생각도 없지만 이미 몇 년 전부터 정우와 사실혼 관계에 있는 사람입니다. 종훈이처럼 살면서 가족의 정이 뭔지 잘 모르는 정우가 뒤통수 맞듯이 끌려서 정착하게 된 여자입니다.

희선은 부정을 만나기 두어 달 전부터 진섭의 약점을 잡고 싶은 종훈의 지시로 정우를 통해 지나의 집에서 도우미 일을 하고 있었습니다. 정우를 통해서 알고 있을 뿐, 종훈과 희선은 서로 전혀 알지 못하고, 정우도 성실

하고 착해 보이는 딱이에게만 가끔 희선의 이야기를 했을 뿐 화류계 친구들에게 희선의 존재를 알리지 않았던 모양입니다.

아무튼 이 사건이 부정을 더 이상 아란의 편에서 아란만을 측은하다고 여기며 일하게 하지 못한 계기가 되고 맙니다. 부정은 이제 자신의 이야기를 어느 정도 존중해줄 거라고 믿고 아란에게 희선의 사정을 이야기하고 돕기를 요청하지만 단칼에 거절을 당합니다.

부정은 이때부터 민수에게 오만 원씩을 입금합니다. 부정에게 오만 원은 상징적인 금액입니다. 빠듯한 생활에서 부정이 보일 수 있는 양심의 최대치였을 것입니다.

3. 부정과 부정

이 일을 시작으로 아란과 부정의 사이는 이전과 같은 신뢰 관계는 금이 가기 시작합니다. 아란은 중요한 일들을 부정과 의논하지 않았을 것이고, 두 사람의 사이가 소원해도 여전히 아란의 의중을 부정을 통해 확인하는 출판사 직원들과의 말의 전달의 문제로 아란을 화나게 했던 것으로 보입니다. 허 작가와의 일이나 대필작가의 인세 부분에서의 갈등도 시작되면서 폭력 사건도 여러 번 있었던 것으로 여겨집니다.

이때 모든 것을 내려놓았다면 좋았겠지만, 어리석고 적당히 선한 우리 대부분이 그렇듯이 부정은 자신을 고치고, 마음에 들기 위해 더 열심히 노력합니다.

새로운 책의 출판 준비는 마무리 단계였고, 이 프로젝트는 부정이 그동안 자신을 버려가며 이루어온 인내와 노력의 결과물로 쉽게 포기되지 않았습니다. 밀어내도 밀려나도 하루하루를 웃는 얼굴로 버티고 버텼습니다. 이제 마흔이 넘었고, 기회는 너무나 적어 보였습니다.

부정의 이 어리석은 노력은 원고를 대필하는 일(톤을 맞추기 위해 제외시킬 수 없는 일)을 제외하고는 이미 거의 모든 아란과의 소통이 후배 진아에게 넘어간 이후에도 계속되었습니다.

그 무렵 부정은 계획에 없던 임신을 했습니다. 늦은 나이에 한 임신이었고 어쩌면 마지막일지도 모를 기회였지만 별로 기쁘지 않았습니다. 그 무렵에는 기쁘다 즐겁다 예쁘다 소중하다 좋다 같은 감정들이 한가하고 유치한 소리로 느껴졌습니다. 그러고 있을 시간이 없었습니다. 최선을 다하고, 잘하고, 열심히 하고, 보여주고, 결과를 내고, 해결하고, 세상의 마음에 드는 일들이 아니면 부정에게는 아무것도 아니었습니다.

결국 스트레스와 과로가 원인으로 아이를 잃게 되었을 때도 부정은 자신이 무엇을 잃었는지 명확하게 알지 못했습니다.

그리고 얼마 후, 아란을 설득하기 위해 아란의 차에서 기다리던 부정은 술이 잔뜩 취한 진섭에게 목을 졸리는 경험을 하게 됩니다. 정신을 잃을 것 같을 때 놓아줬다가 다시 조르기를 반복하는 진섭의 손에서 겨우 빠져나와 정신없이 걸어서 도망친 곳이 결국 출판사 앞이라는 것에 서글퍼졌습니다.

아마도 이날 부정은 자신이 해결했던 일들이 돈이나 무엇으로 보상되는 일이 아니었을지도 모른다고 생각하게 된 것 같습니다. 피해자가 되었지만, 죄책감이 밀려왔고, 내가 너무 싫어서 견딜 수 없었습니다.

그렇게 부정은 직장을 잃고, 아이를 잃고, 나를 잃었습니다.

사람들은 부정이 직장을 잃어서, 아이를 잃어서, 남편의 사랑을 잃어서 힘이 들 것이라고 생각할 것입니다. 어느 정도는 맞는 말입니다. 하지만 부정이 이토록 깊은 어둠 속으로 걸어 들어오게 된 것은 자신을 잃었기 때문입니다.

너무나 용서를 구하고 용서받고 싶지만 누구에게 용서받아야 할지 알 수 없는 마음은 화가 되어 아란에게로 향하게 됩니다. 그리고 그 일은 정우와의 만남의 계기가 됩니다.

4. 정우와 부정

결국 부정은 아란의 책을 대필하는 일을 마무리하고 회사를 그만두게 됩니다. 그리고 대필작가들이 모여 있는 작은 커뮤니티에 익명으로 정나불 선생에게 보내는 편지를 쓰기 시작합니다. 초성이든 이니셜이든 별명이든 결국 그게 누구인지는 곧 사람들에 의해 밝혀질 겁니다.

왠지 잔뜩 겁을 먹을 때도 있고, 시원할 때도 있고, 더 답답한 마음이 드는 날도 있었지만 한번 시작한 나쁜 짓은 쉽게 멈춰지지 않았습니다. 중요한 이야기는 하지 않고, 사실과 비난을 적절히 섞어가며 조금씩 폭로의 수위가 높아질 때 출판사의 진아에게서 연락이 왔고, 부정은 만나주지 않았습니다.

아란은 부정의 일탈을 막기 위해 무언가 필요했습니다. 부정에게 약점이 생긴다면 든든하겠다고 생각했고, 결국 그 일은 종훈을 거쳐 정우에게 돌아갑니다.

희선과 함께 민수를 돌보던 정우는 돈이 필요해 무슨 일이든 다 하고 있을 무렵입니다. 지인들에게 돈도 많이 빌렸고, 잘사는 누나들에게까지 찾아가 협박 비슷하게 돈을 얻어낸 상황입니다. 강재나 딱이에게까지 빌렸으니 더 이상 손을 벌릴 곳이 없었습니다.

민수는 수술을 앞두고 있었습니다.

종훈이 부정의 일을 부탁했을 때, 정우는 종훈이 시키는 대로 할 생각이었습니다. 부정에게 미안한 마음이 들었지만 돈이 필요했습니다. 그렇게 종훈의 부탁대로 부정에게 못된 짓을 하려던 날 정우는 부정이 자신이 운영하는 우울증 카페에 유서를 올려놓은 사실을 알게 됩니다. 이 카페는 세상에서 이해받지 못했던 희선과 정우가 처음 만난 곳입니다.

차마 종훈이 시키는 대로 할 수 없었던 정우는 부정에게 그간의 사정에 대해 이야기하고, 부정은 정우가 아란에게 돈을 얻어낼 수 있도록 돕기로 합니다.

그날부터 부정은 정우와 함께 더 많은 곳에 더 많은 악플을 쓰기 시작합니다. 종훈은 착수금이 필요하다는 정우에게 아란에게서 받은 돈을 건넸습니다.

정우가 입금을 받았다고 부정에게 문자를 한 것을 마지막으로 부정과 정우는 연락을 끊기로 하고, 서로의 흔적도 지우기로 합니다.

그렇게 수개월의 시간이 흘렀고 민수는 수술을 받았지만 결국 회복하지 못합니다.

많은 빚과 함께 둘만 남겨진 희선과 정우는 결국 민수의 곁으로 떠나기로 결정합니다. 그리고 이 일을 시작으로 지금의 이야기가 시작됩니다.

5. 강재와 부정

부정은 유서에서도 밝힌 것처럼 가족들이 이 사실을 아는 것이 가장 두렵습니다. 나의 실패의 모든 것을 낱낱이 알게 되는 것이 두려워 죽음을 시원하게 선택하지도 못합니다.

부정은 아부지처럼 착하게 살지도 아란처럼 완벽하게 세속적이지도 정수처럼 자신의 마음에 솔직하게 또 남에게 따뜻하게 살지도 못했습니다.

결국 아무것도 되지 못했습니다. 슬퍼할 자격도 동정받을 자격도 잃은 채 자신을 미워하는 일 그리고 나를 부정하는 일에 집중해 있습니다.

모두 잘 사는 것처럼 보입니다. 잘되어보려고 애썼지만 결국 중요한 사람들에게는 보이지 않는 투명인간이 되었습니다.

책으로 세상에 마음을 주고 싶었지만 세상은 내게 마음을 주지 않았습니다. 세상에는 마음이 없기 때문이라는 걸 모두가 그렇다는 걸 알지 못했습니다.

그때 비슷한 눈을 하는, 나에 대해 아무것도 모르지만 나를 다 알고 있는 강재를 만납니다. 강재는 부정에게 마음을 보여줍니다. 가족도 친구도 동료도 아닌 아무것도 아닌 사람에게 받은 마음이라는 것이 부정에게 과거를 다시 바라보게 하고, 지금을 바라보게 합니다.

세상은 줄 수 없는 마음을 강재가 주었습니다.

부정이의 무엇을 이야기할 것인가…를 고민했을 때 부정이 제일 보여주고 싶지 않은 것을 제일 마지막에 고백하게 하고 싶었습니다. 중요한 건 부정이에게 어떤 일이 있었는가보다 부정이를 통해서 무엇을 보게 하는가라고 생각했습니다.

무엇보다 회복의 과정에 집중하고 싶었습니다.

회복이 하루아침에 일어날 수 없음을, 고해성사는 한 번으로 끝날 수 없음을, 치유가 간단히 이루어지지 않음을 그리고 내내 혼자라고 생각했던 부정을 둘러싼 사람들도 모두 그러함을 이야기하고 싶었습니다.

부정이라는 인물은 여기 제 방 공중 어딘가에서 항상 저를 보고 있습니다. 제가 얼마나 자기에 대해 진심인지 늘 추궁하고 질문합니다. 저는 꼼짝없이 부정이에게 끌려다닙니다. 전달을 위해 비유를 하고 있기는 하지만 지금 제가 겪고 있는 일에 대해 과장 없이 말씀드리는 것입니다. 저는 지금 꼭 이렇습니다. 그렇지만 제 진심이 절실할 때는 어김없이 본인의 이야기를 들려줍니다.

● 이부정 이력서

<table>
<tr><td rowspan="4" colspan="2">사 진
(3cm x 4cm)</td><td colspan="5" style="text-align:center">이 력 서</td></tr>
<tr><td>성 명</td><td>한 글</td><td>이부정</td><td>성 별</td><td>□남 ☑여</td></tr>
<tr><td>한 자</td><td>李富情</td><td>결혼여부</td><td>미혼</td></tr>
<tr><td>주 소</td><td colspan="4">서울 한강로2가 새창로 명운오피스텔 1003호</td></tr>
</table>

학 력 사 항

기 간	학 교 명	전 공 분 야
1993.3 ~ 1996.2	진천여자고등학교	인문
1997.3 ~ 2003.2	한국외국어대학교	노어과 (학사)
2005.3 ~ 2008.2	한국외국어대학교 통번역대학원	한노과 번역전공 (석사)

경 력 사 항

기 간	내 용
2013.2 ~ 2013.10	안무가 최율리아, 민간외교가 안슬기 등 자서전 대필 *출판물 첨부
2012.6 ~ 2012.12	출판사 'TEXT' 계약직 ǀ 러시아 출간 책들 검토 및 저작권 업무
2009.6 ~ 2012.4	한국수출입은행 사업협력부 근무
2008.2 ~ 2008.9	한국문학번역원 번역지원 사업 선정 ǀ 공동 번역자
2007.2 ~ 2008.2	행렬사 '세계의 문학' 잡지 객원기자 '러시아 문학 에세이' 코너
2003.2 ~ 2003.5	제천국제음악영화제 러시아 출품작 번역 업무

자 격 증 / 어 학 시 험

취득년월일	자격증 및 면허명	시 행 처
2009.1.23	KBS한국어능력시험 1급	한국방송공사(KBS)
2004.12.4	TORFL 3급	러시아교육부
1999.3.22	FLEX 러시아어 1A	한국외국어대학교

수 상 내 역 / 활 동 사 항

2013.1	한국문학번역원이 지원한 러시아 번역가 세미나 참석
2012.6 ~ 2012.7	수출입회사 'KORUS co., LTD' 번역 아르바이트
2006.12.28	제1회 대한민국 디지털작가상 공모전 장려상「투명인간」
2003.12 ~ 2004.2	출판사 '마더팅' 러시아어 자료조사 건 아르바이트
2002.12 ~ 2003.2	번역회사 '레모' 번역 아르바이트
2002.12	'니들북' 출판기획 공모전 우수작 수상

위에 기재한 사항은 사실과 틀림이 없습니다.

2013 년 12 월 13 일

성 명 : 이 부 정 **(인)**

공간설정 자료

▶ 상.중.하 上.中.下 × 신.구 新.舊 | 3그룹 6블록으로 나누어 놓은 서울의 주거계급 위에 인간의 사연을 녹여, 보다 다양하고 사실적인 서울의 삶의 공간을 그려내다.
▶ 멀리서 보기엔 전형적이지만, 가만히 들여다보면 개성 있는 「인간실격」 각 인물의 소소한 역사를 그들만의 공간으로 리드하다.

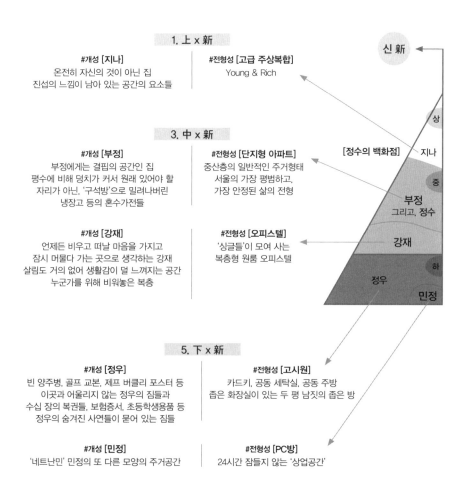

1. 上 × 新

#개성 [지나]
온전히 자신의 것이 아닌 집
진섭의 느낌이 남아 있는 공간의 요소들

#전형성 [고급 주상복합]
Young & Rich

3. 中 × 新

#개성 [부정]
부정에게는 결핍의 공간인 집
평수에 비해 덩치가 커서 원래 있어야 할
자리가 아닌, '구석방'으로 밀려나버린
냉장고 등의 혼수가전들

#전형성 [단지형 아파트]
중산층의 일반적인 주거형태
서울의 가장 평범하고,
가장 안정된 삶의 전형

#개성 [강재]
언제든 비우고 떠날 마음을 가지고
잠시 머물다 가는 곳으로 생각하는 강재
살림도 거의 없어 생활감이 덜 느껴지는 공간
누군가를 위해 비워놓은 복층

#전형성 [오피스텔]
'싱글들'이 모여 사는
복층형 원룸 오피스텔

신 新

상

[정수의 백화점]

지나

중

부정
그리고, 정수

강재

하

정우

민정

5. 下 × 新

#개성 [정우]
빈 양주병, 골프 교본, 제프 버클리 포스터 등
이곳과 어울리지 않는 정우의 짐들과
수십 장의 복권들, 보험증서, 초등학생용품 등
정우의 숨겨진 사연들이 묻어 있는 짐들

#전형성 [고시원]
카드키, 공동 세탁실, 공동 주방
좁은 화장실이 있는 두 평 남짓의 좁은 방

#개성 [민정]
'네트난민' 민정의 또 다른 모양의 주거공간

#전형성 [PC방]
24시간 잠들지 않는 '상업공간'

저수지

이야기의 시작과 끝
선택된 죽음 (정우의 죽음으로 이야기가 시작되고)
그리고, 선택된 삶 (다시 찾은 저수지에서 강재라는 삶과의 운명적 재회)

우남, 성원 요양병원

삶과 죽음이 공존하는 공간. 죽음을 기다리는 살아 있는 사람들

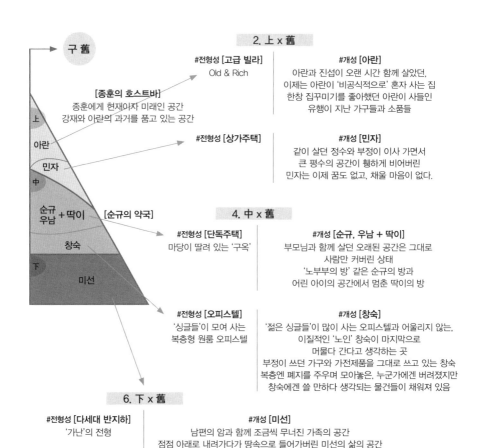

구 舊

2. 上 x 舊

#전형성 [고급 빌라]
Old & Rich

[종훈의 호스트바]
종훈에게 현재이자 미래인 공간
강재와 아란의 과거를 품고 있는 공간

#개성 [아란]
아란과 진섭이 오랜 시간 함께 살았던,
이제는 아란이 '비공식적으로' 혼자 사는 집
한창 집꾸미기를 좋아했던 아란이 사들인
유행이 지난 가구들과 소품들

上
아란
민자
中

#전형성 [상가주택]

#개성 [민자]
같이 살던 정수와 부정이 이사 가면서
큰 평수의 공간이 휑하게 비어버린
민자는 이제 꿈도 없고, 채울 마음이 없다.

순규
우남 + 딱이

[순규의 약국]

4. 中 x 舊

#전형성 [단독주택]
마당이 딸려 있는 '구옥'

#개성 [순규, 우남 + 딱이]
부모님과 함께 살던 오래된 공간은 그대로
사람만 커버린 상태
'노부부의 방' 같은 순규의 방과
어린 아이의 공간에서 멈춘 딱이의 방

창숙

下

미선

#전형성 [오피스텔]
'싱글들'이 모여 사는
복층형 원룸 오피스텔

#개성 [창숙]
'젊은 싱글들'이 많이 사는 오피스텔과 어울리지 않는,
이질적인 '노인' 창숙이 마지막으로
머물다 간다고 생각하는 곳
부정이 쓰던 가구와 가전제품을 그대로 쓰고 있는 창숙
복층엔 폐지를 주우며 모아놓은, 누군가에겐 버려졌지만
창숙에겐 쓸 만하다 생각되는 물건들이 채워져 있음

6. 下 x 舊

#전형성 [다세대 반지하]
'가난'의 전형

#개성 [미선]
남편의 암과 함께 조금씩 무너진 가족의 공간
점점 아래로 내려가다가 땅속으로 들어가버린 미선의 삶의 공간

부정의 아파트

- 단지형 아파트. 중산층의 가족들이 모여 있는, 서울에서 가장 전형적인 주거 형태
- 가장 스탠다드한 모양의 아파트 단지와 아파트 실내
- 20~25년 정도 된, 30평 미만의 계단식 아파트
- 뒤로 산이 보이는, 언덕에 위치한 아파트 단지
- 결혼하고 민자의 빌라에서 살던 부정과 정수가 1년 전, 이 아파트로 분가
- 민자가 재개발을 염두하고 정수 명의로 구입해두었던 아파트라는 설정
- 평수보다 짐이 많은 실내

거실, 구석방, 작업방, 안방, 욕실, 베란다 / 현관 밖 / 엘리베이터 /
아파트 입구… 아파트 단지 언덕길

■ 구석방 : 부정의 은신처
- 이 집 평수에 비해 덩치가 큰 대형 냉장고와 김치냉장고(민자의 큰 집에 맞춰
  해왔던 혼수들)로 꽉 찬 방
- 부정이 겨우 사선으로 누울 수 있을 정도의 방 크기
- 부정의 방(작업방)이 따로 있지만, 부정의 은신처는 이 구석방이다.

■ 작업방 : 부정의 방
- 한쪽 벽을 가득 메운 책들과 다른 벽을 채우고 있는 자료와 기획안들
- 벽에 붙어 있는 아이디어가 적힌 메모지들
- 출판사를 그만두기 전까지 오롯이 '부정의 방'이었던 작은 작업방
- 그 일들이 있고 난 후부터, 부정은 의식적으로 이 방에 들어가지 않는다.

강재 – 창숙의 오피스텔

- 다양한 형태의 '싱글'들이 다양한 모습으로 혼자 살고 있는 곳
- 도심에서 크게 벗어나지 않은 곳에 위치했지만 마치, 서울의 섬같이 느껴지는 곳
- 10층에서 15층 사이, 한 동짜리 복도식 오피스텔
- 복층형 오피스텔이라 상대적으로 높은 층고

492

- 10평 정도. 보증금 1,000~1,500만 원 / 월세 55~60만 원 정도의 시세
- 호수별로 집 구조는 거의 흡사하지만 창밖 뷰가 다름
- 부정의 아파트에서 마을버스로 2~30분 정도 걸리는 위치라는 설정
- 8년 전, 출판사 재취업에 성공한 부정이가 본격적으로 '서울이라는 곳에 정착한다'는 마음을 다잡으며 구입해서 결혼하기 전까지 살았던 곳
- 이 오피스텔이라는 공간에서 살아가는 사람 중 창숙이 가장 이질적인 존재이다.

강재의 집 / 창숙의 집 / 복도 / 엘리베이터 / 비상구 / 입구… 창숙의 골목 / 마을버스 정류장

■ 강재의 집 1012호
- 강재가 1년 전부터 보증금 1,500만 원, 월세 55만 원에 살고 있는 곳
- 바닥에 매트리스, 한쪽 면을 채운 행거에 걸린 옷들과 액세서리, 화장품, 골프백 외에는 아무것도 없는, 생활감이 덜 느껴지는 공간
- 현관에서 봤을 때, 창으로 들어오는 외부의 컬러들, 네온사인 - 2, 3부 부정과 만나는 옥상 스폿과 같은 라인에 위치

■ 창숙의 집 1003호
- 2년 전, 초기 치매검사에서 의심 소견이 발견된 창숙이 부정이의 성화에 못 이겨 서울로 올라와 살고 있는 곳
- 창밖 뷰가 맞은편 건물 벽이라 더 어둡고 고독한 느낌의 공간
- 건물에 가려 낮에도 빛이 반 정도만 들어오고, 밤에도 불을 잘 켜지 않는 창숙의 공간엔 TV 조명이 대부분
- 바닥에 매트리스(강재의 매트리스보다 작은 사이즈)와 부정이가 쓰던 살림살이들, 작은 냉장고와 TV 등… 생활감이 느껴지는 공간
- 복층에는 폐지를 주우며 모아놓은, 누군가에겐 버려졌지만 창숙에겐 쓸 만하다 생각되는 물건들이 있다.

■ 창숙의 골목 - 부정과 함께 걷는 길
- 창숙이 박스를 쌓아둔 골목
- 가끔 창숙과 부정이 대화를 나누는, 좁고 초라하지만 따뜻한 공간

민자의 빌라

- 4층짜리, 오래된 상가주택 맨 위층에 있는 민자의 집
- 50평대. 민자 혼자 살기엔 너무 넓은 평수
- 정릉 혹은 용문동-효창동-청파동 정도에 위치? (용문시장에서 김밥을 팔았던 민자가 구입했다는 설정이라면…)

거실, 주방, 안방, 화장실, 베란다…

- 거실 벽에 크게 걸린 민자가 함께 찍은 정수와 부정의 결혼사진
- 거실장에 사진액자들은 정수 어렸을 때부터 졸업사진 등 대부분이 정수의 사진
- 가장 잘 보이는 곳에 위치한 정수 카톡 프로필에 있던 사진(민자와 온천여행에서 유카타를 입고 찍은 사진)
- 함께 살던 정수와 부정이 이사 간 후, 넓은 평수에 비해 다소 횡해진 집 안
- 민자는 침대방이 있음에도 불구하고 거실 소파 아래 이부자리를 깔고 잔다.

지나의 주상복합

- Young & Rich | 개방형의 넓은 로비가 있는 고급 주상복합
- 화이트 베이스에 대리석 바닥에 심플하고 모던한 공간. 디자인 가구들, 컬러풀한 소품과 액자 등 젊은 분위기의 요소와 '진섭'의 요소가 섞여 있다.

미선의 반지하

- 다세대주택 반지하. 서울의 가장 전형적인 가난을 상징하는 주거
- 장규의 생활권(예 : 대림동, 신도림 등)에 위치한 이미지도 좋을 듯
- 강재의 마음속에 가장 실패한 인간의 공간으로 여겨지는 공간
- 하지만 강재에게 가장 편한, 그리고 따뜻한 공간

순규 - 딱이의 집

- 작은 마당이 있는, 30년이 훌쩍 넘은 오래된 단독주택
- 실은, 강재가 꿈꾸는 '가장 이상적인 집'에 해당하는 곳

거실, 주방, 딱이방, 순규방, 우남방, 화장실 / 마당

- 부모님과 함께 살던 시간에서 멈춘 것처럼 거의 변화가 없는 공간.
  사는 사람만 훌쩍 커버렸다.
- 새로 장만한 가구들 없이 살고 있어, 순규 - 딱이의 나이대와 어울리지 않는
  가구들
- 60대 부부가 살고 있는 것만 같은, 생활감과 역사가 묻어 있는 내부
- 성인 몸에 안 맞는 작은 싱글침대와 중학생용 책상과 아동용 책장이 섞여 있는
  딱이가 어렸을 때부터 쓰는 방
- 순규가 쓰던 여성스러운 방은 우남이 쓰고 있고, '노부부의 방' 같은 안방을
  쓰고 있는 순규

아란의 집

- Old & Rich | 고급 빌라 혹은 넓은 평수의 연식이 있는 네임드 아파트
- 지나의 집에 비해 훨씬 많은 가구들과 짐들. 빈티지 가구들과 소품들
- 진섭과 별거한 지 오래되어, 진섭의 짐들이 거의 빠진 상태

PC방

- 딱이 대학교 근처 PC방. 건물 7, 8층 정도에 위치
- 또 다른 모양과 형태의 주거 공간 #네트난민
- 분리된 커플석에서 '살고 있는' 민정. 같은 건물에 있는 헬스장에서 하루 두 시간
  운동하는 '수질 관리' 아르바이트로 헬스장 샤워실을 자유롭게 이용할 수 있다.

종훈의 호스트바

- 종훈에게 현재이자 미래인 공간
- 강재와 아란의 과거를 품고 있는 공간
- 아란의 아지트, 아란의 은신처, 아란의 비밀을 상징하는 공간
- 업소명 : AKIRA

- 종훈이 강남 호스트 시절에 손님이었던 아란. 10년간 유명한 '지갑'이었던 아란이 종훈에게 차려준 곳. 이곳은 아란의 아지트가 되었고, 개념녀로 포장된 아란이 다른 사람들 눈에 띄지 않고 비밀스럽게 쉴 수 있는 서울의 유일한 공간이 되었다.
- 룸 안에서의 접객에 대한 특별한 묘사 없이도, 복도에서 선수들이 대기하는 모습과 따로 만들어놓은 '대기실'이라는 공간에서의 종훈과 강재의 모습으로 업소의 분위기를 표현

■ 복도
- 종종 등장하는 선수들이 늘어선 '복도'는 강재의 과거를 상기시킨다.

■ 대기실
- 유흥의 전형인 호스트바에서 쉼표를 상징하는, 비즈니스보다는 삶에 가까운 곳

■ 아란의 룸
- 아란을 위한 출입문과 복도를 따로 둔, 아란과 종훈의 관계를 상징하는, 업소에서 가장 특별한 공간
- 아란이 '허 작가'를 만나는 곳

민자의 상가

- 민자 소유의 상가
- 아파트 상가 1층 혹은 민자의 상가주택 1층

- 순규의 약국
- 쥬리네 미용실

우남 – 성원의 요양병원

- '죽음을 기다리는 곳'
- 비교적 모두에게 평등한 죽음이 주어지는 공간

■ 중환자실
- 마치 창이 없는 듯한 느낌의 깊이 있는 공간

의상 참고 자료

❖ 부정은 「인간실격」 안에서 다루고 있는 사회의 틀과 관계의 피로, 타인의 시선에서 오는 '실격감'을 가장 극명하게 겪어낸 인물로 '고립'에서 점점 '고독'으로 변해가는 인물입니다.

❖ 작품 안에서 '고립'은 나의 의지와 관계없이 타인에 의해 결정되는 감정이고, '고독'은 고립감을 내 안에서 해결한 결과로 일정 부분 나의 의지와 관계하는 감정으로 해석됩니다.

❖ '출발과 과정과 결과'에 확실한 격차가 있는 캐릭터가 아니고, 부정뿐만 아니라 거의 모든 인물이 자신의 아픔이나 상처, 과거의 일, 지나온 감정 등을 타인과의 대화로 표현하거나 열어가지 않는 작품의 특성상(내레이션과 혼자 존재하는 장면에서만 제한적으로 표현됨)

❖ 인물의 스타일로 표현되어 전달되는 것이 더욱 중요하고 섬세한, 그래서 어려운 부분이라, 조금이라도 도움이 됐으면 하는 마음과 동시에 저의 부족함에 대한 도움을 받고자 하는 마음에 의견을 드립니다.

❖ 부정의 스타일은 '경계(점이지대)'에 서 있습니다.

❖ 마음속으로 삶을 여러 번 포기하고 싶었지만(유서, 자살 충동, 우울증 병력 등으로 표현된), 여전히 삶 속에 있으며(실직을 숨기고, 악플로 아란을 겁주고 싶어 하는)

❖ 과거의 직업도 성공한 직장 여성(좋은 학벌, 베스트셀러를 만든 편집자 등)이

며 동시에 실패한 창작자(작가를 꿈꾸었지만 자신의 책을 쓰지 못하는 대필작가)였던 인물입니다.

❖ 집을 나설 때와 들어올 때는 출판사에 다니는 사람이고, 막상 밖에서는 대리주부가 직업이어서, 완전한 직장인의 모습도 또 완전히 육체노동을 하는 사람의 모습도 아닌 상태로 하루를 보냅니다.

❖ 다채롭게 꾸미고 싶은 마음은 없어(4부 지나의 드레스룸과 8부 옥상에서 드러낸 감정 등) 외투는 거기서 거기인데, 유니폼이 필요 없는 장소에서는 외출복 상태로 다양한 가사노동(1부 사우나 설정이나 6부 원룸 청소 후 대중 사우나에 다녀오는 등)을 해야 하므로 외투 안의 옷은 직장을 다닐 때보다 더 부지런히 갈아입어야 하는 사람일 것입니다.

❖ 현재의 부정의 스타일을 이해하는 것은 과거의 그녀와 현재의 그녀, 그리고 현재의 모습을 숨기고 과거의 모습으로 살아가는 부정의 마음을 이해하는 일일 것입니다.

❖ 복잡하게 들리지만, 실제로 풀어보면 또 간단해서. 부정의 스타일에는 '일관성'이 있는 두세 가지의 룩이 존재하고, 그 안에 점점 변해가는 그녀의 심경을 담아내는 디테일이(소재나 컬러의 변화, 자수나 액세서리 같은 장식들의 추가 등) 추가되는 방향으로 정리되어가는 모양이 아닐까 상상했습니다.

❖ 저에게 '고립'은 보다 삭막하고 건조한 감정(낡음, 구김, 평직, 블랙, 차콜, 그레이 등)이고, '고독'은 고립에 비해 매력적인 감정으로(여성성, 컬러 포인트, 양감이 느껴지는 디테일, 얇은 액세서리 등이 점점 추가됨) 읽혀집니다.

❖ 실제로 '결혼식장'을 기점으로 부정은 감정적으로 '죽음'에 더 가깝게 다가가 있는 느낌(처음의 죽음이 고립의 기분이라면 6부의 죽음은 고독에 가까운)으로 집필하였고, 그래서 보다 (성적인, 여성성, 모성, 섹슈얼한) 느낌으로 상

상하며 작업했습니다.

❖ 예를 들어 6부에 아직 오후인데 벌써 어두운 집에 혼자 있는 부정이 터틀넥에서 얇은 카디건으로 갈아입는 과정은 아크릴 소재의 두꺼운 터틀넥을 벗을 때의 정전기, 얇은 카디건이 몸을 감쌀 때의 섹슈얼한 느낌 같은 것을 표현하고 싶었던 것 같습니다.

❖ 극의 초반에 검은 코트의 단추를 목 부분까지 단단히 채운 부정이 그 위에 빨간 목도리마저 둘둘 두르고 있다가, 목도리 속으로 숨듯이 파묻히는 것들은 몸도 마음도 편하지 않은 세상에서 겨우 나를 보호하는 하나의 수단으로(가끔 우리도 캡이나 선글라스로 세상과 나를 분리해 나를 보호하듯이), 막상 목도리를 풀면, 꽤 허술한 상태의 부정(계절에 비해 얇은 소재의 블라우스나 스킨이 보일 수 있는 네크라인이나 소매길이의 상의, 구겨져 있지만 라인이 드러나는 니렝스 혹은 미디스커트 등)이 드러나기를 소망하는 마음이 있었던 것 같습니다.

❖ 새하얀 도화지처럼 의상에 따라 캐릭터가 변하는 전도연 선배님의 특성상(테일러드 칼라를 입었을 때 지적이고 단호한 이미지로 급변한다던가 하는) 외투 디자인의 급격한 변화는 강재와의 첫 모텔(블루로 표현된 죽음과 관련된 감정 등) 그리고 결혼식(한 남자의 여자라는 기분이 표현된)에서 보여지기를 원했던 것 같습니다.

❖ 대리주부를 할 때에도 지나의 집이나 강아지와 노는 고급 일터에서의 복장(유니폼)과 이태원 원룸이나 게임 오타쿠의 원룸에서의 복장(일상복에 앞치마)로 분리되어 입체적으로 표현되기를 기대하고 있습니다.

❖ 모든 작품이 그렇겠지만 「인간실격」의 인물의 스타일은 연기의 일부, 연출의 일부이기도 하지만, 그리하여 대본의 일부이기도 하다고 생각하고

있습니다. 주인공이 플롯 상으로 가장 큰 감정의 낙폭을 경험하는 여느 드라마와는 달리 부정은 등장인물 중에 플롯 상의 감정의 낙폭이 가장 작은 인물입니다. 하지만, 부정은 다른 등장인물들의 선배처럼 그들이 극 중에 겪어가는 감정(강재의 불안정, 정수의 고독, 경은의 상실, 아란의 상처 등)을 이미 겪고 들어와 다른 감정들을 견인해가는 인물이라고 생각합니다.

❖ 부정은 고립 속에 있지만 그 고립을 숨기고 모두를 이전처럼 대하기에, 우리는 이렇다 할 과거 회상 씬 없이 현재의 그녀의 모습에서 과거의 그녀의 모습을 봅니다. 창숙과 함께 있을 때는 어린 시절의 부정을, 정수와 민자와 있을 때는 1년 전의 부정을, 아란과 있을 때는 지금의 그녀를, 강재와 있을 때는 몇 년 전의 부정과 몇 년 후에 변화할 부정을 동시에 봅니다.

❖ 부정이 가지고 있는 난이도 있는, 그래서 독보적인 입체감을 그려나가는 데에 스타일의 도움을 받고 싶어 긴 이야기를 적었습니다.

❖ 어떤 우려나 의심에서 나온 행동이 아닌, 저의 이 마음이 부족한 글자 속에서도 부디 되살아나 닿기를 기도합니다.

강재

❖ 강재는 등장인물 중 가장 '여러 가지 갭'이 존재하는 가장 복잡한 인물입니다.

❖ 미래지향적(종훈의 아키라와 대비되는, 호스트를 그만두고 역할대행이라는 새로운 업종에 뛰어드는)이지만, 미래가 보이지 않는(정우의 죽음으로 상징되는) 사람이고

❖ 흔한 요즘 애(끊임없이 인증 샷을 남기고, 쉴 새 없이 SNS를 하는)이면서, 클래식한 인물(울고 있는 부정에게 손수건을 건네고, 화류계의 위태로움을 가지고 있는)입니다.

❖ 딱이와 민정이 우리가 미디어를 통해 익히 알고 있는 청춘의 고통(기약 없는 취준생 생활, 꿈에서 멀어진, 이루어질 것 같지 않은 짝사랑 등등) 속에 있다면, 강재는 미디어 너머, 혹은 사각지대 속에 있는 청춘이라고 생각합니다.

❖ 청춘 드라마나 뉴스에는 등장하지 않지만 '고전 영화 속에서 본 것 같은' 인물이며 동시에 그 모습으로 지금 여기 어딘가에 존재하고 있는 어떤 청춘이 강재라는 생각이 듭니다. 스타일이 아닌 '캐릭터'만 보면 레트로 모더니즘에 가까운 캐릭터라는 생각이 듭니다.

❖ 고전극에서 본 것 같은 클래식한 톤앤매너가 있는 남자 캐릭터이면서, 극 중에서는 위치상 여성이 고전적으로 담당하던 위치(상처받은 남자 주인공을 위로하며 함께 변화해가는 여자 주인공)에 놓여 있는 인물입니다.

❖ 과거 극 중에서 남자들이 맡아왔던 위치(가정보다는 사회에서의 성공이 중요했던, 그래서 실직을 숨기는, 사회로부터의 상실, 가정에서 그 상실감을 이해받지 못함)에 있는 '부정'을 발견하면서, '그게 정확히 뭔지 몰라서 외면'하고 있었던 자신의 '우울'을 발견하는 인물이라고 생각합니다.

❖ 처음 등장하는 모텔 장면에서는 아마 이후보다 더 어리고, 더 모던하고, 더 밝고, 더 화려한 모습일 것이라고 생각했습니다.

❖ '역할대행'을 할 때의 강재는 드레스업 되어 있습니다. 드레스업을 하고 어지간하면 모범택시를 탑니다. 어쩌면 그 드레스업은 부정의 '꼭꼭 채운 단추, 둘둘 감은 목도리'처럼 세상에서 나를 보호하는 어떤 강재만의 수단일 것입니다.

❖ 현재 준열씨 팀에서 설정해주신 낮에 쓰는 강재의 '선글라스'도 같은 의미로 좋았습니다.

❖ 첫 모텔 씬에서의 착장은 이후 정우의 죽음을 듣는 택시, 민정과의 일식당, 딱이와의 경찰서, 정우의 장례식장, 부정과 처음 만나는 오피스텔 입구까지 이어집니다. 모텔과 민정과의 일식당을 제외하면 모든 곳에서 강재의 스타일은 섞이지 못하고 도드라져 있을 것(상복들 가운데 눈에 띄는 차림, 부정과 창숙의 대화 등)입니다.

❖ 이후, 상복 대신인 검은색 슈트로 갈아입었을 때, 다른 강재와 만나게 됩니다. 아버지의 죽음을 떠올렸을 수도 있고, 자신의 미래에 대해 생각(이 억이 있으면 죽고 싶지 않을 것 같다는 대사 등)하게 됐을 수도 있습니다.

❖ 이 검은 슈트 착장으로 마을버스에서 부정과 만나고, 취준생으로 돌아가는 딱이와 전철을 타고, 엄마를 찾아가 사랑(양육비로 상징된)을 갈구하고, 아키라에서 종훈과 만나 정우와 아버지에 대한 이야기를 나눕니다.

❖ 검은 슈트를 입은 동안은 인물들과 대부분 앉아서 이야기를 나누는 장면들이 많아 풀오버보다는 셔츠에 넥타이, 가능하면 조끼까지 있는 쓰리피스 등의 디테일이 있어서, 핸드폰을 만지작거리는 것 외에도 넥타이를 만진다든가, 풀려 있는 소매 단추를 다시 채운다든가 하는 마(間)를 메울 수 있는 무언가가 필요한 것은 아닐까 하는 생각도 들었습니다. 강재가 핸드폰도 만지지만, 옷의 디테일을 고치고 만진다면, 마을버스에서 부정의 "옷 보고 알아요?" 같은 대사가 더 자연스럽게 들릴 수 있지 않을까 하는 의견도 드려봅니다.

❖ 부정이 극 초반에 거의 같은 차림으로 등장하는 것에 비해서 강재는 '역할대행 드레스업'에서 '상복 슈트'에서 '실내복'으로 갈아입고 그때마다 부정과 만납니다. 옷을 갈아입을 때마다 부정과 조금씩 더 가까워지고 있는 느낌이라서, 3부 옥상에서의 실내복은 디자인과 컬러와 핏에서 모두 '편안함, 온화함, 젊음, 긴장감 없음, 무방비 상태' 같은 느낌들이 있다는 생각이 들었습니다.

❖ 결혼식장에서 '벽돌색'이라고 지정한 것은, (개인적으로 준열씨에게 잘 어울릴 것 같다고 생각한 것도 있지만) 이전과는 다른 국면(종훈을 통해 부정의 상황을 알아버린)에서 처음 우연히 마주치는 상황인 만큼, 네이비나 무채색 계열이 아닌 감정이 있는 컬러의 옷을 입었으면 좋겠다고 생각해서였습니다.

❖ 낮에 처음 만나는 두 사람이, 사람이 많은 웨딩홀 안, 야외 흡연실 앞, 또 흡연실 안으로 이동하는 과정에서의 의상이라 부정의 입장에서 볼 때 정수와는 다른 세계의 사람이면서도 부정의 의상과도 결이 맞는 무언가였으면 좋겠다는 생각이 내내 있었던 것 같습니다.

❖ 비슷한 이유로 호텔 쉼 503호에서 부정에게 '블루'라는 감정의 색깔을

주었고, 그 감정에 반대되든, 비슷하든, 어떤 것이든, 강재가 해석한 '동질감'의 컬러를 스타일로 표현해주길 원했던 것 같습니다.

❖ 실제로 우리가 우리 인생에서 만나는 사람들이 그러하듯이 「인간실격」은 복잡한 감정에서 출발해 다른 복잡한 감정으로 이동하는 이야기임에도 인물이 자신의 과거나 심경의 이야기를 직접적인 대사로 잘 뱉지는 않습니다. 그래서 더욱, 공간이나 스타일로 그것들이 더 풍부하게 표현되어 하나의 덩어리로 보는 이에게 전달되기를 소원합니다.

* 민정은 등장인물 중 가장 예쁘고, 엉뚱하고, 화려하고, 가장 가난한 인물로, 따라서 장면마다 가장 큰 갭이 존재하는 인물입니다.

* 첫 등장인 일식당(1부)에서 강재의 손님인 누나가 민정을 보자마자 질투심이 생겨날 만큼 예쁠(밝고, 어린, 화려한, 잘 나가는 여자친구로 차려입은 모습) 것입니다.

* 이태원에서는 한껏 차려입은 강재와 수수한 딱이 앞에 엉뚱하게 검은 정장을 입고 나타나더니

* PC방에서는 가난해서 또 예쁜(험블한 복장, 아무렇게나 묶은 머리, 화장기 없이 말갛고 투명한 앳된 얼굴) 모습으로 등장해 딱이의 마음을 복잡하게 합니다.

* 결혼식장은 강재가 아닌 민정에게 들어온 '역할대행' 일로 민정이는 여느 때보다 더 예쁜 완벽한 결혼식 여친 룩(신부보다 예뻐서 민폐 하객룩이라 불리는)으로 변신해 있을 것이라고 생각합니다.

* 준혁이라는 사람에 맞추었지만, 어느 각도에서 해석해도 흠잡을 데 없는(세련되고, 단정하고, 반짝거리는) 모습. 또 그게 강재나 딱이가 보기에는 어색한(일식당과도 이태원과도 다른), 무엇보다 본인이 불편한, 모습일 거라는 생각입니다.

* 아마도 5부 택시에서 강재와 나누는 대화에서 드러난 민정의 이름 없는 고통은 6부에서 딱이 시선에 보이는 남자들과 있는 모습(딱이가 보기에

위태로운, 짧은 치마에 롱부츠 등)이나, 7부에서 토끼 머리띠를 하고 나레이터 모델로 변신해 있을 때의 모습에서 설명되지 않을까 하는 생각을 하고 있습니다.

❖ '역할대행'을 할 때 입을, 관혼상제에 맞춘 좋은 옷 몇 벌을 헬스장 라커룸에 넣어두고, PC방에서 바깥에서와는 완전히 다른 차림 다른 얼굴로 긴 밤을 보내는 민정이를 잘 부탁드립니다.

아란

❖ 아란은 부정과 '대립' '대비' 되는 인물이면서, 부정이 고립감과 실격감을 느끼는 '세상'을 상징하는 인물이기도 합니다.

❖ 겉으로 보여지는 이미지(토크쇼, 대형 서점 사인회 등)와 실제 삶(아키라, 분장실, 세트장, 차 안 등)에 가장 큰 갭을 가지고 있고, 극 중 다른 인물들의 갭이 삶 속에서 자연스럽게 만들어진 '입체감'인 것에 비해, 아란의 갭은 그녀 스스로 만든 '틀'로 존재합니다. 분명 자기 자신을 지키기 위해 만든 틀임에도, 이 틀 안에서 불안해하며, 타인을 불행하게 만들고, 결국 자신도 불행하게 될 거라고 예감하고 있습니다.

❖ 오랜 시간 '틀' 안에서 살아왔기 때문에 결국 '이미지'도 자신의 삶의 일부일 수밖에 없다는 걸 아란은 잘 알고 있습니다. 실제로 토크쇼에서의 아란과 연속극에서의 아란, 사인회에서의 아란, 아키라에서의 아란은 전혀 다르지만 비슷한 맥락(8부에서 배역의 처지를 빌어 상처를 드러내는 등) 속에 있다고 생각합니다.

❖ 따라서 '이미지'로서의 아란이 처음 등장하는 대형 서점의 아란은 '베스트셀러 작가'라는 이름을 달고 있지만, 작가(지적인, 단정한)보다는 엔터테이너(화려한, 이미지가 강조된, 당당한, 보여주기 위한, 가장 세련된, 자신감이 넘치는)에 가까운 모습일 것이라 생각했습니다. 어깨와 허리와 골반이 강조된 바지 정장에 킬힐, 커다란 액세서리로 멋을 낸, 보여주기 식의 세상에서, 어떤 의미로

509

시대의 아이콘 같은 모습이 보이면 좋을 것 같다는 생각을 하고 있습니다.

❖ 아키라에서 종훈을 만나면 귀걸이와 힐을 벗고, 겉옷도 풀어버릴 수 있는, 아키라에 도착하기 전의 모습이 불편한 그런 모습을 상상했던 것 같습니다.

❖ 오랜 세월 힘들 때 찾아와 비밀을 공유하는 '아키라'는 종훈에게도 그렇지만 아란의 스타일에 중요한 요소여서, 아키라의 소파나 테이블의 컬러가 선배님 스타일리스트 쪽으로 공유되었으면 좋겠습니다.

❖ 만들어진 이미지가 전형적이기에 이미지에서 삶으로 돌아올 때 강력한 에너지를 가질 수 있는 캐릭터라고 생각합니다. 잘 부탁드립니다.

김지혜 대본집

인간실격 2

초판 1쇄 발행 2021년 11월 24일 **초판 2쇄 발행** 2021년 12월 10일

지은이 김지혜
펴낸이 이승현

편집1 본부장 배민수
에세이1 팀장 한수미
편집 최유연
디자인 하은혜

펴낸곳 ㈜위즈덤하우스 **출판등록** 2000년 5월 23일 제13-1071호
주소 서울특별시 마포구 양화로 19 합정오피스빌딩 17층
전화 02) 2179-5600 **홈페이지** www.wisdomhouse.co.kr

ⓒ 김지혜, 2021

ISBN 979-11-6812-047-1 04680
      979-11-6812-048-8 (세트)